INSTRUCTIONS
DU
COMITÉ DES TRAVAUX HISTORIQUES ET SCIENTIFIQUES

RECHERCHE DES ANTIQUITÉS
DANS LE NORD DE L'AFRIQUE

CONSEILS
AUX ARCHÉOLOGUES ET AUX VOYAGEURS

ANGERS, IMP. A. BURDIN ET Cie, RUE GARNIER, 4.

INSTRUCTIONS

ADRESSÉES PAR LE

COMITÉ DES TRAVAUX HISTORIQUES ET SCIENTIFIQUES

AUX CORRESPONDANTS DU

MINISTÈRE DE L'INSTRUCTION PUBLIQUE

RECHERCHE DES ANTIQUITÉS

DANS LE NORD DE L'AFRIQUE

CONSEILS

AUX ARCHÉOLOGUES ET AUX VOYAGEURS

PARIS
ERNEST LEROUX, ÉDITEUR
28, RUE BONAPARTE, 28

1890

AVIS AUX LECTEURS

Les présentes instructions ne s'adressent pas seulement aux membres des Sociétés savantes d'Algérie ou aux archéologues qui ont mission d'explorer l'Afrique; bien d'autres personnes peuvent rendre service à l'archéologie et nous avons la prétention de faire appel à tous. Être du métier n'est pas toujours nécessaire. Il est possible à chacun de se rendre utile dans les limites de son savoir et de sa compétence spéciale; il suffit de vouloir bien appliquer à la recherche des antiquités les loisirs dont on dispose et de ne pas laisser échapper des occasions qui se présentent à vous et qui, peut-être, ne se représenteront plus pour personne.

L'officier qui traverse un pays, soit pour y faire des relevés topographiques, soit pour s'occuper des affaires indigènes, le forestier en tournée, l'ingénieur des ponts ou des mines, l'agent du service des domaines, l'administrateur de communes mixtes et tant d'autres qu'il serait trop long d'énumérer ici, sont mis chaque jour, par l'exercice même de leur profession et par les déplacements qu'elle exige, en présence de monuments qu'il ne tient qu'à eux de signaler ou de reproduire ; il n'est besoin que de bonne volonté. On peut maintenant, grâce à tous les procédés de reproduction connus, à l'aide surtout de la photographie, sans préparation spéciale, sans aucune instruction technique, et aussi presque sans frais, prendre une image absolument fidèle de tous les objets petits ou grands en face desquels le hasard vous conduit.

Nous souhaitons que ceux qui habitent l'Afrique française et qui l'aiment — car on ne peut connaître ce pays sans l'aimer — tiennent à honneur de répondre à notre appel. Si l'on voulait bien communiquer au Ministère de l'Instruction publique les découvertes que l'on fait et l'aider à réunir une collection complète des monuments de l'architecture ou de la sculpture, des inscriptions, des monnaies de l'Afrique française, on rendrait aux travailleurs, à l'Afrique et à la science un service signalé. Tous les documents ainsi envoyés seraient publiés, s'il y avait lieu, dans le Bulletin du Comité des Travaux historiques et déposés ensuite dans une bibliothèque publique[1], avec les papiers africains de toute sorte que Renier, le père de l'archéologie africaine, a laissés après sa mort. Cette collection pourrait donner lieu plus tard à une grande publication qui serait l'honneur de la science française et d'elle seule. Mais, pour arriver à ce but, il faut que chacun apporte sa pierre à l'œuvre commune.

Il est aussi une classe de personnes à laquelle nous adressons les instructions qui suivent ; c'est celle des voyageurs amateurs. On va beaucoup maintenant en Algérie et en Tunisie ; le voyage est facile et à bon compte, le pays attirant ; on s'embarque donc, on se promène de ville en ville et, pendant un mois, souvent plus, on est chaque jour en présence de documents intéressants. Qui empêche, en pareil cas, de s'occuper un peu d'archéologie, non pas régulièrement et comme un spécialiste, mais comme un homme du monde et en passant ? Les dessins, les estampages, les photographies prises, — et les voyageurs ont souvent un appareil de photographie, — seront un souvenir de plus que l'on rapportera de son voyage, celui-là utile à la science et au pays. L'archéo-

---

1. Les estampages envoyés au Comité depuis quarante ans sont versés à la Bibliothèque Mazarine qui les tient à la disposition des érudits. Le catalogue en existe : il contient la désignation de chaque estampage avec sa référence au Corpus inscriptionum latinarum ou autres publications, et le nom de celui qui a fait ou donné l'estampage.

logie, au reste, se chargera de récompenser de ses efforts celui qui s'occupera d'elle : ce n'est pas un médiocre plaisir de découvrir ces vieux « cailloux » que l'on est d'abord porté à mépriser ; car ces cailloux sont des fragments de civilisations disparues, et les découvrir c'est leur donner une nouvelle vie.

Nous confions donc à ce livre, dû à la collaboration d'amis décidés des antiquités africaines, le soin non seulement de guider tous ceux qui sont ou iront en Algérie, mais encore et surtout de les gagner à la cause de l'archéologie. Plus nombreux seront ceux qui nous aideront dans l'œuvre entreprise, plus féconde sera l'œuvre, plus vite elle pourra s'accomplir.

INTRODUCTION

Le nord de l'Afrique a été habité par des populations d'origines diverses, dont les noms reviennent souvent dans les auteurs et qu'il est nécessaire de connaître.

I. Les plus anciens occupants du sol appartiennent à la race blanche ; ce sont les *Libou, Tamahou, Tahennou, Machouacha* des textes égyptiens, les *Lehabim* et *Loubim* de la Bible, les Libyens (Λίϐυες), *Maures* ou *Mauruses* (*Maurusii*), *Numides* (Νόμαδες), des écrivains grecs et romains. A l'époque romaine, on appelait *Afri* les Libyens du territoire de Carthage, *Numidae* les indigènes de l'ouest, *Gaetuli* ceux du sud. Ces termes n'ont pas une signification ethnographique bien précise. Les descendants actuels des Libyens sont les *Berbères* (*Berber* en arabe, pluriel *Braber*), qui s'appellent eux-mêmes *Imouhag, Amazigh, Chleuh*, etc., et auxquels on donne des noms divers, dont les plus répandus sont ceux de *Kabyles*, de *Touareg* et de *Zouaoua*. Ils forment encore l'élément le plus important de la population dans l'Afrique du nord.

Les principales tribus libyennes que mentionnent les auteurs sont, de l'est à l'ouest : les *Nasamons*, les *Psylles* et les *Maces*, riverains de la Grande Syrte ; les *Garamantes* et les *Gétules*, s'étendant depuis la Grande Syrte jusqu'au Maroc, au sud d'une zone maritime mal déterminée ; les *Lotophages* d'Homère, près de Djerba ; les *Machlyes*, les *Auses*, les *Maxyes*, dans la région des chotts et sur la côte méridionale de la Tunisie ; les *Massyliens*, dans la province de Constantine et la Tunisie occidentale ; les *Massésyliens*, dans le reste de l'Algérie ; les *Maurusiens* au Maroc.

Du croisement des Gétules avec les *Nigritae* ou *Aethiopes* du Sahara, sont issus les *Mélanogétules* (Gétules noirs) et les *Leukéthiopiens* (Éthiopiens blancs) des auteurs.

II. Plus de dix siècles av. J.-C., les Phéniciens de Tyr (Φοίνικες, *Poeni*) vinrent établir des comptoirs sur la côte de l'Afrique du nord. La fondation d'Utique était placée par la tradition au xɪᵉ ou au xɪɪᵉ siècle, celle de Carthage au ɪxᵉ. De leur croisement avec les indigènes sortit une population métisse que les anciens appelaient *Libyphéniciens*. Les Phéniciens ne paraissent s'être établis en nombre que dans les régions voisines des côtes ; le reste du pays était laissé aux Berbères, qui reconnaissaient leur autorité.

III. Les Grecs fondèrent aussi plusieurs villes dans la Tripolitaine actuelle, où l'établissement dorien de Cyrène remonte au vɪɪᵉ siècle av. J.-C. ; mais à l'ouest de la Grande Syrte, ils n'ont guère eu que des comptoirs et rien ne prouve qu'ils s'y soient jamais fixés d'une manière durable.

IV. A la suite des *Guerres puniques* (264-241, 219-201, 149-146 av. J.-C.), qui se terminèrent par la destruction de Carthage, les Romains prirent pied en Afrique et y étendirent progressivement leur domaine. La province d'Afrique (*Africa vetus* ou *propria*), constituée en 146 av. J.-C., comprenait le territoire que possédait Carthage au début de la troisième guerre punique, depuis l'île de Tabarka jusqu'à Thenae, au sud de Sfax ; le tracé de la frontière occidentale est mal connu. Le reste du pays fut laissé aux princes numides alliés de Rome. Après la victoire de César à Thapsus, en 46 av. J.-C., le royaume numide fut partagé entre Rome et les alliés de César, Sittius et Bocchus ; les Romains formèrent alors en Afrique une seconde province, la Numidie ou Afrique nouvelle (*Africa nova*). En 27 av. J.-C., la Numidie fut réunie à l'Afrique ancienne ; la province romaine s'étendait alors de l'Ampsaga (oued el-Kebir, à l'est de Djidjelli) jusqu'aux autels des Philènes, limite traditionnelle de la Tripolitaine et de la Cyrénaïque (Mouktar). Elle était placée sous l'autorité d'un proconsul. Caligula (37 ap. J.-C.) enleva le commandement des troupes romaines au proconsul pour le confier à un légat impérial, qui eut sous sa dépendance un vaste territoire militaire formant, en fait sinon en droit, une seconde Numidie. Sous Septime Sévère, vers 200 ap. J.-C., la nouvelle Numidie prit le nom de *Numidia Cirtensis* (plus tard, *Numidia Constantina* ou *consularis*), par apposition à la *Numidia proconsularis*, qui resta soumise à la juridiction du proconsul. La Maurétanie, ancien royaume de Bocchus, fut divisée par Claude (40 ap. J.-C.) en deux provinces impériales régies par des procurateurs, la *Maurétanie Césarienne* (de Sétif à la Moulouia) et la *Maurétanie Tin-*

gitane (de la Moulouia à l'Océan). Cette dernière province répond au Maroc actuel.

La Cyrénaïque, conquise par les Perses en 525, par les Ptolémées en 322 av. J.-C., fut léguée aux Romains en 96 av. J.-C. par Apion, fils naturel d'un des Ptolémées; elle fut organisée vingt ans après en province romaine (74 av. J.-C.) et réunie plus tard à la Crète (27 av. J.-C.), sous la juridiction d'un proconsul.

Comme les Romains sillonnèrent le pays de routes et établirent une puissante garnison à Lambèse, leurs colons purent se répandre dans l'intérieur, où ils ont laissé de nombreuses traces de leur prospérité. Les populations indigènes conservèrent cependant leurs langues et leurs mœurs; le punique paraît être tombé en désuétude après le ve siècle, mais le libyen a survécu dans la langue des Berbères actuels.

V. Débarqués dans la Tripolitaine vers 430 ap. J.-C., les VANDALES, barbares partis de la Germanie septentrionale, dominèrent sur l'Afrique du nord de 435 à 534. Ces envahisseurs étaient peu nombreux; on s'imaginait autrefois que les populations blondes de l'Afrique étaient leurs descendants, mais on sait aujourd'hui qu'elles sont entrées en Afrique à une époque bien antérieure, au cours d'une migration venue d'Espagne, peut-être indo-européenne, que Tissot et Broca plaçaient vers le xxe siècle av. J.-C.

VI. Les Vandales furent chassés par les BYZANTINS, qui occupèrent militairement l'Afrique de 534 à 647. Ils en furent dépossédés à leur tour par les ARABES dans la seconde moitié du viie siècle; la prise de Carthage par Hassan se place en 697. Mais l'Afrique, en cessant d'être byzantine, ne devint pas arabe; elle se retrouva berbère et l'élément indigène prédomina jusqu'au xie siècle, époque de la grande invasion de la tribu arabe des BENI HILAL (*invasion hilalienne*), qui assura la prépondérance à l'élément sémitique dans la Berbérie.

VII. Au xvie siècle, la suprématie politique dans l'Afrique du nord, à l'exclusion du Maroc, passa aux TURCS ottomans, qui la conservent encore en Tripolitaine. Mais les Turcs n'ont guère été que les gouverneurs militaires de la Berbérie; ils n'en ont pas transformé la population. Celle-ci reste essentiellement composée, comme au xie siècle, d'un fonds berbère, probablement complexe lui-même, auquel se sont ajoutés des éléments phéniciens, italiens et surtout arabes. Dans beaucoup de pays, les éléments arabes et berbères ne se sont pas mélangés et présentent, tant au physique qu'au moral, des contrastes frappants que les voyageurs ont souvent fait ressortir. Depuis cinquante ans, enfin, la colonisation française, espagnole, etc., a introduit dans l'Afrique du nord, en particulier dans la zone maritime, un élément nouveau qui se développe rapidement.

S. REINACH.

Le voyageur qui parcourt l'Algérie ou la Tunisie peut donc y rencontrer des documents archéologiques d'époques très différentes : tous les âges depuis l'antiquité la plus reculée ont laissé des traces sur cette terre où les monuments se sont écroulés ou enfouis, mais où il est rare qu'ils aient été complètement détruits.

L'époque dite préhistorique y est représentée non seulement par des silex taillés ou de menus objets de cette espèce, mais aussi par des monuments funéraires de toute sorte, surtout par des dolmens. La civilisation libyque ou, si l'on veut, africaine, nous fournit des tombes creusées dans le roc ou affectant différentes formes qui se rattachent plus ou moins directement à celles de l'époque préhistorique, des inscriptions appartenant à une écriture spéciale, des stèles à représentations figurées, naïves et caractéristiques, des monnaies, des constructions même, surtout des constructions utilitaires, par exemple, des citernes. La civilisation carthaginoise a produit surtout des inscriptions votives, des monnaies, des stèles figurées et un mobilier funéraire grossier mais intéressant. Les restes de son architecture sont très difficiles à distinguer des constructions analogues libyques que l'on connaît mal ou mêmes romaines qui, en Afrique, n'en ont été souvent que la copie ou l'adaptation. La civilisation punique a d'ailleurs gardé sa vitalité, même à l'époque romaine, surtout dans les villes de l'intérieur. Ce punique de seconde manière a reçu le nom de *néopunique*.

Ce sont, naturellement, les Romains qui ont laissé les souvenirs les plus nombreux sur la terre africaine ; ils ont couvert le pays de leurs monuments, de leurs statues, de leurs inscriptions, de leurs monnaies, de leur poterie, de toutes les manifestations de leur puissance ou de leur instinct pratique. On ne peut pas faire la moindre course dans la campagne sans rencontrer quelque édifice en ruine ou quelque inscription ; les villes arabes et même européennes sont faites entièrement avec les débris des constructions romaines, et sans elles les entrepreneurs de routes modernes seraient souvent bien embarrassés.

L'époque des Vandales n'a guère produit que des basiliques et des tombes. Après eux, au contraire, l'Afrique eut un renouveau merveilleux. C'est de cette période que datent presque toutes les constructions grandioses qui se voient en Algérie et en Tunisie, et spécialement toutes ces forteresses dont la vigilance impériale hérissa la province reconquise. Non seulement ces monuments byzantins sont d'un aspect imposant, mais comme ils ont été faits avec des matériaux empruntés aux constructions antérieures, ils contiennent, pour ainsi dire, en eux toute l'histoire du pays ; ce n'était pas l'intention de ceux qui les ont élevés, mais c'est peut-être leur principal titre aux yeux de l'historien.

Les inscriptions de la période byzantine sont assez nombreuses et d'autant plus intéressantes qu'elles sont plus rares ailleurs ; quant aux monnaies de cette période, elles abondent.

Les Arabes sont loin d'avoir aussi fortement marqué leur passage en Algérie et en Tunisie. Il existe pourtant soit dans les grandes villes, soit dans l'intérieur, des spécimens très intéressants d'architecture ou d'ornementation, même en dehors de localités particulièrement favorisées comme Tlemsen ou Kairouan. Les cimetières renferment souvent des tombes fort jolies, et l'on peut trouver des monnaies arabes précieuses pour la science.

Il faut encore citer, parmi les documents qu'un voyageur en Algérie ou en Tunisie a chance de recueillir, des inscriptions hébraïques qui sont, généralement, assez récentes ; quelques inscriptions grecques ou quelques menus objets d'importation grecque, qui se rencontrent toujours dans les *emporia* phéniciens de la côte, de même que certains bijoux égyptiens trouvés dans des tombeaux ; enfin de rares souvenirs du moyen âge, surtout des monnaies.

Ainsi quelle que soit la partie de l'Afrique ancienne que l'on soit à même de voir, ou l'époque à laquelle on s'intéresse, on aura toujours de quoi exercer sa curiosité en Algérie ou en Tunisie, On le fera d'une façon profitable non seulement à soi, mais aux autres et à la science, si l'on veut bien suivre les quelques conseils pratiques qui suivent.

La meilleure copie ou reproduction d'un document, que ce soit une inscription, une monnaie, une représentation figurée, un édifice, est ce qu'on appelle la copie mécanique. Toute personne qui sait écrire ou dessiner peut copier une inscription, un bas-relief, un monument, et cette copie a quelquefois la plus grande valeur. Mais souvent aussi elle est inexacte, soit parce que le talent du copiste ou du dessinateur trahit l'intention et la bonne volonté, soit parce qu'on néglige de petits détails dont on ne voit pas tout d'abord l'importance. Il faut être un dessinateur hors ligne, un dessinateur de profession pour pouvoir rendre toutes les difficultés de l'original, sans y ajouter la moindre interprétation, en gardant la fidélité austère et presque mathématique nécessaire à un document scientifique. Il est donc souhaitable qu'un dessin soit toujours accompagné d'une reproduction mécanique, ne serait-ce que pour se pouvoir persuader au retour que l'on a été un dessinateur exact, et, ce qui importe davantage, pour le pouvoir persuader aux autres.

Ces reproductions sont de deux sortes : la photographie et l'estampage. R. CAGNAT.

1° PHOTOGRAPHIE

A. *Matériel.*

Pour la reproduction des inscriptions, des sculptures, des bas-reliefs, il suffit d'employer un appareil 13×18 ; pour les relevés d'architecture, si l'on désire se livrer à un travail de détail, il est préférable d'employer la dimension 18×24 ou même 21×27.

On doit choisir soigneusement l'appareil que l'on emportera avec soin en voyage.

Il faut qu'il soit avant tout solide et commode. Nous recommanderons donc de tenir tout spécialement à ce que les chambres noires soient en noyer ciré, avec assemblages vissés au lieu d'être cloués. Les angles seront rendus indéformables par des équerres en cuivre. La planchette intérieure doit être mobile de façon à pouvoir déplacer l'objectif dans les deux sens. Ce soufflet sera en cuir, la glace dépolie à charnières et les châssis à rideaux et doubles.

Un appareil à main peut être d'une très grande utilité dans un voyage rapide; mais il faut se garder de prendre une dimension inférieure à 9 × 12. Il y en a différents modèles dans le commerce, sous le nom de *Détective, Argus, Reporter, Photobloc,* etc. L'*Argus* de Mendoza (9 × 12) est un des moins chers et des plus commodes (90 fr.).

Le pied doit être très rigide et la disposition de ses trois différentes tiges doit être telle que l'appareil puisse être incliné en tous sens.

Il est très important que cette inclinaison puisse être obtenue, car elle permet à l'opérateur de reproduire sans déformation les fragments d'inscriptions ou de sculptures gisant à terre, dont le plan est souvent oblique à l'horizon. Nous rappelons ici que pour obtenir une bonne épreuve photographique sans déformation, il est essentiel d'observer un rigoureux parallélisme entre le plan moyen de l'objet à reproduire et la glace dépolie. Pour y arriver on tracera sur celle-ci des lignes verticales et horizontales, parallèles par conséquent aux côtés de la glace, qui serviront de guides pour la mise en place de l'objet à reproduire. Si les lignes verticales et horizontales de l'objet sont parallèles aux lignes correspondantes du verre dépoli c'est qu'il y a parallélisme entre le plan de cet objet et la glace.

L'objectif est la partie principale de l'appareil, et celle sur laquelle il faut que l'opérateur porte toute son attention.

Il est nécessaire d'avoir deux objectifs, l'un très court de foyer pour les intérieurs ou les vues de monuments très rapprochés (ce qui est généralement le cas dans les villes arabes où les rues sont si étroites), l'autre de distance focale moyenne, comme les aplanétiques ordinaires. Les objectifs seront montés de façon à ce qu'ils puissent être rapidement fixés à l'appareil. Ils seront munis d'un système de diaphragmes fixé à l'appareil, dit diaphragme tournant. Rien n'est plus incommode que les diaphragmes séparés dits diaphragmes vannes, qui se perdent facilement ou qui n'étant pas toujours fixes dans la monture peuvent tomber à terre pendant le transport de l'appareil. Un excellent diaphragme, plus simple que ceux qui sont couramment employés, est le *diaphragme iris*. Il est fabriqué par plusieurs opticiens à Paris. En thèse générale on doit opérer toujours avec le même diaphragme. L'objectif choisi doit être *rectilinéaire*, c'est-à-dire ne pas déformer les lignes droites; *profond*, c'est-à-dire donner une égale netteté aux différents plans des vues à reproduire; *lumineux* c'est-à-dire qu'il doit conserver une netteté suffisante, même avec un diaphragme de grande ouverture. Ces qualités se retrouvent dans les objectifs français d'Hermagis, Berthiot, Derogy, Prasmowski, Darlot, Français.

Nous conseillerions de se borner aux objectifs Berthiot et d'adopter les deux modèles suivants :

Grand angle. Objectif périgraphique.

Aplanétique. Objectif rectilinéaire aplanétique extra-rapide.

Il est bon d'avoir une loupe pour la mise au point. Cette loupe rend de grands services quand il faut s'assurer de la netteté avec laquelle on veut obtenir les inscriptions ou les détails dont la finesse et l'exactitude sont indispensables au travail que l'on doit faire.

Il est indispensable aussi, pour la mise au point, d'avoir un voile noir en étoffe double, en coton. On fera bien de conserver ce voile sur les châssis au moment où on les ouvre dans l'appareil; trop souvent il arrive que par suite de la chaleur, les fermetures des châssis jouent légèrement et, la lumière pénétrant par les jours formés, il se produit des voiles sur les plaques impressionnées.

Une précaution très utile consiste dans l'application sur le châssis d'une étiquette en vélin, permettant d'y inscrire les indications relatives au sujet qui a été photographié. Dans les châssis à rouleaux pour l'emploi des pellicules ou papiers pelliculaires, on ne peut pas noter les épreuves séparées; il est bon, dans ce cas, de tenir, sur un carnet séparé, un compte exact des épreuves faites, établi dans l'ordre exact de ces épreuves.

Voici la liste des accessoires qui sont indispensables au voyageur pour pouvoir opérer à son aise et obtenir des épreuves satisfaisantes :

Chambre noire; — pied à coulisse; — deux objectifs; — un voile; — une loupe; six châssis doubles à rideaux (pour emploi des glaces) ou bien un châssis à rouleaux (pour emploi du papier pelliculaire); — quatre cuvettes en carton durci (développement, lavage, fixage, alunage); — une lanterne à verres rouges (lanterne à huile); — un entonnoir en carton durci; — un paquet ou plusieurs de filtres blancs; — un égouttoir pliant; — un verre gradué; — une douzaine de pinces de blanchisseuses; — un crochet en gutta-percha; — une main de papier buvard blanc; — un châssis anglais pour tirer les épreuves positives; — plaques au gélatino-bromure (négatifs), ou papier pelliculaire; — papier au gélatino-bromure ou bien au ferro-prussiate (positifs); — flacon ammoniaque avec compte-gouttes; — bromure d'ammonium ou de potassium; — acide pyrogallique comprimé (de Marion, 14, cité Bergère); — sulfite de soude; — hyposulfite de soude; — alun pulvérisé; — un paquet d'ouate. Plusieurs flacons de photo-poudre ou de poudre de magnésium avec l'appareil pour l'enflammer.

B. *Manière d'opérer.*

N. B. — On devra toujours, en Afrique, à cause de l'intensité de la lumière, faire des instantanées quand on opère en plein air et dans les conditions normales. Si l'on veut obtenir des vues d'intérieur, ce qui peut être nécessaire, par exemple dans les mosquées, il faudra, soit opérer à l'aide des photo-poudres qui se trouvent chez les marchands de produits chimiques, soit prolonger le temps de pose suivant l'obscurité relative du milieu où l'on se trouvera.

a) *Bas-reliefs.* — Il est nécessaire de profiter de l'éclairage favorable de façon à ce que les ombres soient assez fortes pour accuser le modelé et néanmoins il ne faut pas que ces ombres soient trop prononcées de façon à ne pas en détruire le caractère.

On placera, si c'est possible, les bas-reliefs bien en face de l'opérateur en les disposant, relativement à la lumière, de façon à obtenir le modelé suffisant.

Si les bas-reliefs ne sont pas mobiles, on attendra que la lumière produise l'éclairage nécessaire; on disposera comme nous avons dit l'appareil de façon à ce que les surfaces du bas-relief et celle de la glace dépolie soient bien parallèles. On placera toujours près de l'objet à reproduire un mètre tout entier, ou plié en deux, ou en cinq suivant la grandeur de l'objet à reproduire, pour donner l'échelle exacte. Il serait bon que ce mètre fût en ivoire ou en os avec caractères noirs et chiffres noirs, pour que la graduation soit bien visible.

b) *Statuettes et petits objets.* — Les éclairer autant que possible sous une lumière douce, pour que les ombres soient modelées. On les groupera par classes ou par analogies. Ne pas oublier de les photographier de face, de profil et sur la face postérieure.

c) *Inscriptions.* — Choisir le moment où la lumière les frappe sous un jour frisant. Si les monuments épigraphiques sont mobiles on les disposera de façon à ce que les ombres soient nettes; avec le jour frisant les biseaux, les caractères qui sont dans l'ombre s'accentuent fermement, ceux qui au contraire sont éclairés brillent et le plan même de l'inscription reste dans une demi-teinte; ce procédé permettra quelquefois de découvrir des parties de l'inscription qui échapperaient à l'observation la plus attentive. Ne pas oublier de placer le mètre près de l'inscription.

d) *Monuments.* — Pour reproduire, par la photographie, les monuments que l'on rencontrera, de façon à ce que les épreuves obtenues puissent être utilisées ensuite et servir de base à des travaux scientifiques, il suffira d'observer bien exactement les indications suivantes :

Les détails, chapiteaux, frises, entablements, soffites seront photographiés sur 9×12 et 13×18, les ensembles sur 18×24.

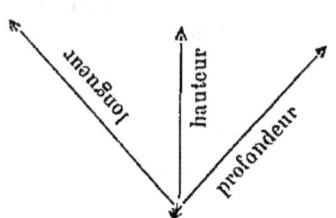

Pour tous les fragments à photographier, on notera soigneusement la dimension verticale et la dimension horizontale, ainsi que la profondeur, et, si c'est possible, on placera auprès d'eux une règle graduée ou un mètre.

Au besoin, on pourra écrire sur l'épreuve photographique les dimensions principales de l'édifice.

Quand une ruine ou un édifice sera d'une étendue trop considérable pour que son image, à une échelle suffisante, soit contenue entièrement dans une seule épreuve (ce qui n'arrive généralement que pour les dimensions horizontales) on fera du même point, l'appareil restant à la même place et pivotant sur la vis de support de la planchette, deux ou trois vues successives en déplaçant chaque fois l'appareil autour de son axe vertical d'une quantité angulaire telle que dans deux vues successives une petite partie du côté droit de la première soit comprise dans le côté gauche de la deuxième. On obtient ainsi une suite de vues qui peuvent se raccorder. Il est absolument nécessaire alors que l'axe de rotation de l'appareil soit rigoureusement vertical et celui-ci horizontal, ce qu'on vérifiera aisément à l'aide d'un fil à plomb et de la verticale de la glace dépolie.

On fera aussi bien des vues intérieures que des vues extérieures ; et, s'il y a lieu, les voûtes ou plafonds seront photographiés, soit avec l'appareil convenablement incliné, soit à l'aide d'un miroir placé à 45° devant l'objectif.

On prendra non seulement des vues directes, c'est-à-dire en se plaçant au milieu de la face de l'édifice, mais encore des vues d'angle ; dans celles-ci, une forte marque à la craie tracée à une hauteur exactement déterminée et à un nombre entier de mètres servira utilement pour donner l'échelle de la vue.

Pour photographier à une grande échelle certains fragments d'architecture, on pourra dédoubler l'objectif aplanétique et ne se servir que d'une lentille ; seulement, il faudra s'assurer au préalable de la longueur focale ainsi obtenue, afin que le soufflet de la chambre ait assez de développement pour permettre cette opération.

On aura soin de joindre toujours aux épreuves photographiques des mesures exactes repérées sur des points bien définis, et pour les édifices un plan avec mesures bien nettement écrites et quelques cotes de hauteur, colonne, entablement, etc., de la façon qui sera indiquée ci-dessous.

1. **Constructeurs de chambres noires**: Derogy, Gilles, Mackenstein, Wilz, Mendoza, Enjalbert, Molteni ; — **papier au gélatino-bromure** : Lamy ; — **au ferroprussiate** : 14, cité Bergère ; — **plaques** : Monckhoven, Lunière, As de trêfle, Bernaert, Dorval. — Employer pour la reproduction d'objets colorés, décorations, faïences les **plaques iso-chromatiques** d'Atout-Tailfer ou les **pellicules** au gélatino-bromure sur celluloïde d'Eastman, chez Nadar.

H. Saladin.

2° ESTAMPAGE.

Il existe deux procédés d'estampages d'inégale valeur, mais qui peuvent être employés avec succès l'un au lieu de l'autre dans des circonstances particulières.

Le premier, l'estampage à sec, peut être exécuté avec une feuille de papier blanc quelconque ; il suffit d'avoir en outre un tampon enduit de mine de plomb, conservée en boîte dans un petit tube. Ce procédé est applicable aux pierres lisses, où les lettres sont peu profondément gravées, mais très nettes ; il a sur le suivant l'avantage de demander peu de temps et de ne pas exiger d'eau, qu'il est souvent, on le sait, très difficile de se procurer en Afrique, surtout dans le sud, et de rendre possible l'estampage par le grand vent ou même par la pluie. On commencera par nettoyer la pierre où est l'inscription, afin d'enlever le sable et surtout la mousse qui adhérerait au papier et formerait comme une sorte de colle ; on y appliquera la feuille de papier que l'on fera tenir aux quatre extrémités, puis on frottera avec le tampon enduit de mine de plomb dans le sens horizontal, c'est-à-dire perpendiculairement à la direction des lettres : celles-ci se marqueront en blanc et d'autant plus nettement que l'on appuiera plus fortement.

L'estampage achevé, on le pliera, autant que possible sans couper les lignes en deux, mais en autant de parties que l'on voudra : un estampage de cette sorte peut se transporter et s'expédier par la poste sans aucun danger.

L'estampage humide, qui est toujours préférable à celui-ci, quand on peut le bien prendre et le faire ensuite sécher, se fait au moyen d'une feuille de papier *non collé*, de force moyenne, et d'une brosse en crin. Celle-ci doit être, autant que possible, garnie d'un manche, comme la brosse à argenterie ou la brosse à cheveux ; à défaut, une brosse à habit, pas trop dure, ou mieux une brosse à cirage peuvent servir. Il faut aussi une éponge.

On doit d'abord, comme il a été dit précédemment, nettoyer soigneusement la pierre ; si les lettres sont encrassées, on ne craindra pas de frotter l'inscription comme on le fait d'une pierre à évier ; on la lavera ensuite à grande eau pour enlever toutes les saletés qui s'y seraient déposées avant ou pendant l'opération. On appliquera alors le papier sur la pierre mouillée, puis on le mouillera lui-même extérieurement jusqu'à ce qu'il adhère parfaitement, en ayant soin d'appuyer légèrement pour empêcher des bulles d'air de se former entre la pierre et le papier ; on pourra au reste faire disparaître celles qui se seront formées en crevant légèrement le papier à cet endroit avec une épingle ou la pointe d'un canif. Ce premier résultat obtenu, on frappera fortement avec la brosse, de façon à ce que les lettres et tous les détails de l'inscription apparaissent sur le papier. Tout estampage fait sans le secours de la brosse est, sauf de très rares exceptions, un mauvais estampage. On ne craindra pas de revenir plusieurs fois sur la même place, surtout aux endroits endommagés et par suite plus difficiles à lire. Si le papier vient à se déchirer pendant le courant de l'opération, on superposera à la première feuille une seconde feuille que l'on traitera comme la première ; ces deux feuilles, sous l'influence de l'humidité, se colleront l'une à l'autre et n'en formeront bientôt qu'une seule. Si la pierre est très inégale ou les lettres très profondes, on peut ainsi placer l'une sur l'autre trois ou quatre feuilles de papier.

Quand l'inscription est grande, on l'estampera par parties, et l'on numérotera chacune de ces parties en commençant par le haut. Mais, en pareil cas, il faut avoir soin que chaque estampage partiel reproduise les premières ou les dernières lettres de l'estampage voisin, afin de faciliter le rapprochement de ces différents morceaux.

En Afrique, où il y a généralement un beau soleil, on devra laisser, si le vent le permet, l'estampage sur la pierre jusqu'à ce qu'il soit sec. Au besoin, on abritera l'inscription du côté où vient le vent par un manteau ou un burnous. S'il arrive que le vent détache l'estampage de la pierre, on posera celui-ci par terre, en le maintenant tout autour par des cailloux. Dans le cas où l'on serait très pressé de partir, ou par un temps humide, on pourrait, soit allumer du feu au pied de la pierre, en prenant bien garde de ne pas brûler l'estampage, ou même le détacher et le rouler entre deux feuilles de papier à estampage sèches, qui feront l'office de papier-buvard ; en arrivant le soir à l'étape, on achèvera de sécher l'estampage auprès du feu ; mais ces deux procédés ne sont que des pis-aller. On aura toujours tout avantage à attendre, pour emporter un estampage, qu'il soit entièrement sec ; car alors on peut le rouler ou le plier sans inconvénient. Il est préférable de le rouler : on l'introduira ensuite soit dans un tube de fer blanc, soit dans un tube de carton qui le protégeront contre les accidents.

On peut aisément se faire fabriquer un tube de fer blanc de cette sorte. On aura soin de le fermer par en bas et par en haut, cela va sans dire ; on pourra aussi, et ceci est un détail qui a son importance, faire souder à la partie supérieure et au-dessus du couvercle, une boîte en fer blanc de même diamètre où l'on mettra l'éponge, et au besoin même de l'eau, si l'on doit traverser un pays aride. De la sorte on aura toujours avec soi son papier, la brosse, qui peut trouver place dans le corps du tube, l'éponge et de l'eau.

Dans le cas où les inscriptions seront très endommagées, on devra, si on a le temps, faire deux estampages du même texte.

Le papier à estampage devra être, ainsi qu'il a été dit, d'épaisseur moyenne ; le papier Joseph est beaucoup trop faible. On peut recommander le papier vergé d'Arches (1 fr. 60 les 25 feuilles), chez tous les grands papetiers. Un estampage fait sur un tel papier peut se plier, se rouler et s'envoyer par la poste.   R. CAGNAT.

Ce procédé d'estampage à l'eau est applicable aux bas-reliefs ou aux dessins en creux quand les saillies de la pierre ne sont pas trop considérables ; mais il faudra, pour estamper des documents de cette sorte, superposer plusieurs feuilles de papier. Lorsque l'estampage sera bien sec, on le recouvrira d'une dizaine d'épaisseurs de feuilles du même papier qu'on mouillera avec de l'eau faiblement additionnée de colle de farine ou d'amidon et on laissera de nouveau sécher. Le tout sera détaché avec précaution, et badigeonné intérieurement et extérieurement avec un vernis gras fait d'une partie de cire et de résine dissoute dans cinq parties d'essence de térébenthine (au bain-marie) ou une partie de cire dans cinq parties d'huile ordinaire, — procédé moins recommandable, mais dont on trouve les éléments plus aisément ; — on évitera l'excès de vernis gras. On pourra de ces estampages tirer des moulages en plâtre, en prenant soin, avant chaque moulage, de graisser l'intérieur du moule avec de l'huile d'olive et de caler l'extérieur, pour en éviter la déformation, dans du sable fin.

Pour les monnaies, les cachets, les camées ou les sculptures arabes sur bois, on aura recours aussi à deux procédés : ou bien on en prendra l'empreinte sur cire, ce qui peut, il est vrai, gâter l'original, ou bien on se servira d'une feuille de papier d'étain, semblable à celui dont on enveloppe le chocolat, mais plus épaisse ou doublée, faute de mieux. On la placera sur l'objet ; on tamponnera avec soin, d'abord avec l'extrémité des doigts et ensuite avec une légère couche de cire à modeler ou de mie de pain bien malaxée que l'on poussera de façon à faire pénétrer doucement la feuille d'étain jusqu'au fond des moindres détails du modèle. Le tout sera recouvert d'une couche plus épaisse, ou de cire à modeler, ou de mie de pain bien malaxée. La mie de pain ou la cire à modeler formant ainsi une masse solide sera saisie et tirée doucement. Le creux obtenu pourra servir à couler une épreuve, en plâtre dans la cire ou même en soufre dans la mie de pain bien sèche. Empreintes sur cire ou en papier peuvent se transporter de petites boîtes de bois remplies d'ouate. H. SALADIN.

Supposons maintenant un voyageur muni de tous les accessoires que nous venons d'énumérer et sachant s'en servir, que devra-t-il faire en présence du document qu'il voudra relever et particulièrement d'une inscription ?

D'abord et avant tout, il faut noter le nom exact de la localité où on se trouve. Si le nom que les indigènes vous indiquent est arabe ou paraît tel, on doit s'informer s'il n'y en a pas un autre, qui n'est souvent que le nom latin transformé. Exemple : Une ruine située dans l'Enfida s'appelle Henchir Sidi-Khalifa, du nom d'un marabout enterré auprès, mais l'arc de triomphe qui s'y trouve se nomme Bab-Fradis ; la localité antique se nommait probablement Aphrodisium. De même une petite ville, située non loin de Tebourba, est connue sur les cartes sous le nom de Henchir Sidi-Chouégui ; mais la partie plus particulièrement occupée par les ruines est appelée Henchir Tobbas. Ce dernier nom est précisément celui de la cité antique : Thubba. Or, les Arabes du pays connaissent toujours les différents noms appliqués à un même endroit.

On devra ensuite s'enquérir du nom du possesseur du champ ou de la maison où se trouve le document, demander s'il y a longtemps que celui-ci est à la même place, et au cas où il y aurait été transporté, depuis quand il y a été apporté et où il était auparavant : bref, faire une enquête minutieuse sur l'inscription que le hasard vous a fait rencontrer. Ces renseignements doivent être recueillis, d'ailleurs, quel que soit le monument antique que l'on a à relever.

En second lieu, on aura soin de noter la forme et la nature de la pierre, si c'est une colonne ou une stèle, un autel ou une base, si c'est du marbre ou de la pierre et quelle sorte de pierre ; si elle est encastrée dans un mur ou couchée à terre, etc.

On inscrira ensuite sur son carnet la hauteur, la largeur et l'épaisseur de la pierre, la hauteur des lettres si c'est une inscription, surtout une inscription mutilée dont on peut trouver ailleurs d'autres morceaux, et les détails caractéristiques que l'on remarquera : emblèmes ou représentations qui figurent en tête ou sur les faces du monument, cassures et fissures, trous, martelages, etc.

On écrira alors à côté de ces renseignements un numéro d'ordre qui sera reporté sur l'estampage ou sur la photographie correspondante.

La copie que l'on prendra des textes épigraphiques sera, s'il est possible, une copie dessinée ; en tout cas, on aura soin de tracer chaque lettre à sa place et de lui donner la forme qu'elle affecte sur l'original, la forme des lettres étant un des éléments qui permettent de dater l'inscription ou le monument où elle se lit. Une copie en caractères minuscules est entièrement sans valeur. On indiquera soigneusement la division du texte en lignes ; et dans chacune d'elles on marquera les lettres qui sont illisibles, non point par un frottis au crayon, mais par un point, de telle sorte que l'on puisse, rentré chez soi, savoir combien la lacune contient de lettres approximativement. Il faut bien se garder aussi d'essayer de comprendre ce qu'on copie ; on notera les lettres que l'on voit et telles qu'on les voit, sans se soucier de les rapprocher par la pensée des précédentes ou des suivantes : c'est la seule façon d'éviter les interpolations involontaires. Tous ceux qui ont été en présence d'une inscription savent que l'œil a, sous l'influence d'une idée préconçue, des hallucinations singulières, contre lesquelles les épigraphistes les plus expérimentés ont à se tenir en garde. Il faut accepter son témoignage et ne jamais vouloir le lui dicter.

Si l'on a le loisir de rester un peu devant la pierre, on pourra, en faisant la révision de sa copie, rendre la bride à son esprit, et chercher le sens des phrases qui composent l'inscription ; mais avant tout, il faudra faire un estampage ou une photographie, sauf à attendre jusqu'au lendemain ou même plus tard pour étudier le texte que l'on a copié ; car un bon estampage vaut à peu près l'original, et telle lettre que l'on n'a pu distinguer sur la pierre apparaît nettement sur l'estampage convenablement éclairé. Aussi, dans le cas où l'on serait très pressé, il faudrait toujours préférer un estampage à une copie. On ne saurait, en effet, trop répéter au voyageur ou à l'explorateur, qui n'a pas l'habitude des études épigraphiques, que, quelque fort qu'il ait été dans ses classes, il copiera imparfaitement les inscriptions qu'il rencontrera, à moins qu'elles ne soient d'une extrême netteté, ce qui est très rare en Afrique. Tous ceux qui se sont trouvés en présence d'une « pierre écrite », comme disent les Arabes (*hadjra maktouba*), savent que c'est là l'exacte vérité.   R. CAGNAT.

A ces conseils sur la manière de photographier et d'estamper les documents de toute nature que l'on pourra rencontrer en Afrique, il nous a paru utile de joindre des notions de topographie et d'architecture très élémentaires pour permettre à ceux qui seraient tentés de le faire, de dresser le plan d'un terrain ou de relever utilement les lignes principales d'un édifice.

NOTIONS DE TOPOGRAPHIE.

Pour dresser un plan suffisant d'une ruine ou d'un terrain, il faut pouvoir résoudre les problèmes suivants qui se présentent le plus fréquemment :

1° Étant en un point bien défini, marqué sur la carte, déterminer sur cette carte la position des points qu'on aperçoit ;

2° Marquer sur la carte la position du point où l'on se trouve à un moment quelconque.

Ces problèmes se résolvent facilement à l'aide d'une boussole portative qui permet d'*orienter* la carte qui est fixée sur un carton léger.

Orientation. — On suppose que la propriété de l'aiguille aimantée est connue. La pointe bleue donne la direction du *nord magnétique* qui diffère sensiblement de la direction du *nord géographique* ou *nord vrai*.

La figure 1 montre l'écart angulaire qui existe entre l'axe de l'aiguille aimantée et la direction du nord géographique. Cet angle est de 15°26' pour 1889, il s'appelle *déclinaison de l'aiguille aimantée*. La déclinaison est vers l'occident.

Ceci posé, on appelle *orienter une carte* placer cette carte de manière que toutes ses lignes soient parallèles aux lignes homologues du sol. Pour réaliser cette condition, on fixera une boussole portative sur la carte de manière que AB (fig. 2) soit parallèle aux *méridiens de la carte* et on fera tourner horizontalement cette carte jusqu'à ce que la pointe bleue marque 15°26' à l'ouest de NS, c'est-à-dire 360° — 15° 26' = 344° 34'.

Remarque. Généralement, les boussoles portatives n'ont, sur leur limbe, que les quatre points cardinaux; la déclinaison doit être alors gravée en DD' sur le limbe, à l'ouest de la ligne NS. Lorsque l'aiguille recouvre DD', la ligne NS marque le méridien géographique.

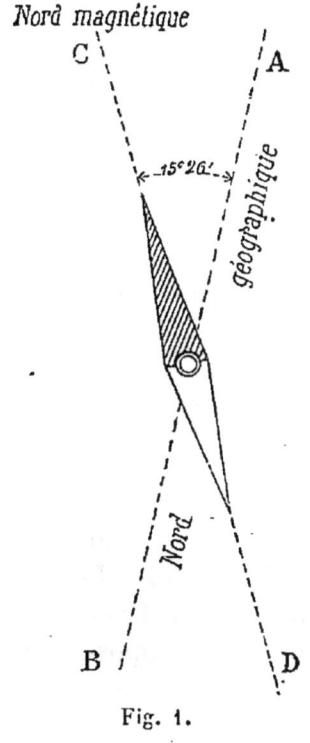

Fig. 1.

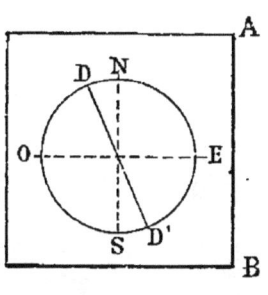

Fig. 2.

PROBLÈME I. *Déterminer sur une carte la position des points* A, B, C. — On piquera une épingle au point S qui représente la station (fig. 3), puis on tournera le carton pour l'orienter. Il est évident que les rayons visuels qui passeront par l'épingle et le point A, puis par les points B et C, recouvriront sur le carton les points a, b, c, qui représentent les sommets visés.

Réciproquement, si on dirige un rayon visuel par l'épingle et les points a, b, c (le carton étant orienté), ces rayons visuels iront passer par les sommets A, B, C.

Remarque. En mesurant les longueurs graphiques Sa, Sb ;

Sc, et en les traduisant à l'échelle de la carte, on aura les distances entre la station et les points visés.

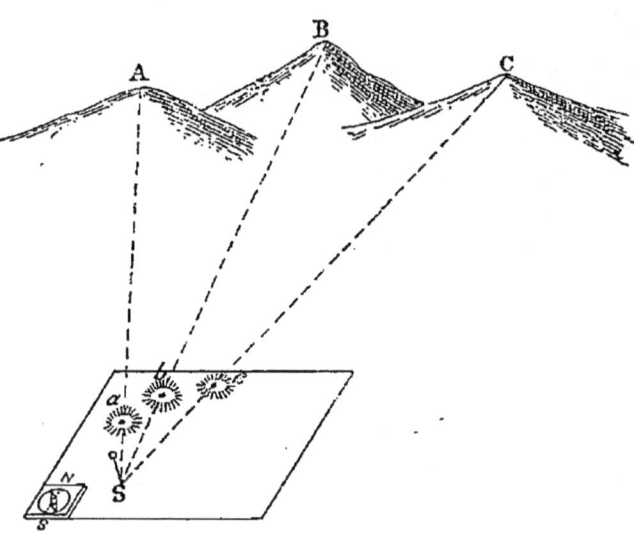

Fig. 3.

Problème II. *Marquer sur la carte la position de la station où se trouve l'explorateur.* — On oriente le carton, on aligne A*a*, B*b*; ces deux directions *se coupent* en arrière, en un point S qui est la station. Comme vérification, l'alignement de deux autres points, tels que *c* et C doit passer encore par la station S.

Remarque. Les directions dont il vient d'être parlé dans les problèmes I et II peuvent être tracées à l'aide de l'alidade. Cet instrument est supposé connu. Il y en a un grand nombre de modèles.

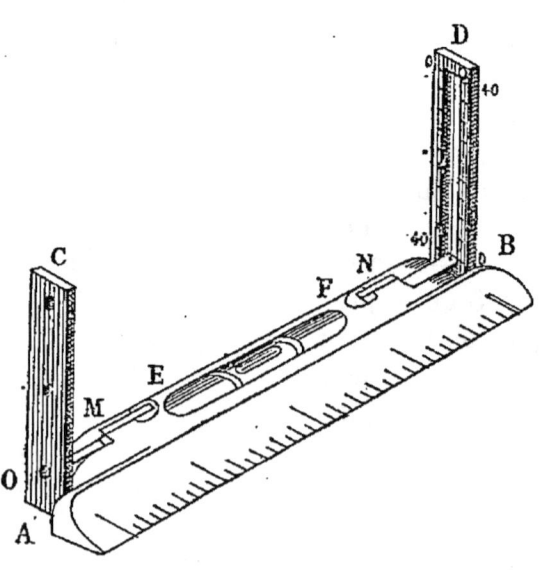

Fig. 4. — Alidade nivelatrice.

Détermination des altitudes. En général, les explorateurs devront déterminer les altitudes à l'aide du baromètre anéroïde portatif; dans ce cas, on les renvoie à la notice qui accompagne cet instrument. L'explorateur devra, pour avoir l'altitude des points A, B, C (fig. 3), à l'aide du baromètre, se transporter successivement en chacun de ces points.

Si on n'a pas de baromètre, et dans le cas où l'on désire avoir de faibles différences d'altitude, il faut avoir recours à un instrument plus simple : l'alidade nivelatrice, par exemple. — Cet instrument a l'avantage de pouvoir servir à deux fins : 1°.il permet de tracer les directions; 2° il sert à calculer les altitudes.

L'*alidade nivelatrice* (fig. 4) se compose d'une règle en buis divisée comme un double décimètre; deux pinnules peuvent se relever aux extrémités; C est pourvu de trois œilletons; c'est la pinnule oculaire; les visées de direction se font par l'œilleton du milieu et le crin qui divise la pinnule opposée D; les visées

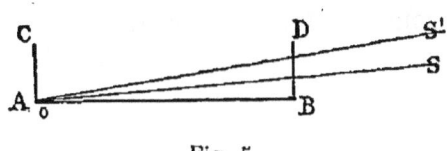

Fig. 5.

d'altitudes ascendantes et descendantes se font par les deux autres. La pinnule D porte des divisions qui sont la *centième* partie de la distance entre les deux pinnules. Ces divisions sont au nombre de quarante; elles sont ascendantes sur le côté droit, descendantes sur le côté gauche. Il en résulte que si l'œil exécute une visée ascendante par l'œilleton O (fig. 5) cette visée pourra avoir les pentes $\frac{1}{100}, \frac{2}{100}, \frac{3}{100}$, etc., jusqu'à $\frac{40}{100}$. Si les visées sont descendantes, les pentes passent par les mêmes valeurs, mais en sens inverse.

La règle AB se place horizontalement sur une surface sensiblement plane, à l'aide d'un niveau à bulle d'air E F et de deux excentriques M et N qui peuvent alternativement soulever les extrémités de la règle.

Pratique de l'instrument. L'explorateur qui se trouve en A (fig. 6), à l'altitude de 132 mètres, veut déterminer l'altitude de S. Cette altitude est égale à celle de A + SV. Mais SV égale HV (hauteur de l'instrument au-dessus du sol) + HS. Si le rayon visuel OS correspond sur la pinnule D à la 5ᵉ division, on aura $\frac{SH}{5} = \frac{OH}{100}$ ou $SH = \frac{OH \times 5}{100}$.

OH peut se mesurer sur l'échelle de la carte, c'est une des longueurs Sa, Sb, Sc de la figure 3.

Supposons OH = 125 mètres et HV = 1ᵐ,20, on aura finalement :

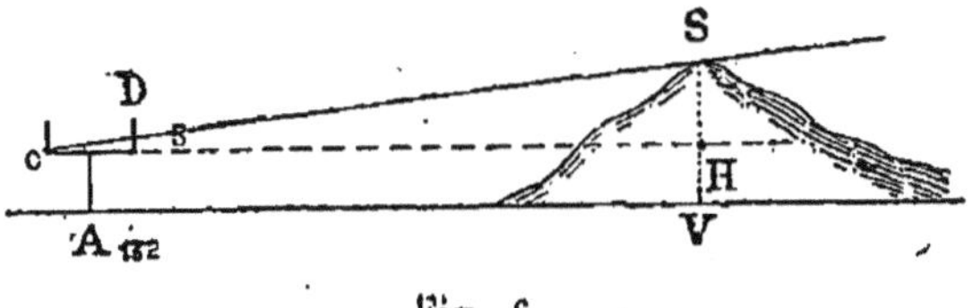

$$SH = \frac{125 \times 5}{100} = 6^m,25.$$

Fig. 6.

Altitude S = 132ᵐ + 6ᵐ,25 + 1ᵐ,20 = 139ᵐ,45.

La réciproque s'obtiendrait facilement par les moyens inverses. Connaissant l'altitude S = 139ᵐ,45 trouver l'altitude A :

lt. A = alt. S − (SH + HV) = 139ᵐ,45 − (6ᵐ,25 + 1ᵐ,20) = 132 mètres.

Remarque I. Si l'on connaît l'altitude d'un sommet S et la pente $\frac{5}{100}$ du rayon visuel qui y aboutit, on peut avoir la distance horizontale OH. En effet $OH = \frac{100 \times SH}{5} = 125$ mètres.

Remarque II. Si la distance de la station au point S était plus considérable, il y aurait lieu de tenir compte de la réfraction qui relève les points visés, et de la sphéricité de la terre. Mais en raison de la nature même des instruments employés, qui n'ont pas une très grande précision, nous pourrons négliger ces deux corrections.

Mesure des distances. Dans les cas précédents, la distance de la station aux points visés se mesure sur la carte, mais on peut aussi la mesurer directement. Dans ce cas, on se sert du *pas*. Il est nécessaire que le pas soit bien étalonné. On doit faire cet étalonnage sur une route kilométrée. La montre peut aussi servir à mesurer les distances, si on sait une fois pour toutes combien on fait de mètres à l'heure. C'est encore un étalonnage à faire.

Pour terminer cet exposé, supposons qu'on ait à lever un itinéraire figuré par les lignes AB, CD, EF (fig. 7). En A, on oriente, à l'aide de la boussole, le petit carton sur lequel on doit dessiner. On vise le point B et on trace la direction AB. On mesure au pas la distance AB; on convertit cette mesure en mètres et on la réduit à l'échelle du dessin. En B, on s'oriente de nouveau, et on trace BC; on mesure cette distance, on la reporte sur le dessin, et ainsi de suite. Pendant la marche, on s'arrête pour dessiner à gauche et à droite les objets, les lieux habités, ponts, etc., etc., qui doivent figurer sur le dessin, et on rattache les points extérieurs tels que M par des visées

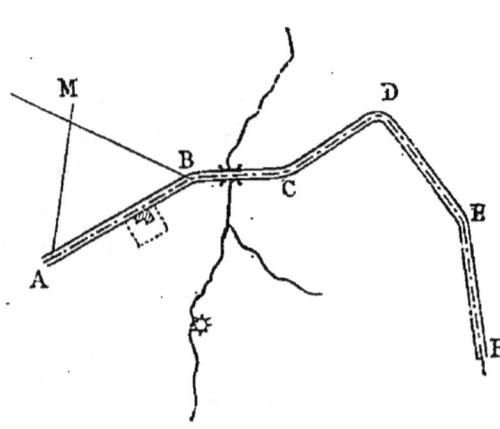

Fig. 7. — Levé d'un itinéraire.

tracées de A et de B. On peut les rattacher aussi en portant sur AM le nombre de mètres mesuré au pas. Le terrain entre ces points extérieurs et le chemin parcouru sur la route est dessiné à vue. — La plus grande difficulté dans ce genre de dessin est d'arriver à immobiliser le carton une fois qu'il est orienté, et pendant qu'on fait les visées. On peut y parvenir en appuyant ce carton le long d'un arbre pendant la visée, ou en le plaçant sur un talus, un tas de pierres, ou un soutien semblable.   Général DERRÉCAGAIX.

Dernier conseil au voyageur : Si l'on peut revenir de temps à autre dans le même centre habité, on fera bien d'y laisser chaque fois le double de ses copies, ses photographies et ses estampages ; si on ne fait qu'y passer pour aller ensuite ailleurs, on pourra expédier le tout en France, pour éviter les accidents ou les pertes.

1. Si l'on a l'intention de les adresser au **Ministère de l'Instruction publique**, on profitera de la franchise postale que possède le Ministre. On n'a qu'à écrire sur l'enveloppe : *Monsieur le Ministre de l'Instruction publique, à Paris,* — en ayant soin d'ajouter : *Direction du Secrétariat,* 1er *bureau.* Les documents ainsi expédiés seront soumis au Comité des Travaux historiques (Commission d'Algérie et de Tunisie) qui se fera un plaisir d'aider de ses conseils et de son appui ceux qui feront appel à lui.

NOTIONS D'ARCHITECTURE.

Le voyageur ou l'archéologue qui se trouvera en présence d'un monument devra, autant que possible, en prendre un plan, s'il est rasé au niveau du sol, et, s'il est debout, au moins en partie, un croquis ; des élévations, une antérieure, une postérieure, une latérale droite et une latérale gauche ; enfin une coupe ou section verticale (la coupe peut être transversale, ou longitudinale, ou biaise). Il procédera de la façon suivante :

A. *Plan.*

a) Mesure d'un plan régulier et rectangulaire.

Soit le temple représenté à la figure 8 de la page suivante, on prendra les mesures AB, sur le milieu des côtés des plinthes (parties carrées de la base des colonnes). Les mesures seront prises ensuite en CD, EH avec ses subdivisions EF, GH, OJ, OK pour voir si le plan de la niche est bien exactement demi circulaire, et en remarquant que les sub-divisions des lignes pointillées (lignes d'attache des mesures) sont déterminées par des accidents de la surface qu'on a à mesurer, pilastres, colonnes, niches, etc. Les épaisseurs des murs devront aussi être indiquées.

Observation générale. — Les lignes de cotes devront être tracées légèrement au crayon. Les parties de plan reconnaissables hors de terre devront être teintées ou en gris très clair ou en rouge clair de façon à ce que l'on puisse inscrire sur ces épaisseurs les mesures des cotes qui leur appartiennent. Les teintes de coupe (fig. 12) seront indiquées aussi en rouge clair ou en gris très clair. Les terrains en coupe seront teintés en brun clair ou terre de Sienne brûlée avec liseré un peu plus foncé.

b) Mesure d'un plan dont certaines parties [ne sont pas à angle droit l'une sur l'autre (fig. 9).

Dans ce cas, par exemple si l'on se trouve en face d'un monument comme celui de la figure 9, on y mesurera toujours au moins une des deux diagonales AB du quadrilatère.

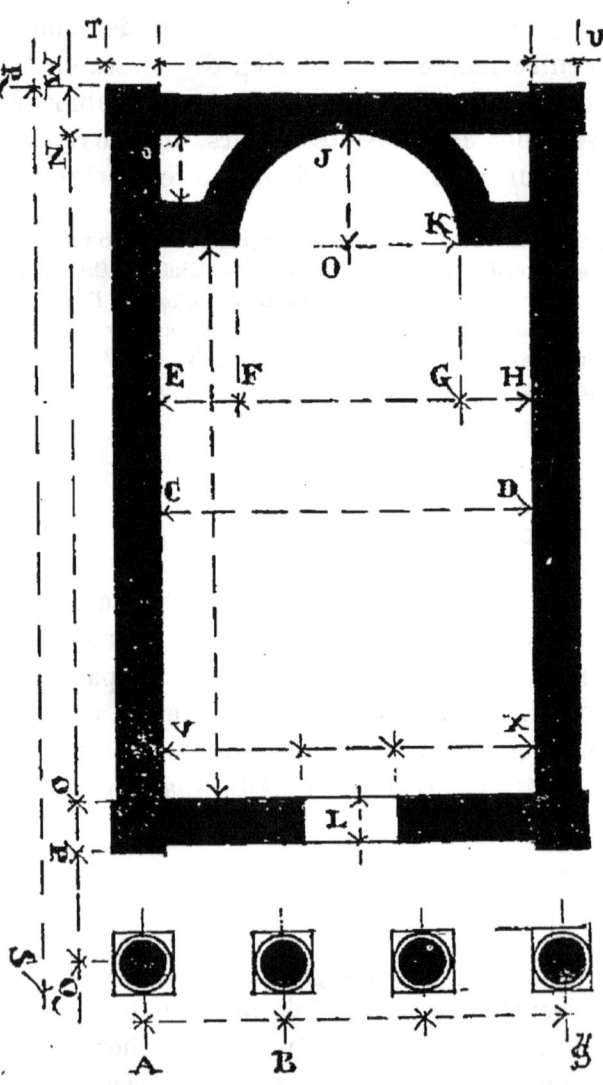

Fig. 8. — Plan d'un temple.

On remarquera sur cette figure que la porte D est indiquée par deux traits limitant le mur à droite et à gauche de l'ouverture, parce qu'elle est de plain-pied; si elle avait des marches extérieures et un seuil comme E, ces particularités seraient marquées en plan par des lignes. La fenêtre C se distingue de la porte, en ce que sa feuillure est indiquée dans la forme des parties latérales et par trait parallèle à la direction du mur.

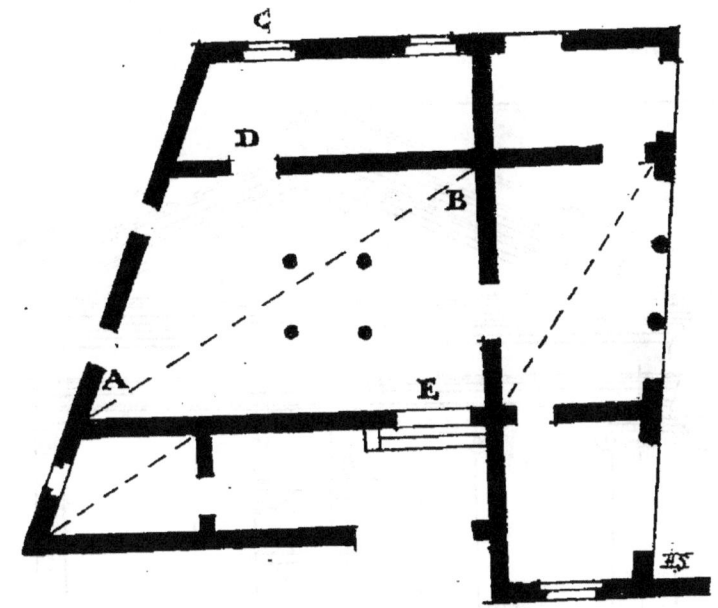

Fig. 9 — Plan d'un édifice à lignes irrégulières.

c) Mesure en terrain accidenté.

Si on a à prendre des mesures en terrain accidenté, comme sur

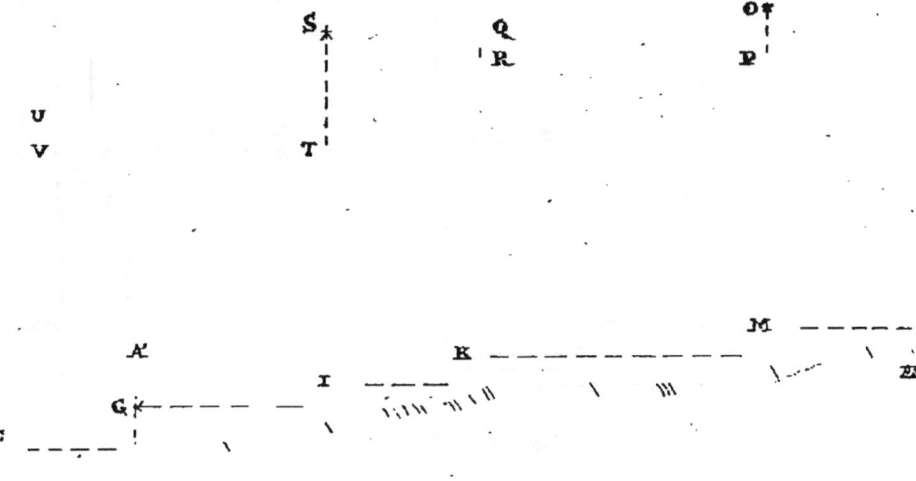

Fig. 10. — Mesure d'un terrain accidenté.

la figure 10, les cotes horizontales seront mesurées parallèlement aux assises CD, EF, GH, etc. Si une dénivellation trop grande empêchait comme de D à H de tendre horizontalement le décamètre

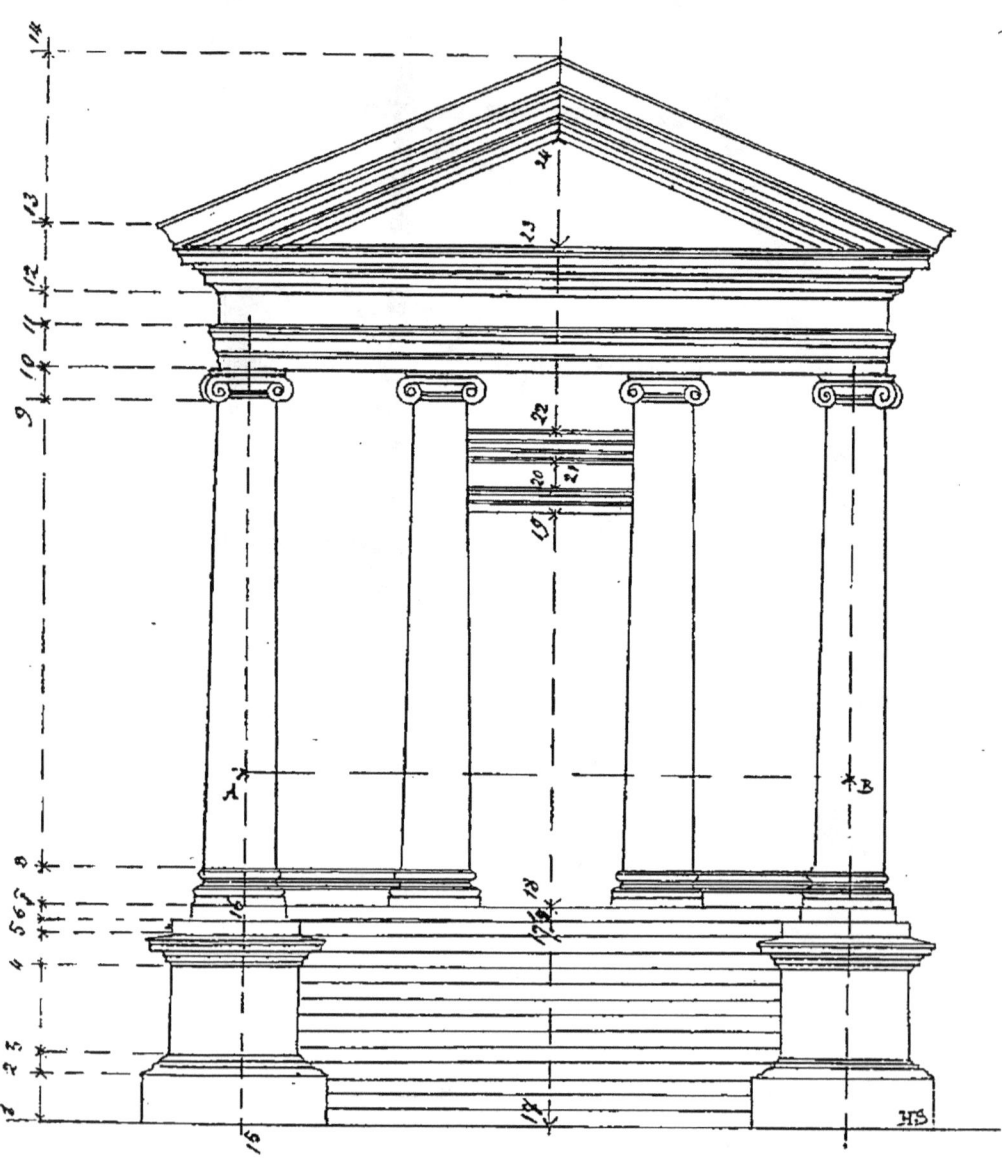

Fig. 11. — Élévation d'un temple.

on mesurerait d'abord HG puis plaçant un fil à plomb en A′B′, on abaisserait le point F projection de G à un niveau suffisamment bas pour pouvoir mesurer facilement EF.

On mesurera une première verticale AB, les autres UV, ST, QR, OP se rattacheront à des horizontales connues au moyen des lignes d'assises. On ne mesurera jamais de longueurs comme par exemple JN, suivant une ligne inclinée : cette mesure serait inexacte et ne pourrait servir à rien.

B. *Élévations.*

a) Mesure d'une façade.

Supposons que l'on ait à mesurer la façade de la figure 11 : on mesurera d'abord les écartements des colonnes, A B ; puis les hauteurs du stylobate 15-16 avec sa plinthe 1-2 ; ses moulures de base 2-3 ; son dé 3-4 ; sa corniche 4-5 ; sa plinthe supérieure si elle existe 5-6 ; puis la colonne avec sa base 7-8 ; son fût 8-9 ; son chapiteau 9-10 ; l'entablement avec l'architrave 10-11 ; la frise 11-12 ; la corniche 12-13 ; la hauteur du fronton au-dessus de son angle inférieur 13-14 ; la hauteur du tympan 23-24.

On mesurera ensuite les degrés 17-17' (en nombre impair pour les temples), la plate-forme 17'-18 (quand elle existe, ce qui est rare), la porte 18-19 avec son architrave (linteau, partie horizontale du chambranle) 19-20 ; sa frise, 20-21 ; sa corniche 21-22.

Les mêmes règles s'appliquent à la mesure des façades latérales et postérieures.

C. *Coupe longitudinale.*

La figure 12 représente la crête de l'édifice dont le plan figure au n° 8. Pour la coter, on mesurera les hauteurs AB du stylobate, (avec ses détails) après l'avoir dégagé, s'il était enfoui ; les longueurs CD avec épaisseur des murs, EF avec ses subdivisions, GH, pour le fronton et le mur antérieur de la *cella*, IJ pour la niche de la cella et les encastrements des formes dans les murs ; puis les hauteurs OO_1, (avec le rayon OR), k_1 k_2 k_3 k_4 k_5 (avec leurs subdivisions, s'il y a lieu) ; puis l'épaisseur de la porte LM. Il faut avoir soin de déterminer par des fouilles, s'ils ne sont pas apparents, le sol intérieur et le sol extérieur. Cet exemple de coupe longitudinale est assez simple. Les coupes de basiliques, de thermes, de maisons particulières peuvent être plus ou moins compliquées, mais la marche à suivre est analogue. Quand on a plusieurs mesures à attacher à la même ligne, il est bon de choisir une de ses extrémités comme zéro et de prendre les mesures consécutivement ; par exemple pour AB on marquerait zéro au point B et on compterait

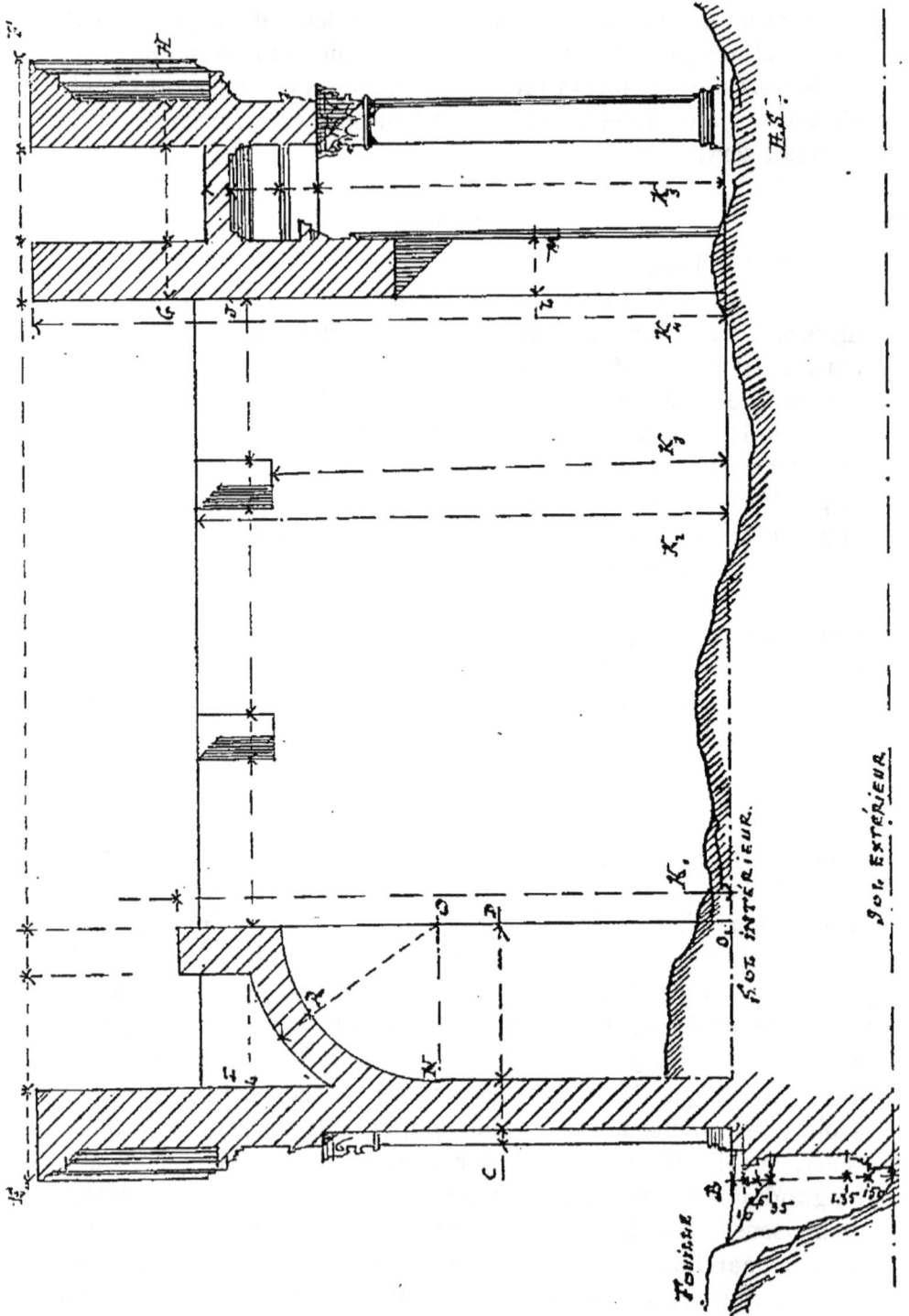

Fig. 12. — Coupe longitudinale d'un temple.

ainsi qu'il est indiqué sur le dessin, B (zéro) 10, 25, 35, 1ᵐ,35, 1ᵐ,50, 1ᵐ,70. Le point important est d'écrire assez nettement les dispositions et les mesures pour qu'il n'y ait pas d'erreurs à la mise au net.

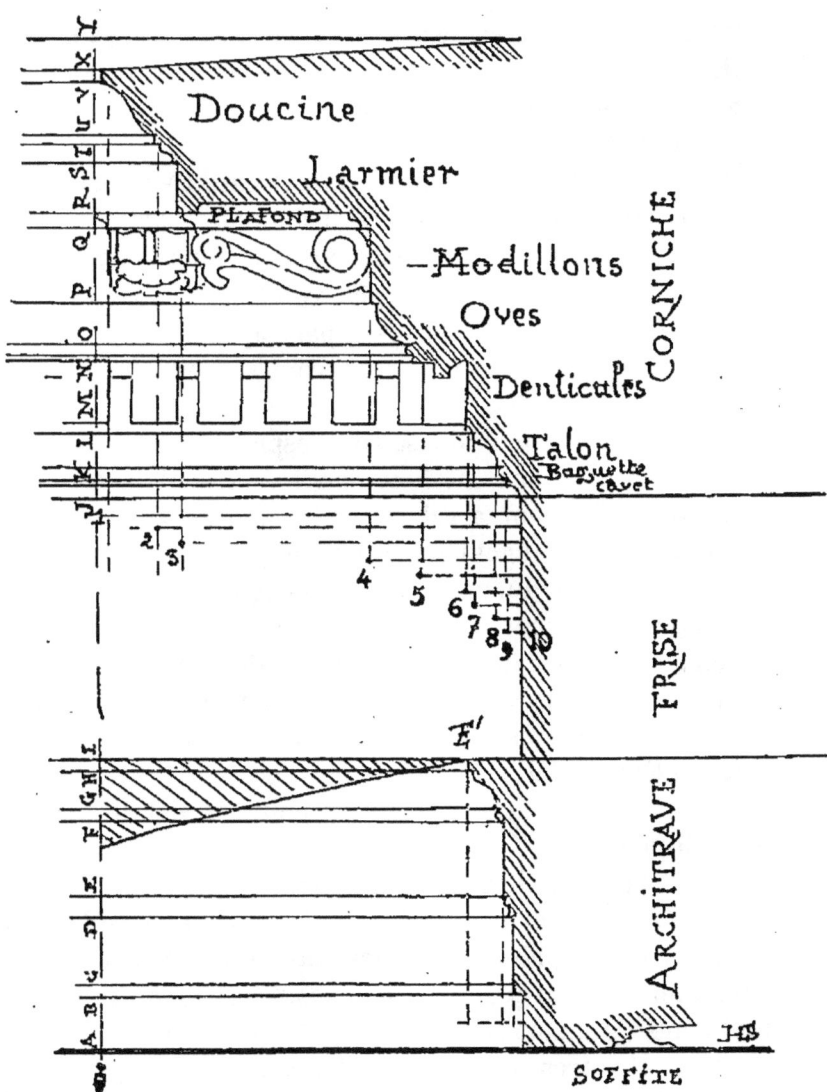

Fig. 13. — Mesure d'un entablement corinthien.

D. *Méthode pour mesurer les détails.*

a) Mesure d'un entablement corinthien (fig. 13).
On posera un fil à plomb à l'extrémité de la doucine, on appli-

quera ensuite exactement un mètre suivant la direction du fil à plomb AY; puis, à l'aide d'une règle tenue bien horizontalement (on s'assurera de l'horizontalité à l'aide d'un niveau d'eau) ou bien d'une équerre FIE' tenue le long de ce mètre, on déterminera sur le mètre le point I correspondant à E' et donnant, par exemple dans ce cas, la hauteur AB égale à celle de l'architrave. Les mesures horizontales seront prises avec une règle divisée en centimètres et maintenue bien horizontale à l'aide d'un niveau.

b) Mesure d'un chapiteau (fig. 14).

On le mesurera successivement en plan (figure F) (nous en donnons le quart) pour avoir exactement l'abaque et la disposition des feuilles, et en élévation diagonale (fig. F_1) pour avoir les hauteurs des feuilles 1'-2', 1'-3', celles des volutes 1'-4', celle de l'abaque 4'-5' et leurs saillies respectives par rapport à la ligne 1'-5, abaissée à l'aide d'un fil à plomb, qui seront successivement 8'-9', 6'-7', etc.

Ces exemples permettent de saisir l'esprit de la méthode à suivre. Le principe fondamental est qu'il faut, à l'inspection du fragment ou du monument à relever, s'en figurer exactement la forme géométrique, et s'ingénier à trouver le procédé le plus simple pour en reproduire les dimensions en tous sens par des mesures prises soit horizontalement et verticalement (pour un édifice), soit plus généralement dans les trois dimensions de l'objet (pour un fragment d'architecture qui n'est plus en place, par exemple).

On écrira les mesures en mètres et en millimètres : ainsi pour 1 mètre 23 centimètres 5 millimètres on écrira $1^m,235$. Pour les ensembles on mesurera au centimètre; pour les détails on mesurera au millimètre.

Les dessins, plans ou élévations, devront toujours être scrupuleusement cotés avec les mesures de détail et d'ensemble. Les cotes seront toujours prises, pour les hauteurs, au fil à plomb; pour les longueurs et largeurs, on les mesurera horizontalement, par exemple en se guidant sur une assise horizontale.

Elles peuvent être très utilement écrites à l'encre rouge sur des photographies tirées sur papier au ferro-prussiate, — ce tirage est le plus commode et le plus expéditif à faire en voyage, — mais pour cela les épreuves doivent être très nettes et à une assez grande échelle (13 × 18 ou 18 × 24), de façon à ce que l'on puisse bien distinguer où la mesure s'accroche, c'est-à-dire où elle prend naissance et où elle finit. On remarquera que dans tous les modèles que nous avons donnés, les cotes d'un point à un autre se termi-

-nent par une flèche, les cotes continuées par un petit signe en forme d'X.

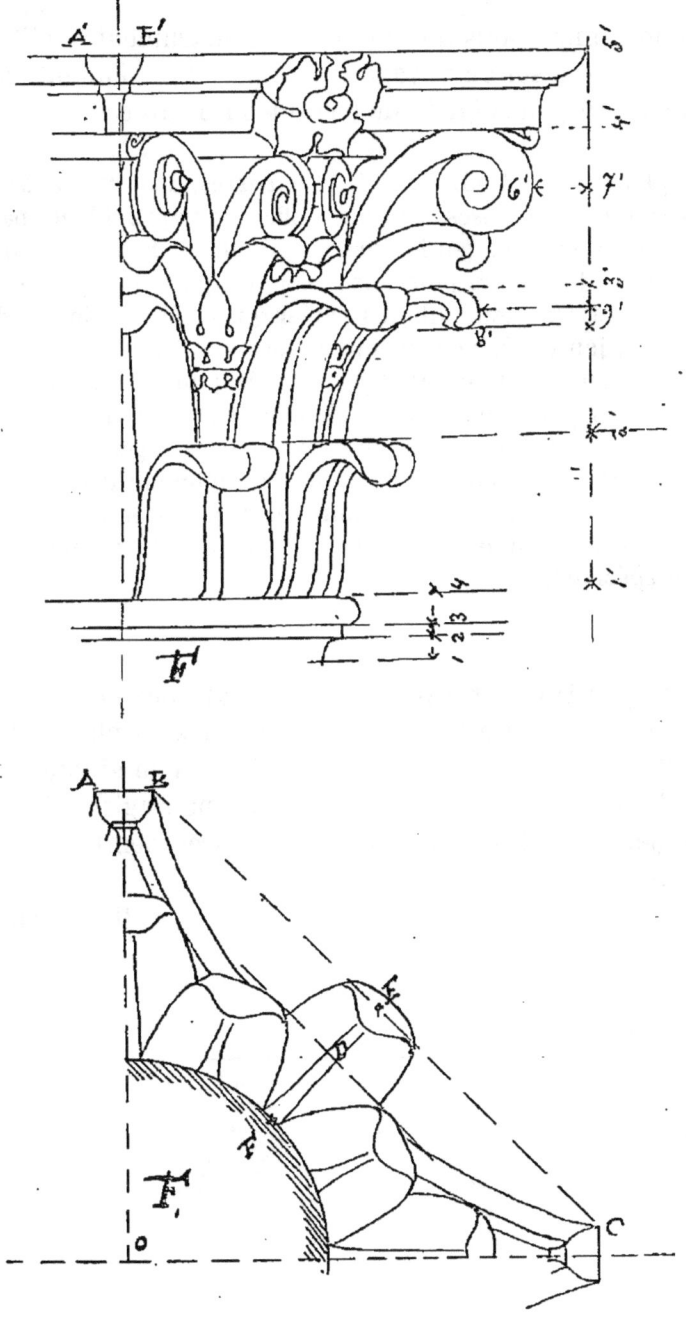

Fig. 14. — Mesure d'un chapiteau

On se servira aussi avec profit, pour écrire un relevé métrique, de papier quadrillé à $0^m,005$ qui permettra de mettre immédiatement à l'échelle le croquis du plan que l'on veut faire.

Pour terminer, nous indiquerons les instruments qu'il convient d'emporter avec soi en voyage si l'on part avec l'intention de faire des relevés un peu soignés de terrain ou d'édifices.

Petite planchette 1/4 gd. aigle ; T et équerres, dont une à 45° ; crayons, plumes, compas, punaises, gomme à effacer ; papier blanc, papier quadrillé, papier à calquer (en feuilles 1/4 gd. aigle) ; boîte à aquarelle, deux godets, encre de Chine, pinceaux ; bloc à aquarelle ; papier Whatman 1/4 gd. aigle et 1/8 ; deux albums papier quadrillé ; un double décamètre ruban acier ; jeu de fiches ; un niveau ou plutôt une alidade nivelatrice du colonel Goulier (en usage dans l'armée) ; une boussole ; un pied à trois branches pour soutenir la planchette ; un fil à plomb ; épingles ; ficelle ; craie en bâtons (utile pour marquer les repères des mesures ou tracer une grandeur définie sur un mur au moment d'en faire la photographie) — on fera sur place des mires en papier que l'on *fixera* sur des baguettes servant de jalons ; enfin un appareil de photographie. (Voir la notice spéciale).

Remarque importante. Si l'on exécute des dessins en vue de la publication, on fera bien de les exécuter à la plume et à l'*encre noire*, afin qu'ils puissent être reproduits par le gillotage ; on évitera les teintes d'aquarelle, à moins qu'il ne s'agisse de reproduction d'objets coloriés, mosaïques, sculptures peintes, faïences ou terres cuites.

H. SALADIN.

PREMIÈRE PARTIE

SECTION PREMIÈRE

Préhistorique

Les plus anciens vestiges de l'industrie humaine que l'on ait découverts dans l'Afrique du nord sont des instruments en pierre éclatée ou en pierre polie, appartenant aux deux périodes de l'âge de la pierre dites *paléolithique* et *néolithique*.

I. Les instruments paléolithiques ont été recueillis, en Europe, dans les alluvions anciennes de certaines rivières, comme la Seine, la Somme, la Tamise, sur les plateaux qui ont servi d'ateliers ou de campements et dans les cavernes ou abris sous roche qui ont été les premiers refuges des hommes contre les intempéries et les bêtes fauves. Dans l'Afrique du nord, on n'a encore presque rien découvert dans les anciennes alluvions, si ce n'est près de Gafsa en Tunisie dans la vallée de l'Oued-Baïech, et à Palikao près d'Oran ; il y a là matière à des recherches intéressantes qui pourront être facilement poursuivies, surtout là où l'on exploite industriellement des sablières. Au cas où l'on découvrirait des outils en silex dans un terrain de transport quaternaire,

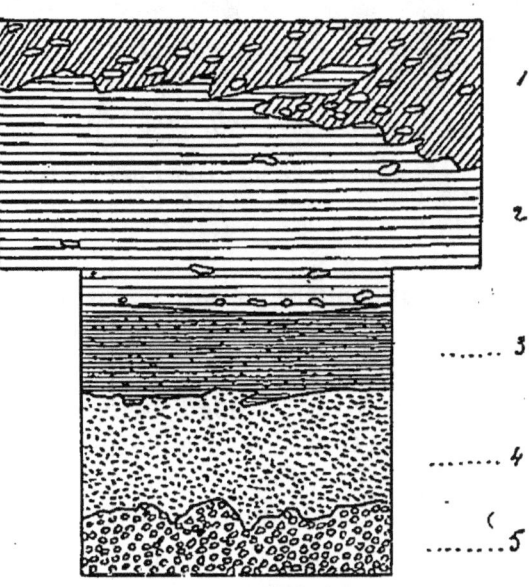

Fig. 15. — Coupe des sablières de la Somme.

il faudrait en noter exactement la situation, recueillir les débris de faune (ossements d'hommes et d'animaux) qui se trouveraient au même niveau et dresser une coupe à grande échelle du gisement. Nous donnons ici (fig. 15), à titre de spécimen, une coupe des sablières de la Somme, dessinée par M. Collomb (gisement de Menchecourt, près d'Abbeville).

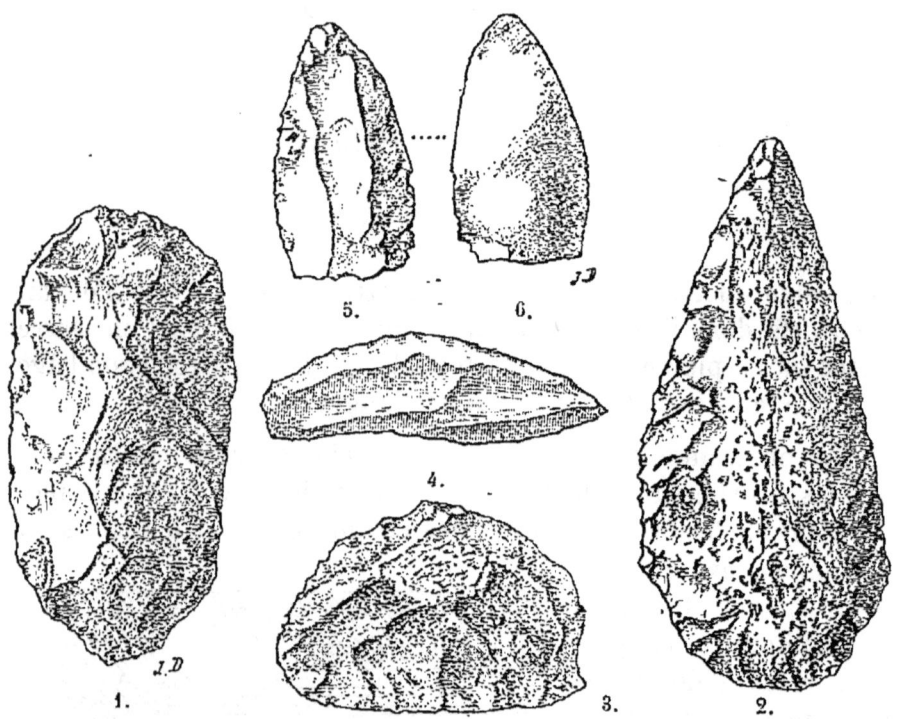

Fig. 16. — Spécimens de silex taillés paléolithiques. Nos 1 et 2, types dits de Chelles. — N° 3, type du Moustier. — Nos 4, 5, 6, types de la Madelaine. — Les nos 1 et 2 sont des haches ou des coins, les nos 4—6, des pointes, le n° 3 un racloir.

En ce qui touche la forme des instruments paléolithiques, les gravures ci-jointes (fig. 16) suffiront à orienter le lecteur. On y trouvera les spécimens des trois types principaux que les archéologues ont distingués en Europe sous les noms de *chelléen*, *moustérien* et *magdalénien*. Il est important de faire observer que les instruments reproduits ici sont des modèles très caractérisés et que l'on en découvrira rarement d'aussi parfaits. Cela est surtout vrai pour les silex de forme amygdaloïde ou ovoïde dits *chelléens*, qui présentent souvent une apparence beaucoup plus grossière.

La matière des instruments paléolithiques est le silex, le quartz et le calcaire siliceux.

Les instruments en pierre recueillis sur les plateaux sont beaucoup moins instructifs que ceux qui proviennent des alluvions, parce que ces gisements ont été soumis à des bouleversements nombreux et qu'on y trouve presque toujours confondus des objets d'époques très différentes. Il est cependant essentiel d'en tenir compte, car l'étude des types qu'ils présentent peut donner une idée des formes qu'affectionnait, dans telle ou telle région, l'industrie des tailleurs de silex.

Des gisements particulièrement intéressants sont les cavernes anciennement habitées. En Algérie, la grotte d'Ousidan, à 12 kilomètres de Tlemcen, a fourni de beaux spécimens du type chelléen. Comme, dans les cavernes, les vestiges de l'habitation humaine se sont souvent accumulés et superposés pendant un grand nombre de siècles, l'exploration méthodique d'un de ces abris peut fournir un tableau de l'industrie d'une région depuis l'époque quaternaire jusqu'à nos jours. Mais pour qu'une exploration de ce genre soit féconde, il ne faut pas fouiller le sol de la caverne dans la seule idée d'y recueillir des instruments en pierre ou en os ; de pareilles fouilles nuisent à la science bien plutôt qu'elles ne la servent. L'explorateur ne perdra jamais de vue que le point capital à élucider est la *stratigraphie* du gisement, c'est-à-dire la succession des différentes couches, correspondant aux différentes périodes d'habitation, étudiées au moyen des vestiges de l'industrie humaine et de la faune qui permettent d'en déterminer les caractères. Les couches superficielles, généralement meubles, contiendront des objets presque contemporains ; plus on descendra vers le sol primitif de la caverne, souvent constitué par une sorte d'argile entremêlée de blocaux, plus on remontera la série des âges au cours desquels la caverne a été habitée. Il est souvent fort difficile de distinguer les couches qui se succèdent ; mais comme les cavernes n'ont presque jamais été habitées d'une manière continue, il se trouve généralement, entre les strates représentant les diverses périodes où elles ont été fréquentées par l'homme, des couches dites *stériles*, sans vestiges d'industrie humaine et constituées soit par des planchers de stalagmites, soit par des éboulis détachés du plafond de la grotte sous l'influence des phénomènes atmosphériques. Grâce à ces interruptions dans la succession des vestiges industriels, on réussira, dans la plupart des cas, à dresser une coupe assez précise de la caverne explorée. Tous les objets recueillis devront être immédiatement étiquetés et l'on inscrira sur l'étiquette un numéro d'ordre marquant la couche d'où ils auront été extraits. Les os de grands mammifères devront être l'objet d'une attention particulière, en particulier ceux de l'ours, dont les variétés africaines sont mal connues. On ne négligera pas non plus certaines boules blanches dites *coprolithes*, excréments fossilisés qui attestent qu'une caverne a été fréquentée par l'hyène, dans les intervalles où elle était abandonnée par les hommes.

L'étude du mode de remplissage d'une caverne exige des connaissances géologiques ; toutefois, ceux-mêmes qui n'ont aucune teinture de cette science rendront service en notant les relations exactes de la caverne avec les sources et les cours d'eaux avoisinants. En même temps qu'une coupe stratigraphique, il faudra toujours dessiner, à grande échelle, un plan de la caverne et de ses environs immédiats.

II. Les vestiges de l'industrie *néolithique*, caractérisée (mais non exclusivement) par des haches polies, sont extrêmement nombreux dans l'Afrique du nord. On les rencontre surtout dans le voisinage des sources, qui ont naturellement été recherchées à toutes les époques. Les pierres polies et les éclats sont tantôt isolés, tantôt accumulés en quantités considérables, qui dénotent l'existence d'ateliers de fabrication. Outre les haches polies, qui sont généralement considérées par les indigènes comme des pierres lancées par la foudre, on recueille en quantité des pointes de flèche (parfois d'un travail très remarquable), des lames, des couteaux et des pointes dites *en virgule* qui sont particulièrement fréquentes en Tunisie. Des dessins ou des photographies d'objets appartenant aux types néolithiques seront toujours fort utiles ; l'emplacement où on les a trouvés devra être noté avec soin et l'on essaiera de dresser la statistique des différentes formes qui se rencontrent dans un même gisement.

Nous devons signaler avec insistance l'étude des instruments néolithiques au point de vue de la *matière* dans laquelle ils ont été taillés. Déjà l'on a découvert, dans le Sahara algérien, un magnifique spécimen de hache en jade néphrite, sorte de roche verdâtre, très dure, dont les gisements européens ou africains sont encore inconnus. Des haches de jade néphrite ont été recueillies en grand nombre dans l'Europe occidentale, sans qu'on ait encore pu déterminer de quelle région provenait la roche qui servait à les fabriquer. Il y a là un problème très obscur et du plus haut intérêt pour l'histoire des anciennes routes commerciales et des migrations; on ne peut espérer le résoudre d'une manière satisfaisante que lorsqu'on possédera un grand nombre de spécimens de ces haches avec l'indication exacte de leurs provenances.

III. Un autre problème, non moins intéressant et non moins obscur, est celui que soulèvent les *monuments mégalithiques*, c'est-à-dire les tombeaux, pierres levées, cercles de pierres et alignements construits en matériaux bruts, appartenant aux types connus en France sous le nom de *dolmens, menhirs,* et *cromlechs*. Nous donnons ici (fig. 17), pour fixer les idées, l'élévation et le plan d'un dolmen algérien surmontant un tumulus ou tertre artificiel et entouré de plusieurs cercles de pierres ou cromlechs. Les pierres dressées, lorsqu'elles sont isolées, s'appellent des *menhirs*, mot bas-breton comme ceux de *dolmen* et de *cromlech* et qui ne remonte pas à une haute antiquité.

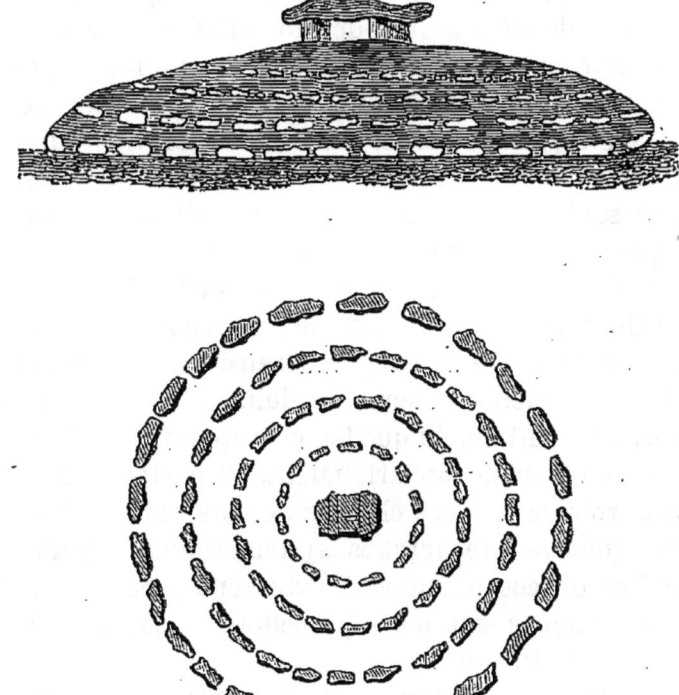

Fig. 17. — Élévation et plan d'un dolmen sur tumulus, entouré de plusieurs cromlechs.

Les dolmens et cromlechs, en Algérie et en Tunisie, sont souvent réunis en très grand nombre sur un petit espace; on en a signalé plus de mille autour des sources du Bou-Merzoug, dans la province de Constantine.

Tantôt les dolmens sont construits sur des tumulus; tantôt, au contraire, un tumulus les recouvre; tantôt enfin on les trouve dans les plaines, où ils forment des sortes d'enceintes disposées avec une préoccupation évidente de la symétrie. Il arrive que le dolmen couronne un tertre qui est entouré de plusieurs cercles de cromlechs et précédé à une certaine distance d'un grand menhir qui paraît destiné à attirer les yeux.

En fouillant les dolmens de l'Afrique du nord, on a établi les faits suivants : 1° ces monuments sont des tombeaux, où les morts ont été ensevelis et non brûlés ; 2° les morts sont généralement ensevelis les bras croisés et les jambes ployées ; 3° les objets trouvés dans les dolmens prouvent que les mêmes sépultures ont souvent été utilisées plusieurs fois ; le mobilier funéraire présente, en effet, un singulier mélange de poterie grossière simplement séchée au soleil, de poterie faite à la main, d'objets en bronze, en cuivre et en fer, de silex taillés, de monnaies romaines, etc.

Il est probable, mais non encore prouvé, que les corps n'étaient souvent introduits dans les dolmens qu'à l'état décharné, c'est-à-dire après avoir préalablement subi une opération qui fît disparaître les chairs ; l'étude des squelettes découverts dans les dolmens pourra seule fournir des renseignements décisifs à cet égard.

Le fait que la plupart des dolmens ont servi à des ensevelissements successifs paraît prouvé, mais là où une fouille soigneusement conduite exclut l'hypothèse de remaniements postérieurs, on est bien obligé d'admettre que le mobilier funéraire caractérise l'époque où se place la construction même du dolmen. C'est ainsi que certains explorateurs ont conclu que les nécropoles mégalithiques, tant en Algérie qu'en Tunisie, appartenaient, en partie du moins, à une époque très voisine de l'ère chrétienne. Il serait de la plus haute importance que des recherches systématiques, portant sur un grand nombre de ces monuments, vinssent préciser les connaissances encore vagues que nous possédons à ce sujet. Il faudrait déterminer, en particulier :

1° Si, dans un même ensemble de dolmens, il n'y a pas lieu de distinguer différents types de construction, pouvant remonter à des époques différentes où la même tradition se serait continuée en se transformant ;

2° Si le mobilier funéraire des dolmens *non remaniés et non encore fouillés* ne permet pas d'établir certains critériums chronologiques applicables aussi à leur construction extérieure et intérieure ;

3° S'il existe une relation quelconque entre les groupes de dolmens et le tracé des voies romaines, des aqueducs, etc., que l'on peut découvrir dans les mêmes régions ;

4° Si, dans les régions où abondent les dolmens, le type physique des indigènes et leurs usages funéraires présentent des particularités qui puissent être considérées comme des *survivances*.

On comprend, en effet, l'immense intérêt qui s'attache aux monuments mégalithiques de l'Afrique du nord. Des monuments presque identiques se retrouvent en Suède, en Danemark, dans l'Allemagne du nord, la Hollande, une grande partie de la France, l'Espagne, le Portugal, l'île de Corse, la Palestine, le Caucase et l'Hindoustan. Les auteurs ne nous ont rien appris ni sur l'époque à laquelle ils appartiennent, ni sur les races d'hommes qui les ont construits. L'Afrique est la seule région où, grâce à la haute antiquité de la civilisation méditerranéenne qui y a fleuri, on puisse espérer découvrir des relations chronologiques précises entre les constructeurs des dolmens et les anciens colons phéniciens ou grecs. Si le problème mégalithique doit être jamais résolu, c'est en Algérie ou en Tunisie qu'il le sera.

Il est déjà certain que les populations berbères et garamantiques de l'Afrique ont conservé longtemps, jusqu'à une époque voisine de la nôtre, l'habitude de construire des sépultures analogues aux dolmens : on est donc porté à considérer l'ensemble de ceux-ci comme l'œuvre de populations apparentées aux Berbères actuels. Mais les plus anciens dolmens africains sont-ils antérieurs à l'occupation romaine ? sont-ils contemporains de la colonisation du littoral par les Phéniciens ? les hommes qui les ont élevés connaissaient-ils le travail des métaux ? Autant de questions dont la solution reste en suspens.

Fouiller un dolmen est une tâche assez difficile et souvent ingrate, car la très grande majorité des dolmens africains ont été bouleversés par les chercheurs de trésors. Cependant la découverte d'*une seule* sépulture mégalithique intacte et bien pourvue de mobilier serait d'une telle importance, qu'elle compenserait largement des centaines de tentatives faites sur des monuments antérieurement violés. Il faut, quand on fouille un dolmen, noter la succession des couches, comme s'il s'agissait de celles d'une caverne ; il faut aussi dresser un plan exact du dolmen, le photographier sous plusieurs aspects, et consigner sur une carte les relations qui existent entre la situation de ce tombeau et les monuments mégalithiques avoisinants.

On n'oubliera pas d'observer la position des ossements ensevelis dans le dolmen et de conserver les crânes ou os longs que l'on pourra recueillir. Ce que nous avons dit des cavernes n'est pas moins vrai des sépultures mégalithiques. Ceux qui les explorent sans méthode, uniquement pour y récolter des objets d'étagère, font une besogne à la fois inutile et mauvaise et méritent d'être sévèrement jugés par les savants.

Outre les dolmens, les menhirs et les cromlechs, il existe en Algérie et en Tunisie des monuments de types analogues, mais probablement moins anciens que les dolmens. On les appelle *basina*, *chouchet* et *haouanet*.

Les *basina* (fig. 18), nombreux dans l'Aurès et dans le Hodna, consistent en assises concentriques ou ellipsoïdales de pierres plus ou moins grosses formant degrés; à côté de ces monuments on trouve souvent des enceintes carrées ou rectangulaires construites avec de grosses pierres et remplies de pierraille.

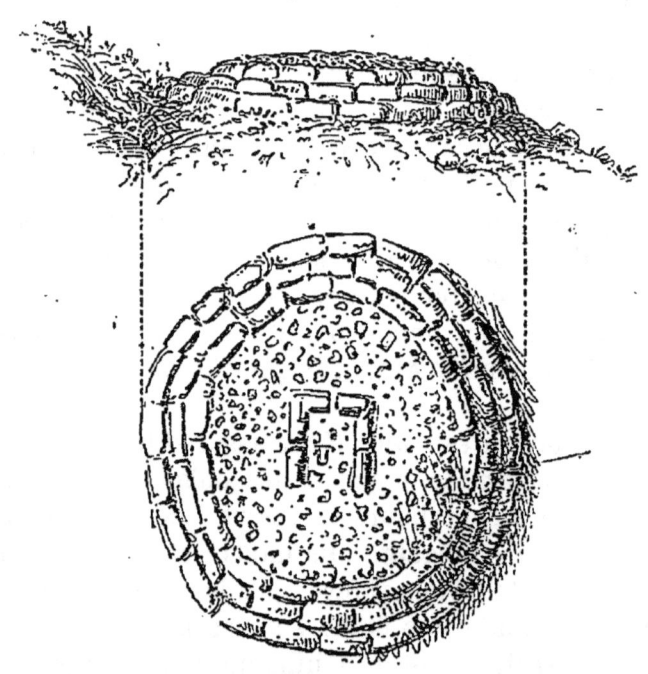

Fig. 18. — Type des basina.

Les *chouchet* (fig. 19), qui se rencontrent dans les mêmes régions que les *basina*, sont de petites tours cylindriques régulièrement bâties qui dominent en général les pentes abruptes des ravins.

Les *haouanet* sont des chambres sépulcrales creusées dans le roc et irrégulièrement disposées.

Toutes ces constructions n'ont rien de *préhistorique* au sens absolu de ce mot, puisqu'elles appartiennent sans doute à une époque pour laquelle les textes historiques ne manquent pas ; mais comme aucun de ces textes ne nous renseigne sur les populations auxquelles il convient de les attribuer, on les rattache généralement aux monuments d'origine non moins obscure qui remontent à une antiquité plus reculée.

Fig. 19. — Type des chouchet.

Quant aux pyramides appelées *djedar*, elles appartiennent certainement à l'époque romaine et sont des imitations du célèbre *Madrasen*, le mausolée des rois de Numidie, entre Constantine et Batna.

En résumé, les monuments mégalithiques de l'Afrique du nord présentent un ensemble extrêmement riche et varié, dont on attend encore une classification scientifique. Un simple catalogue illustré des dolmens, cromlechs, etc., conservés dans telle ou telle région, constitue toujours une service précieux rendu à la science. Lorsque de pareils catalogues auront été rédigés en nombre suffisant, il sera possible de dresser une carte générale indiquant la répartition des monuments de ces différents types en Algérie et en Tunisie. Il faut d'autant plus insister sur l'utilité d'un pareil travail que les progrès de la culture ont nécessairement pour résultat de faire disparaître les constructions de ce genre. Quant aux fouilles de dolmens, dont l'importance a été signalée plus haut, nous répétons qu'il faut les poursuivre avec méthode, ou bien s'en abstenir complètement.

IV. Les métaux ont été introduits dans l'Afrique du nord à une époque très ancienne, mais on ne sait pas si c'est aux Phéniciens ou aux ancêtres des Berbères qu'il faut en attribuer l'importation. On a recueilli dans les dolmens des objets en cuivre pur, en argent, en bronze, en fer ; pour la plupart d'entre eux, il est impossible de proposer une date. On n'a encore publié ou décrit qu'un petit nombre de spécimens de l'ancienne métallurgie africaine, et l'on ne sait même pas si le nombre des instruments en cuivre pur est assez considérable pour justifier, dans ces régions comme ailleurs, l'hypothèse d'une époque où le cuivre indigène aurait été employé sans alliage d'étain. Comme la colonisation phénicienne dans l'Afrique du nord remonte à une très haute antiquité, il serait fort intéressant de posséder des haches, des épées, des poignards ou d'autres instruments en bronze qu'on pût attribuer avec certitude à l'époque phénicienne et comparer aux objets analogues découverts à Chypre, en Sardaigne ou en d'autres lieux. A cet égard, on peut dire que presque tout reste à faire, mais la découverte récente d'armes métalliques dans de très vieilles sépultures à Carthage marque un premier pas dans cette voie où les travailleurs feront bien de s'engager. Ils ne dédaigneront pas les objets en fer d'apparence grossière ou dans un mauvais état de conservation lorsqu'ils pourront en déterminer la forme, et ils rechercheront avec un soin particulier les épées et les haches de bronze, au sujet desquelles nous sommes fort mal informés.

Ajoutons, en terminant, que l'analyse chimique des bronzes antiques promet de donner des résultats intéressants, en faisant connaître les proportions dans lesquelles le cuivre et l'étain sont alliés. Il est très probable que, dans un même centre de fabrication, la proportion de l'alliage était à peu près constante, et l'on peut espérer déterminer de la sorte la provenance des plus anciens bronzes de l'Afrique du nord. Des analyses semblables, faites sur les bronzes de la péninsule ibérique, de l'Europe centrale et de l'Italie, comparés à ceux de l'Afrique, nous éclaireraient sur une des questions les plus obscures de l'histoire, celle des origines de la métallurgie dans le bassin de la Méditerranée et de sa diffusion par les relations commerciales.

Salomon Reinach.

SECTION DEUXIÈME

Libyque et Punique

§ 1ᵉʳ. — INSCRIPTIONS

Pendant de longs siècles, les populations qui habitaient l'Afrique septentrionale, n'ont guère eu de rapports avec les peuples du bassin de la Méditerrannée que par l'intermédiaire de Carthage ; cette situation exceptionnelle, le rôle que la grande colonie tyrienne a joué dans l'histoire et les péripéties dramatiques de sa lutte avec Rome, nous ont habitués à ne voir que Carthage en Afrique et à considérer l'Afrique du nord tout entière comme une terre phénicienne. Il n'en est rien. Les Phéniciens n'ont jamais été que des colons en Afrique; leur domination a même pénétré beaucoup moins avant que celle des Romains et a jeté des racines beaucoup moins profondes.

La population indigène du nord de l'Afrique appartenait à la race berbère, qui a donné son nom à la Barbarie, et mieux Berbérie Elle s'est maintenue, pendant toute la période punique, dans les plaines et les massifs montagneux qui vont depuis Sîwa et Derna jusqu'à l'extrémité occidentale de l'Afrique, sans subir grandement l'influence phénicienne. Plus tard, quand la puissance carthaginoise fut battue en brèche par les armées romaines, l'élément indigène reprit le dessus et donna naissance à deux royaumes, les royaumes de Numidie à l'est et de Maurétanie à l'ouest, qui ont joué un grand rôle dans l'histoire de l'Afrique et se sont même alliés, à certains moments, à Rome contre Carthage. Il a même survécu à toutes les révolutions dont l'Afrique du nord a été le théâtre, à l'invasion des Vandales, à l'invasion arabe et à la domination turque, et on le retrouve encore aujourd'hui, presque sans mélange, dans les populations chaouiya, kabyle, chelaḥ et chez les Touâreg, qui ont conservé, par une tradition ininterrompue, l'ancienne écriture berbère connue aujourd'hui sous le nom de *tefînagh*.

A. — *Libyque et Tefînagh.*

Dès l'année 1631, la découverte de l'inscription de Dougga, en Tunisie, par Thomas d'Arcos, révéla au monde savant l'existence d'une écriture libyque. De 1820 à 1826, Scholz et Pacho trouvaient des caractères du même alphabet gravés sur les rochers de la Cyré-

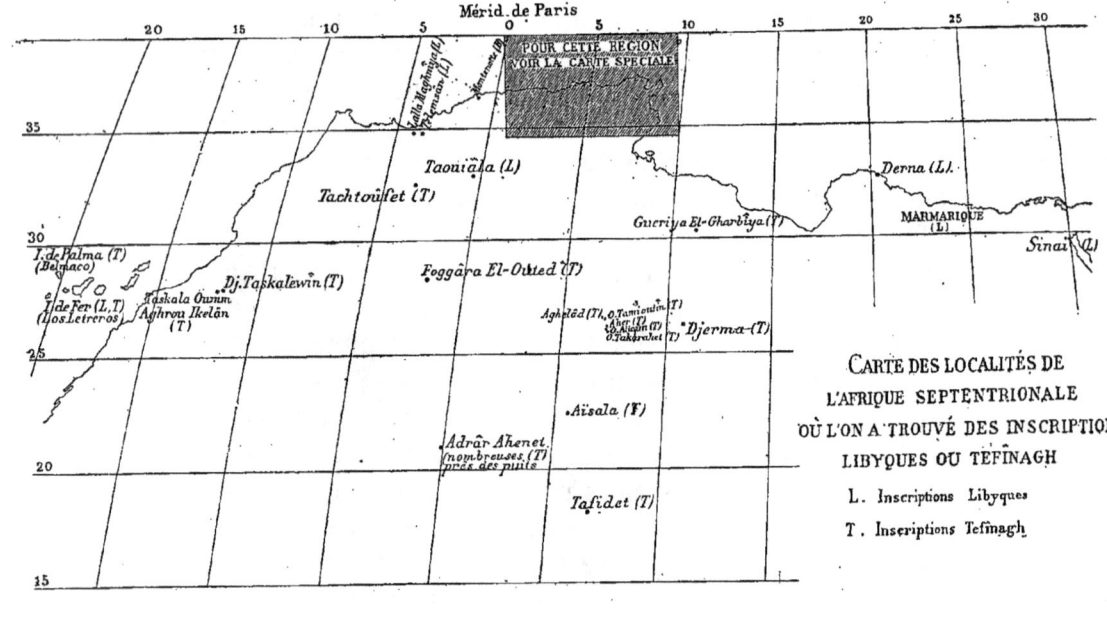

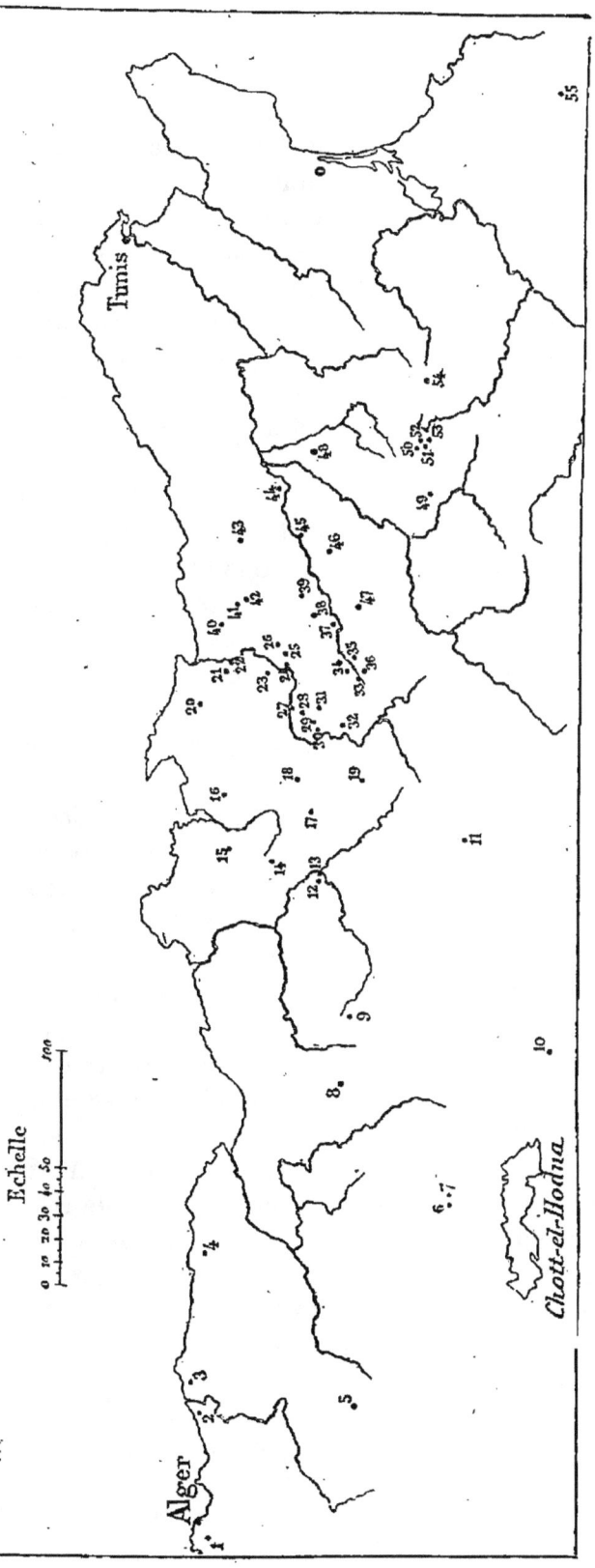

1. Oulâd Fayed.
2. Caravansérail entre l'O. Isser et l'O. Djema'.
3. Isser Cheråga.
4. Abizar.
5. Aumale.
6. Mesila.
7. Bechilga.
8. Sétif.
9. Qeçarîya.
10. Elfa.
11. Remel Djedri.
12. Dj. Chettâba.
13. Constantine.
14. Smendou.
15. Robertville.
16. Jemmapes.
17. El-Masin.
18. Beni Medjalet.
19. Temlouka.
20. 'Aïn Mokhra.
21. Barraques de Dréan.
22. Mondovi.
23. Dj. Tâla.
24. Duvivier.
25. Koudiyet El-Battouch.
26. Monechma.
27. Guêlma.
28. 'Aïn Nechma.
29. Hofret El-Bir.
30. Djebel Maboûna.
31. Djebel Ghafar.
32. Khanguet El-Hadjâr.
33. Khamisa.
34. Dj. Beïda.
35. O. Tifâch.
36. Tifâch.
37. Soûq Ahrâç.
38. Hammâm Oulâd Zeïd.
39. Dj. Mesîd.
40. Me'azilât.
41. Chefiya.
42. Oulâd Edris.
43. 'Aïn El-Kebîr (Oulâd 'Ali).
44. Bordj Helâl.
45. Ghardimaou.
46. Fedjdj Meraou.
47. Taoura.
48. Dougga.
49. Henchîr Medeïna.
50. Ellès.
51. Hammâm Zouâker.
52. Maghrâwa.
53. Makter.
54. Henchîr El-Tourki.
55. El-Djem.

B. Toutes les localités portées sur cette carte n'ont donné que des inscriptions libyques naïque et de la Marmarique jusqu'à l'est du 25ᵉ degré de longitude orientale de Paris. En 1847, Lottin (de Laval) découvrit une inscription libyque dans la presqu'île du Sinaï.

En 1822, le docteur Oudney avait constaté, dans le Sahara, que les Imôhagh, ou Touâreg du nord, écrivaient leur langue avec un alphabet presque identique. Tout récemment, enfin, le rabbin Mardokhaï Abî Sourour et le curé Don Aquilino Padron envoyaient à la Société de géographie de Paris des estampages et des copies de monuments prouvant que l'écriture libyque avait servi aussi aux anciens habitants du Tâzerwâlt (Soûs marocain) et des îles Canaries.

Aujourd'hui, un fait est acquis : c'est que l'alphabet libyque et son dérivé moderne, le *tefînagh*, ou alphabet des Imôhagh et des Imôcharh (Touâreg du nord et du sud), ont eu une aire d'extension géographique de 18°30', soit environ 2,000 kilomètres, du nord au sud (des nécropoles de Chefîya, dans le département de Constantine, à Tafidet, en Aïr) et 51°35', soit environ 5,000 kilomètres, de l'est à l'ouest (de la presqu'île du Sinaï à l'île de Fer). On s'en rendra compte aisément en se reportant à la carte insérée à la page 46.

A l'aide des noms propres contenus dans quelques rares inscriptions bilingues, où un texte phénicien, grec ou latin accompagne un texte libyque, on est arrivé à trouver la valeur de presque tous les caractères libyques, dont la forme varie parfois d'une manière appréciable suivant les lieux et le temps. Quant aux *tefînagh*, ou caractères de l'alphabet des Imôhagh et des Imôcharh, sauf pour quelques lettres ou ligatures spéciales aux inscriptions les plus anciennes, les individus de cette race et particulièrement les femmes ont conservé la connaissance de leur valeur phonétique et de leur emploi. Au fond, les Berbères modernes, restés purs, se servent d'un alphabet qui n'est que l'alphabet libyque modifié, où certains caractères auraient fini par rendre un son différent de celui qu'ils représentaient primitivement, où d'autres ont subi des modifications et où certains caractères ont été créés, dans le cours des siècles, pour répondre aux besoins des transformations du langage sous l'influence de la civilisation musulmane qui imposa des noms propres et des termes arabes.

Le tableau qui suit donne tous les caractères libyques et tous les *tefînagh* connus, avec leur valeur suivant les divers écrivains qui se sont occupés de la matière.

ALPHABETS LIBYQUE ET TEFÎNAGH

[N. B. Pour les renvois de ce tableau, voir à la page 54.]

LIBYQUE			Alphabets		TEFÎNAGH	
de droite à gauche	de bas en haut	Valeur	Moderne		Rupestre	Valeur
.	.	â[2]	.		.	â(ê)[2]
—	ı	a[3]				
⊡,⊙	⊡,⊙	b[4]	⊞,⊟,⊠,⊕,⊖		⊕,⊖	b
ㄴ,ㄷ	ᒥ,ꓶ,ꓕ,ᒥ,ᐱ,ᐸ,ᐲ,V,ᐯ	g	⊁,⋉,✗		⊁,⋉	g[5]
⊓,ᐱ	⊏,⊐	d	⊓,⋂,ᐱ,ᑌ,U,V,⋂,U		⊓,⋂,ᐱ,ᑌ,U	d
=	‖	où, w	:		:	où, w

ᴇ	ய	z[6]	✶[7], ✶[7], ⵉ[8]		z
ⴲ, Ꮍ	Ꮍ, Ꮍ	ṭ[9]			
		ts[10]			
+, ×	+, ×	t[11]	+	+, ×[12]	t
ⴲ[13]	ⴲ[13], ⵎ[14]	ṭa	ⴲ, ⵎ, ш, Ɛ, Ɜ[15], Ɜ[15], Ꞩ[16], ⴹ[16]	ⴲ, Ɛ, ш, ⵎ	d, t
z	z, ⵏ, ʂ, ʂ, ~	î, y	Ɜ, Ɜ, Ɛ, Ɛ, ʂ, Ꮾ[17]	Ɜ, Ɛ, Ɜ, Ɛ, ʂ, ⴵ	î y
⇐, ⇐	⇑, ⇓	k	∴, ∵, ∶∴, ∶∵	⊨, ⊨, ∶∴, ∶∵, ∶∶	k
‖	=[18]	ℓ	‖	‖, ∥, =	ℓ
ⴺ[19]	ⴸ, ⵓ	m	ⴺ, ⴺ, ⴸ	ⴺ, ⴸ, ⵓ[20](?)	m
ⵏ[21]	ⵏ[21]	n	∣	∣, —	n
ⴺ[22], ⵓ	ⵏ	s[23]			
≡[24]	ⵏ[24], ≡[25]	ġ, r	⋮	⋮	ġ, r[26]

÷	+, ÷	j .27	↑, ⊥, —:	↑, ⊥	ġ, dji 28
X, ႓	¥, X	f 29	⊐⊏, H, X, X 30,30	⊐⊏, H	f
H	H	f 31	H	H, H	f 32
	⫼	ℏ 35	:, ...	:	h
	☰	g 33	...34, ⁙ 35	⦂	q
	X, ႓	ç 36	⊞		ç (?)
X, 8	X, 8	s 37	▢, ⊙	▢, ⊙	s
▢, ○	▢, ○	r 38	▢, ○	▢, ○	r
ϟ	w, m, ϟ	s, ch 39	Ↄ, Ɔ, Ϲ, ϶ 40,40	϶, Ϲ, e	ś, ch
	ϲ, ϟ (?)	s(?) 41			
			#, ⋈ (?) 42	#	ż, zh
			⫶ 43, ⫶ 44, ⫶ 44	⫶	ḥ, kh

LIBYQUE — Ligatures — TEFINAGH.

de droite à gauche	de bas en haut	Valeur	Moderne	Rupestre	Valeur
			T , ǁ		nn
T	T , ⊥	j(?)⁴⁵	†, T , ⊣		nt
╪	⧻ ⁴⁶	ɛt	⊢⊣ , ⊩		ɛt
	†	nk	⁞ , ∻ , ⁞		nk, ñ
			⁞		ġt, djt⁴⁷
			⋈		gt⁴⁸
			⁕		ôt
⊟		rt(?)	⊡ , ⊕ , ⊖		rt
			⊞ , ⊕		st

		⊕,⊕,⊟,⊟,⊡ Ǝ,Ǝ ⊕,⊕,Ǝ,Ǝ Ⅱ,Ⅱ ⊕,⊕ ǂ ᒋ	bt mt dt ft śt, cht żt nd
			r l d p

1. Point séparant les mots (Faidherbe). **2.** *â, ê, î, oû* (Hanoteau). **3.** *a* ou *z* (Faidherbe), *n* (Letourneux). **4.** *b* ou *v* (Judas). **5.** *ǵ, dj* (Hanoteau). **6.** *w, v, oû* et *z* (Judas); *ṭ ḍ* [ط, ض arabes] (Letourneux). **7.** *j* chez les Taïtoq (Bissuel). **8.** Forme usitée chez les Aouélimmiden (Barth, alphabet manuscrit) et chez les Taïtoq (Bissuel). **9.** *t* (Faidherbe, Letourneux). **10.** D'après Letourneux. **11.** *ṭ* (Halévy) **12.** *j* (?) chez les Ifôghâs (Duveyrier) et chez les Aouélimmiden (Hanoteau). **13.** 'a [ع arabe] (Letourneux). **14.** *ts* (Letourneux). **15.** Trois formes qui paraissent être spéciales aux Taïtoq (Bissuel). **16.** Chez les Aouélimmiden cette forme est réservée exclusivement pour rendre le son du *ḍ* [ض, ط arabes]; les deuxième, troisième et quatrième caractères de cette ligne sont employés par eux, pour rendre le son du *ṭ* [ط arabe] (Barth, Hanoteau). **17.** Forme employée chez les seuls Aouélimmiden, concurremment avec la précédente. **18.** *oû* ou *h* (Faidherbe). **19.** *d* (Faidherbe). **20.** Les Taïtoq liraient cette lettre *ch.* **21.** *s, ç* (Letourneux). **22.** *d* (Faidherbe). **23.** *ç* (Judas). **24.** 'a [ع arabe] (Halévy). **25.** *h* (Halévy). **26.** *q* [ق arabe] chez les Taïtoq (Bissuel). Les Aouélimmiden écrivent cette lettre indifféremment : et … (Barth). **27.** 'a [ع arabe] (Halévy). Bien qu'hésitant un peu les Taïtoq reconnaissent dans cette lettre un *j* comme fait M. Letourneux. **28.** Le *ǵ* des Imôhagh, ou Touâreg du nord, a le son d'un *dj* mouillé, comme le *g* de *giorno* dans certains dialectes italiens. Hanoteau et Freeman rendent ce caractère par un *g*. **29.** *p* ou *ph* dans les systèmes de MM. Judas, Halévy, Letourneux. Le son du *p* est étranger à toutes les langues de la famille berbère, sans exception. **30.** Ces deux formes appartiennent maintenant aux seuls Aouélimmiden (Barth). **31.** *oû, w* (Halévy). **32.** *d, dh* [ذ arabe] chez les Aouélimmiden (Barth); *j* (Hanoteau, Freeman). **33.** *h* (Letourneux). **34.** *ǵ* [غ arabe] chez les Taïtoq (Bissuel). **35.** Caractère dont font usage les Aouélimmiden et les Taïtoq (Barth, Bissuel). **36.** *ts* (Halévy); *ts, th* (Letourneux); *f* (Faidherbe). **37.** *ç* [ص arabe] (Judas); *ç*, ou *ts*, ou *th* (Halévy). **38.** *r* et 'a (Faidherbe). **39.** Les Taïtoq et tous les autres Touâreg lisent ces caractères *t.* **40.** Formes appartenant à l'alphabet des Aouélimmiden (Barth). **41.** *ç* [ص arabe] (Judas). **42.** Ce dernier caractère est donné par Barth, avec un point de doute, comme étant employé avec le précédent chez les Aouélimmiden. La véritable prononciation du ≠ tefinagh est celle d'un *z* emphatique qui manque dans les langues européennes et qu'on doit transcrire soit par un *ẓ*, soit par *zh*. **43.** Dans son alphabet manuscrit des Aouélimmiden, Barth rend ce signe par le *ḥ* ou ح arabe, dont le son n'existe dans aucun dialecte berbère pur; dans ses transcriptions manuscrites des noms des tribus de la confédération des Aouélimmiden, ce même signe correspond tantôt au *q* [ق arabe], tantôt au *g* ou غ arabe. Serait-il permis de conclure de cette richesse de lectures ou que les Aouélimmiden ont l'oreille dure, ou qu'ils font des caractères tefinagh un usage encore plus restreint que les Azdjer eux-mêmes, ce qui serait alors le minimum de l'emploi d'une écriture? Dans tous les cas, suivant Barth, chez les Aouélimmiden, un seul caractère rend quatre consonnes (*ḥ, q, g, ǵ*). **44.** Ces deux caractères sont, d'après Barth, les équivalents du *ḫ, kh* [خ arabe] dans l'alphabet des Aouélimmiden. **45.** *oû, w* (Halévy). **46.** Les Taïtoq, non sans hésiter toutefois, liraient cette lettre *ch.* **47.** *gt* (Hanoteau). **48.** *djt* (Hanoteau).

Jusqu'à ce jour, il n'est pas prouvé que l'un ou l'autre de ces alphabets aient été employés dans des rédactions de longue haleine, pour composer des livres. Les Berbères du Rif marocain ont pourtant rapporté à M. Tissot qu'il existait dans leur pays des traductions du Qorân en langue et en caractères berbères ; les Berbères du Djebel Nefoûsa, au milieu desquels j'ai séjourné, m'avaient aussi parlé d'un livre en langue berbère et peut-être en caractères berbères qui appartenait alors (1860) à un docteur de leur schisme, le cheïkh 'Omar El-Bâtour, à Hômet Ouâlerh (île de Djerba). Quant à un autre ouvrage en langue berbère dont j'ai entendu parler, un livre de droit, rédigé en temâhaq, il serait, fait surprenant, écrit avec les caractères arabes. Un exemplaire se trouvait (1861) dans l'oasis d'Aqablî, chez les Iouînhedjen, et un deuxième exemplaire était alors en possession de Brâhim Ould Sîdi, savant de la tribu des Ifôghâs. D'une manière générale, les alphabets libyque et *tefînagh* paraissent n'avoir servi qu'à former de courts mémorandums, d'abord sur les rochers, dans les grottes ou sur les gemmes taillées ; plus tard, sur les anneaux de bras, en serpentine, et sur les boucliers de cuir qui font toujours partie de l'armement des Imôhagh. Il y a de cela bientôt vingt siècles, à l'époque même d'où datent les inscriptions libyques, le roi de Maurétanie, Juba II, un Berbère pourtant, ne choisit-il pas la langue grecque pour la rédaction de ses ouvrages, malheureusement perdus ?

De là, sans doute, le caractère rudimentaire et assez incertain des alphabets libyque et berbère moderne. La direction de l'écriture n'a jamais été bien fixée car, si le plus grand nombre des inscriptions libyques se lit de bas en haut, en commençant par la gauche, d'autres se lisent horizontalement, de droite à gauche, de gauche à droite, ou enfin verticalement, de haut en bas.

Quant aux inscriptions en *tefînagh* on constate que le sens le plus ordinaire de la lecture est, comme en arabe, de droite à gauche ; mais il y a aussi des inscriptions gravées de gauche à droite, d'autres de haut en bas, et, enfin, de bas en haut. Parfois même deux de ces divers sens se succèdent dans une même inscription en *tefînagh*.

Une inscription gravée sur les berges de l'Ouâdi Alloûn, et que nous avons copiée, présente cette disposition :

Les trois premières lignes se lisent de droite à gauche ; les trois caractères qui finissent l'inscription se lisent de haut en bas,

où(i)n(e)k mghri n tght
Mkhdmd Îhya
málnát (ou *mánlát*)
gh
ch
t

Le premier mot *oûinek* se traduit : « C'est moi »... La deuxième ligne reproduit le nom arabe musulman « Mohammed Yahîya ».

Parmi les inscriptions libyques connues, on remarque quelques spécimens de gravure soignée. On signalera sous ce rapport l'inscription libyco-punique de Dougga et l'inscription libyco-grecque de Derna, qui est gravée sur une agate. Ce bijou appartenait à M. Vattier de Bourville, consul général de France en retraite. Ces épigraphes-là sont bien l'œuvre d'artistes experts dans leur art. Évidemment, les artistes libyens de l'antiquité possédaient les mêmes outils que leurs voisins, les artistes grecs et romains.

Dans le nombre des inscriptions en *tefinagh*, il en est dont le tracé est irréprochable comme régularité. Celles qu'on voit gravées sur les anneaux de bras en serpentine, une ou deux sur les rochers de l'Ouâdi Tamioûtîn, du Tasîli des Azdjer, d'autres sur le monument romain de Garama et à Aïsala (ou Isalan), par exemple, sont dans ce cas. Mais, en général, un examen rapide des inscriptions en *tefinagh* montre que le graveur était mal outillé ; aujourd'hui même, le ciseau et le poinçon sont des instruments inconnus aux Imôhagh. C'est peut-être avec la pointe du poignard, dont les Imôhagh ne se séparent ni le jour ni la nuit, que les auteurs des inscriptions en *tefinagh* ont entamé la pierre, parfois fort dure, comme quand il s'agit du grès.

Aux îles Canaries, la nature du trait des inscriptions tracées sur la roche volcanique trahit l'emploi d'un percuteur. Dans le Sahara, à côté des caractères gravés, on voit aussi, mais rarement, des inscriptions, plus modernes, écrites avec du goudron ou de l'ocre.

Jusqu'ici on n'a trouvé d'inscriptions libyques que sur des pierres façonnées, sur des monuments d'architecture romaine ou sur des stèles plus ou moins grossièrement taillées dans les cimetières.

Quant aux inscriptions en *tefinagh*, on les trouvera principalement sur les roches à surface plane à proximité des points d'eau actuels ou de ceux qui ont tari par suite de l'aridité croissante du climat du Sahara. Il faudra les chercher aussi sur les parois des grottes et des abris formés par les rochers, en un mot partout où l'homme est ou a été engagé à séjourner par la facilité de trouver soit de l'eau soit de l'ombre.

On a observé en Afrique, notamment dans le Sahara, où la lumière solaire est d'une intensité extraordinaire, que la surface des roches gréseuses et calcaires présente une coloration très accentuée : rouge, brune ou noire, tandis qu'en cassant la pierre on trouve le blanc, le gris ou le jaune qui sont les couleurs naturelles de ces minéraux. Il y aura intérêt à indiquer : la nature de la roche qui porte les épigraphes, à décrire la largeur et la profondeur du trait et à préciser la différence de nuance de la pierre : *dans le trait; à la surface intacte de la roche ; et à l'intérieur de la roche*, en détachant un éclat de la surface pour faire cette dernière constatation. La nuance plus ou moins foncée du trait des inscriptions peut fournir une indication quant à leur ancienneté relative, car la lumière solaire et les agents atmosphériques n'exercent que fort lentement leur action colorante.

D'après les résultats des découvertes et des études publiées jusqu'à ce jour, il faut reconnaître que l'épigraphie libyque et berbère, en général, n'offrira qu'un intérêt restreint, en ce sens que les documents de cet ordre n'ajoutent rien aux faits connus de l'histoire de l'Afrique, telle que les travaux des savants d'Europe l'ont établie d'après les auteurs de l'antiquité grecque et romaine et du moyen âge arabe ou plutôt musulman. C'est donc là un domaine qui reste en dehors de l'érudition proprement dite. Mais si de beaucoup le plus grand nombre des mots qui figurent sur les inscriptions libyques ne sont que des noms d'individus, de personnages aujourd'hui obscurs, les très rares verbes, substantifs ou particules — M. Halévy en compte onze seulement — qui relient ces noms propres, ont suffi pour permettre de prouver que la langue libyque appartient à la famille berbère ; dès lors toute inscription en caractères libyques, ou en *tefinagh*, est un document qui, à défaut d'autre valeur, jalonne le terrain qu'a possédé ou possède encore la race berbère, ayant conservé assez d'originalité pour avoir fait ou faire usage de son écriture propre.

Reste à donner des exemples de lecture et de traduction d'inscriptions en caractères libyques et *tefinagh*; on verra, en même temps, à l'inspection des fac-similés, les modifications que l'écriture a subies dans les âges et dans l'espace. Pour ce qui est du libyque, langue dont on ne possède pas de dictionnaire, la difficulté de traduire est grande dès qu'il s'agit d'autre chose que de noms propres. Et il y a un premier écueil qui est la détermination de la valeur exacte des caractères. Comme spécimen nous reproduisons ici un fragment de l'inscription de Dougga, où le texte se lit de droite à gauche, en commençant par le haut.

Voici comment M. Halévy lit et traduit ces lignes, et comme je transcrirais ces mêmes lignes :

M. HALÉVY	MA LECTURE
......(oŭ)dăr(e)ch · où Oud(a)chtor Oudarech fils (d')Oudachtor	(?) ... dărs ăkhoŭdchtr
...Z(e)m(e)r · Où At(eb)b(a)n, Zemer fils (d')Atebban, Y(ou)fm(e)tout fils (de) Youfmethout	(?) s bnoŭifmṭṭaḋoŭfloŭ
M(a)ngi · Où · Ours(a)kh(a)n Mangi fils (d')Oursakan	mngiḋoŭoŭbskn
Kh(a)m(e)lgtz·z(a)z(a)î·t(a)m(a)n· et son aide : Zazaï, Taman, oŭrs(a)kh(a)n Oursakan	kslnsăzziḋṭaoŭnaoŭrskn

On le voit, la différence des lectures est considérable.

A la même époque ou à peu près, remontent les inscriptions des nécropoles libyques du cercle de La Calle (département de Constantine). L'épigraphe suivante provient d'une stèle découverte par

M. le docteur Reboud, dans la nécropole de Cha'abet El-Mekkoûz. Il faut commencer à lire par en bas, du côté gauche :

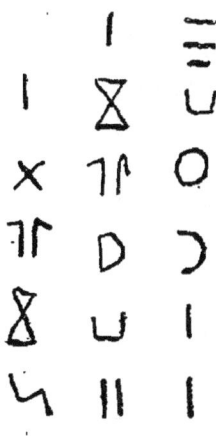

Îskta   Îsketa
Oú-Mrksa   fils (de) Mareksa
aadrmgh   . . . .

Le nom propre Mareksa se retrouve dans le nom actuel Mâreksân, qui appartient à une vallée à vingt kilomètres sud-ouest de Ghadâmès. Dans le système de M. Halévy, Aadrmgh serait également un nom propre.

Très anciens aussi, peut-être contemporains de l'inscription de Dougga, ou même antérieurs, sont les caractères gravés par les habitants ou les premiers colons des îles Canaries. Le spécimen suivant (fig. 20) a été relevé à Los Letreros (île de Fer), par le curé Don Aquilino Padron.

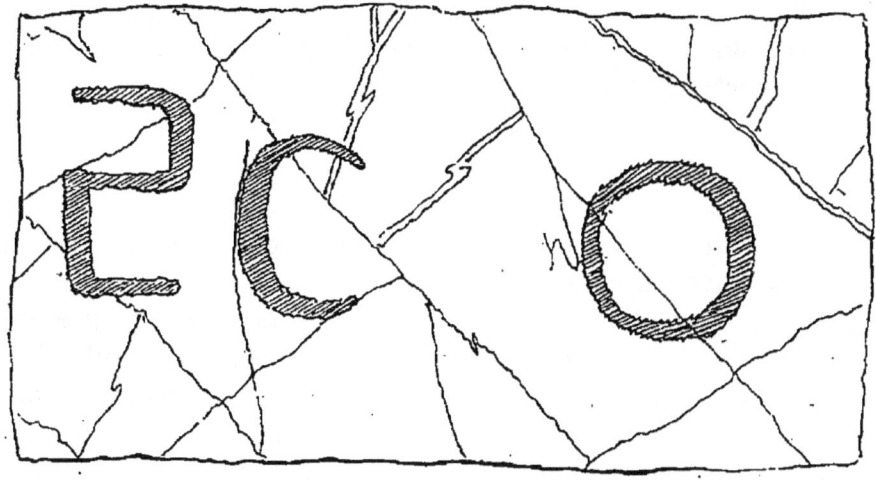

Fig. 20.

Ces trois caractères se lisent de gauche à droite. Ils correspondent presque certainement à nos lettres *i s r*.

Le monument suivant, aujourd'hui déposé au Musée d'Alger, provient d'Abizar, près Tîzi-Ouzzou, dans la Grande Kabylie. Le fac-similé que nous en donnons (fig. 21) a été emprunté à la planche Ire du *Bulletin de correspondance africaine* (tome I).

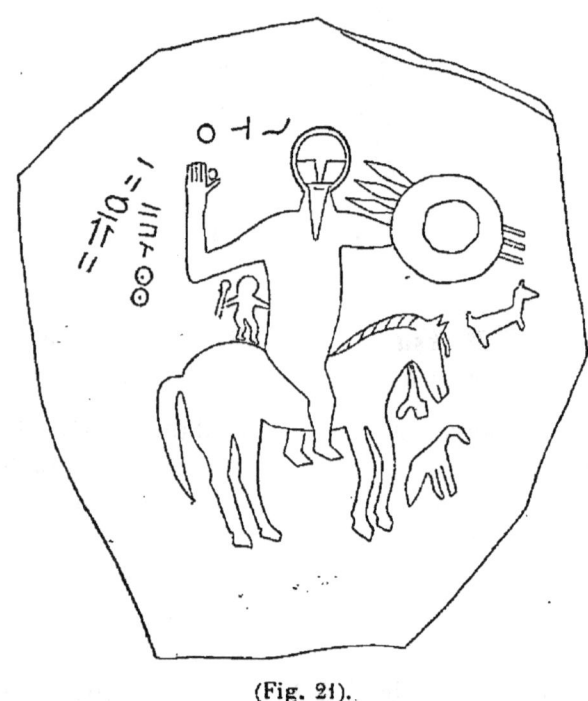

(Fig. 21).

Les deux premières lignes de l'inscription doivent se lire de bas en haut, en commençant par la gauche ; la troisième ligne, en haut, est écrite horizontalement, de gauche à droite. On devrait transcrire les caractères par :

Oû-Knroûn
bbjdl
rjs

Oû-Kenroûn, c'est-à-dire « Fils (de) Kenroûn », est en tout cas un nom propre d'homme.

Quant aux inscriptions plus modernes, en *tefinagh*, malgré leur brièveté, la lecture de ces épigraphes présente aussi des difficultés, même pour les femmes des Azdjer qui, presque seules aujourd'hui, dans la confédération, se servent de cette écriture. Les mots ne sont pas séparés ; en a omis très souvent une voyelle longue et les voyelles brèves ne sont représentées par aucun signe ; enfin les consonnes ne sont jamais doublées. Aussi quand un individu de la race est en présence d'une inscription, lui faut-il épeler lettre par lettre chaque mot avant de le reconnaître. S'agit-il du mot « tâchchelt », céraste, qu'il trouverait écrit +||⊝+, il lira ainsi : *iet, iech, iel, iet* : « cela fait *t*, cela fait *ch*, cela fait *l*, cela fait *t* » ; il épellera à nouveau et finira par découvrir, en doublant le *ch*, le substantif en question.

Sur le monument romain à Garama, non loin du village moderne de Djerma, dans l'Ouâdi El-Gharbî (Fezzân), j'ai copié l'inscription suivante, qui, gravée en tout cas depuis le 1er siècle de notre ère, présente un caractère archaïque.

On doit la lire de gauche à droite :

tikghghchn klghkn

Il en est de même pour l'inscription copiée par Henri Barth, à Aïsala, ou mieux Isalân, à la limite sud du pays des Azdjer,

dont les caractères ont les valeurs suivantes :

nmṭmdgna

ou

lmṭmdgna

Par contre, voici une vieille inscription, en *tefînagh*, relevée par M. le capitaine Boucher, dans les gorges de Tachtoûfet, entre 'Aïn Çefiçîfa et Figuîg, par conséquent presque à la frontière saharienne qui sépare notre province d'Oran du Maroc, et dans une région où jamais, depuis de longs siècles, ne pénètrent plus les Imôhagh ou Touâreg. Celle-ci est écrite de droite à gauche :

Bien que le signe ╫ laisse place au doute, nous transcririons ainsi cet épigraphe :

ghrlnttmmnt

Pour terminer, nous choisissons, comme exemple de traduction, dans notre petite collection d'inscriptions *tefînagh*, celle dont le sens est parfaitement sûr :

⊐||⊙|•:| : *où(i)-n(e)k (â)n(i)sl(i)m*, qui dans le langage actuel, se traduit ainsi : *c'*(est) *moi* (le) *marabout*, et qui, à des temps plus rapprochés de la date de l'introduction de l'islâm chez les Imôhagh pouvait avoir le sens de : *c'*(est) *moi* (le) *musulman*. En effet « ânislim » correspond exactement, et par son étymologie arabe et par sa forme berbère, au mot arabe مُسْلِم « moslim », musulman, et les Imôhagh sont, au fond, si imparfaitement ralliés à la religion de Mohammed qu'aujourd'hui encore ils désignent tout marabout amôhagh par le titre d'*ânislim*.   H. Duveyrier.

Punique et Néopunique.

Devant l'Afrique occupée par des peuplades de race berbère, les Phéniciens formaient comme un rideau, qui s'étendait depuis la Tripolitaine jusqu'à la frontière du Maroc. Les Phéniciens n'ont jamais pénétré dans l'intérieur des terres ; ils n'ont pas colonisé l'Afrique à la manière des Romains ; ils se sont bornés à établir, sur tous les points de la côte qui présentaient un mouillage sûr, des comptoirs qui leur servaient d'entrepôts pour leurs marchandises. S'ils ont rayonné depuis là, et s'il se sont rendus maîtres de quelques grands centres qui devaient assurer leurs communications avec l'intérieur, ils ne se sont jamais écartés des grandes routes, et la masse du pays leur est toujours restée plus ou moins étrangère.

Ce n'est qu'à l'époque romaine que nous voyons la langue et la religion puniques se répandre dans l'intérieur du pays. A cette époque aussi correspond un nouveau développement de l'écriture punique : elle s'altère et se transforme rapidement ; mais en même temps nous la trouvons employée dans toute la province d'Afrique, à peu de chose près la Tunisie actuelle, ainsi que dans une grande partie de la Numidie et de la Maurétanie, sur des points où elle paraît avoir été inconnue à l'époque de la domination punique.

Il importe donc de distinguer soigneusement, dans la recherche des antiquités phéniciennes du nord de l'Afrique, deux catégories de monuments et d'inscriptions : les monuments et les inscriptions puniques, qui répondent à la période de l'indépendance, et les monuments et inscriptions néopuniques, qui correspondent à l'époque romaine.

Punique. — *Inscriptions puniques.*

La plupart des inscriptions puniques que nous possédons proviennent de Carthage, où l'on en a déjà découvert un grand nombre, et où l'on en découvre chaque jour de nouvelles; mais on peut s'attendre à en trouver sur toute la longueur de la côte de la Tunisie et de l'Algérie. Ces inscriptions étant relativement rares et ne se rencontrant presque jamais en place, il est très difficile d'indiquer avec quelque précision où il faut les chercher; d'une façon générale c'est en Tunisie, dans un certain rayon autour de Carthage, aux environs des lieux illustrés par les guerres puniques, dans les villes qui existaient avant la conquête romaine, surtout dans celles de la côte, qu'on a le plus de chances d'en rencontrer.

Jusqu'à présent la côte a été très peu explorée sous ce rapport, à cause de son étendue, et il reste encore beaucoup à faire et beaucoup à trouver. On donnera une attention particulière aux îles, aux caps, aux endroits qui après avoir été occupés par des cités dans l'antiquité ont été abandonnés depuis. Les ports peuvent réserver bien des surprises; l'eau est le meilleur gardien des débris que le temps lui confie. On a pêché, il y a quelques années, dans le port de Cherchel, une rondelle en cuivre très sonore, avec une inscription punique. Il importe d'avoir une curiosité toujours en éveil et l'oreille toujours ouverte aux renseignements. Toute inscription punique trouvée en dehors de Carthage est intéressante, quel qu'en soit le contenu, parce qu'elle est le témoin authentique d'un établissement punique.

Les inscriptions puniques sont facilement reconnaissables. L'alphabet punique ne diffère pas sensiblement de celui qui était employé sur la côte de Phénicie; il ne s'en distingue que par des formes plus élégantes et plus allongées; les têtes des lettres sont en général petites; au contraire les queues prennent un grand développement et affectent des courbes qui contrastent avec la raideur de l'alphabet sidonien. Les pleins et les déliés, presque nuls sur les inscriptions de Phénicie, sont en général très fortement marqués à Carthage.

Nous reproduisons, dans la page ci-contre (fig. 22), comme spécimen de l'écriture punique, l'inscription dédicatoire d'un autel, ou plutôt d'un abattoir sacré, empruntée au *Corpus inscriptionum semiticarum*, 1re partie, t. I, n° 175.

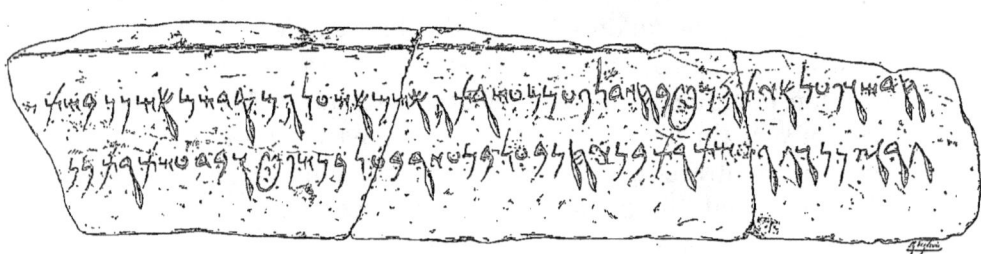

Fig. 22. — Inscription punique de Carthage.

l. 1. חדש ופעל אית המטבח ז דל פעמם עשרת האשם אש על המקדשם
אש כן בשת ש[פטם] ....

l. 2. גרסכן וגרעשתרת בן יחנבעל בן עזרבעל בן שפט ובדעשתרת בן ....

l. 1. « Ont fait et restauré cet autel (abattoir), sans les degrés, les décemvirs préposés aux choses sacrées. Cela a eu lieu en l'année des suffètes..........

l. 2. « ....Giscon, et Gérostrate, fils de Iahonbaal, fils d'Azrubaal, fils de Sofet, et Bodastort, fils de........... »

Toutes les inscriptions ne présentent pas à un égal degré les mêmes caractères; ils sont surtout sensibles dans les textes soignés ou dans les inscriptions officielles.

L'ensemble de ces caractères n'indique pas une époque très reculée; l'Afrique ne nous a pas fourni jusqu'à présent d'inscriptions archaïques; les plus anciennes sont peut-être les quelques lettres tracées, sur des vases provenant d'une tombe récemment découverte à Byrsa par le P. Delattre; or la forme des lettres ne permet guère de les faire remonter au-delà du IVe ou du Ve siècle avant J.-C. La plupart des inscriptions puniques que nous possédons doivent dater de l'an 300 à l'an 150 environ, c'est-à-dire des deux derniers siècles de Carthage.

On trouvera plus loin (p. 77) un tableau de l'alphabet punique.

a) Inscriptions votives et funéraires, ex-voto à Tanit.

La grande masse des inscriptions que l'on découvre à Carthage est formée par les ex-voto à Tanit. Le spécimen que nous reproduisons ici (fig. 23 et 24) peut donner une idée assez exacte de ce genre de monuments. Ce sont des stèles votives, dédiées toutes sans exception aux deux mêmes divinités, Tanit Penê-Baal (Tanit face de Baal) et Baal Hammon. Elles sont hautes en général de 0^m,40, à 0^m,50, quelquefois plus, quelque fois moins, terminées en haut, pour l'ordinaire, par un petit fronton accompagné de deux acrotères ; d'autres, pourtant, se terminent simplement en pyramide. La base, destinée à être fichée dans le sol, n'était pas dégrossie. Sur la plupart des stèles que l'on retrouve, elle est brisée. L'inscription occupe le

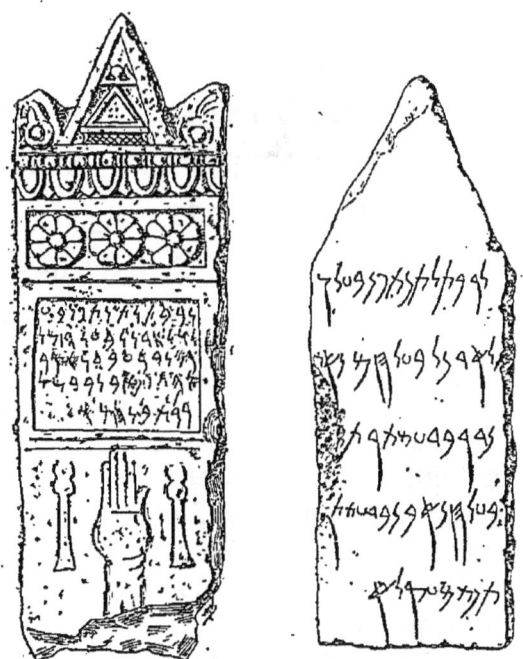

Fig. 23.   Ex-voto à Tanit.   Fig. 24.

milieu de la stèle ; au-dessus et au-dessous se voient des ornements de style grec et divers symboles, la main levée, le bélier, le croissant et le disque, l'image conique de la divinité, le caducée, le palmier.

Traduction du n° 24.

לרבת לתנת פן בעל ו   « A notre Dame Tanit-Face de Baal et
לאדן לבעל חמן אש   à notre Seigneur Baal Hammon, vœu
נדר בדעשתרת [בן]   fait par Bodastort, [fils de]
בעלחנא בן בדעשתר־   Baalhannon, fils de Bodastor-
ת כשמע קלא   t ; parce qu'il a entendu sa voix. »

Tous ces ex-voto sont d'une grande monotonie ; la dédicace est toujours la même et les inscriptions ne diffèrent que par le nom de celui qui fait l'offrande. Jamais l'objet du vœu n'est précisé ; quelquefois il est indiqué d'une façon générale dans la formule de bénédiction qui termine l'inscription : « parce qu'ils ont entendu sa voix et l'ont béni », ou bien « qu'ils le bénissent ».

Quelques-unes pourtant contiennent des indications intéressantes pour l'étude de la langue et de la civilisation puniques, par exemple : la profession de l'offrant ou d'un de ces ancêtres ; sur un certain nombre d'entre elles, on trouve le titre de « suffète » facilement reconnaissable à la première et la dernière lettre qui sont très grandes ; d'autres portent des titres de fonctions sacrées ou de métiers; d'autres enfin, en petit nombre, des indications géographiques toujours précieuses à relever.

Ces inscriptions sont disséminées un peu partout sur la surface du sol de Carthage; en certains points on les trouve par centaines, mais il faut pour cela faire des fouilles assez profondes. Les indigènes se chargent de vous dispenser du soin de les chercher et ils en offrent aux touristes pour une somme qui varie de 2 à 5 et même à 10 francs; seulement il faut se garder de prendre au sérieux les renseignements qu'ils donnent au sujet de la provenance de ces pierres. On en possède plusieurs milliers, soit à Paris, à la Bibliothèque nationale, soit à Tunis, soit au Musée de la chapelle Saint-Louis; il n'est guère de musée qui n'en contienne un nombre plus ou moins grand. La collection exposée au haut de l'escalier du département des Manuscrits à la Bibliothèque nationale, et qui provient des fouilles de M. de Sainte-Marie, permet de se rendre compte des principaux types que l'on y rencontre.

En somme, les ex-voto à Tanit pris isolément n'ont pas grande importance; ils ne sont intéressants que par leur masse, qui nous ouvre des aperçus sur l'onomastique et sur l'organisation civile et religieuse de Carthage. Il n'y a donc pas d'intérêt majeur, à moins qu'ils ne soient très bien conservés, ou qu'ils ne présentent des symboles curieux, à en acheter ou à en rapporter, si ce n'est à titre de curiosité; les collections seules sont intéressantes; par contre, il importe, toutes les fois qu'on en rencontre, d'en prendre un estampage, et deux plutôt qu'un et trois plutôt que deux. Il faudra aussi signaler avec soin l'endroit où ils se trouvent, que ce soit un musée, ou une collection particulière. Le point capital est que chacune de ces inscriptions ait son état civil, pour qu'elle ne risque pas de se représenter, comme cela a lieu si souvent, sous un faux nom et avec un faux acte de naissance. Il faudra enfin relever avec le plus grand soin toutes celles qu'on trouverait en dehors de Carthage, parce que, si elles n'y ont pas été apportées par des voyageurs, ce qui est le cas le plus fréquent, elles seraient un indice de l'extension du culte des grandes divinités de Carthage.

b) *Inscriptions officielles.*

En dehors des ex-voto à Tanit, Carthage fournit quelques très rares inscriptions votives, dédiées à d'autres divinités, quelques inscriptions funéraires, également en très petit nombre, et des inscriptions publiques, surtout religieuses (tarifs des sacrifices, règlements des fêtes, etc.). Ces dernières sont toujours gravées avec le plus grand soin sur des plaques de calcaire fin, bien polies et décorées de moulures; malheureusement elles sont presque toujours réduites en morceaux. Nulle part ne se vérifie mieux que dans ces restes de l'épigraphie punique le *delenda Carthago*.

On n'a pas trouvé jusqu'à présent de ces inscriptions historiques dont nous parlent les auteurs anciens, telles que le traité d'Annibal avec Philippe de Macédoine, le récit du périple de Hannon qui était gravé sur une plaque de bronze, suspendue dans le temple de Melkart, et que nous voudrions tant connaître. Pourtant, à en juger par les indications que nous donnent en passant les auteurs grecs et latins, elles devaient être assez fréquentes, soit à Carthage, soit au dehors.

c) *Inscriptions peintes.*

Dans ces derniers temps, on est arrivé à déterminer une nouvelle catégorie d'inscriptions puniques, qui méritent d'attirer toute l'attention des voyageurs : ce sont les inscriptions funéraires peintes sur vases. On avait déjà trouvé à diverses reprises des inscriptions analogues dans l'île de Chypre; mais on n'était pas encore parvenu à les déchiffrer, parce que ces inscriptions sont en général à moitié effacées et écrites avec des caractères cursifs qui déroutent on manquait en outre de points de comparaison. La découverte d'une nécropole punique à Sousse, en Tunisie, sur l'emplacement de l'ancienne Hadrumète, a fait la lumière sur toute cette catégorie de monuments. On y a trouvé toute une série d'urnes, pleines d'ossements humains calcinés et portant sur la panse le nom du défunt précédé d'une formule funéraire. Nous donnons (fig. 25) le dessin d'un de ces vases avec son inscription.

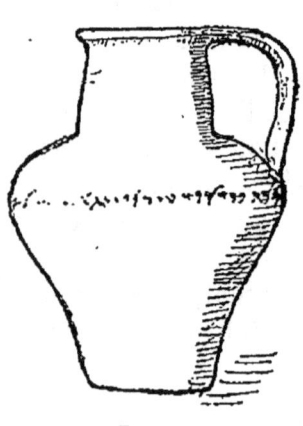

Fig. 25.
Inscription sur vase.

Les inscriptions de la nécropole d'Hadrumète sont assez récentes et ne doivent guère dater que du commencement de la domination romaine (entre 150 et 50 av. J.-C.); l'écriture est intermédiaire entre l'ancienne écriture punique et le néopunique. Des tombes anciennes découvertes récemment par le P. Delattre à Byrsa et dans lesquelles il a trouvé des vases à ossements portant des caractères phéniciens, conduisent aux mêmes conclusions pour les époques plus reculées. Ces découvertes ont prouvé, contrairement à l'opinion généralement reçue, que les Carthaginois avaient, à une certaine époque, pratiqué la crémation, et elles ont montré dans quelle direction il fallait chercher pour trouver le sens de ces petites épigraphes. Mais tout est loin d'y être clair, et ce n'est que par la comparaison qu'on arrivera à résoudre les obscurités qui subsistent encore.

Il faut donc avoir soin, toutes les fois qu'on explore une nécropole contenant des urnes à ossements, et même en dehors des nécropoles, toutes les fois qu'on rencontre un vase, d'examiner attentivement s'il ne porte pas d'inscription; ces inscriptions étant en général assez effacées échappent souvent à un premier coup d'œil. On prendra garde de ne pas gratter la surface du vase pour le nettoyer et de ne pas employer de produits chimiques. Quand on aura trouvé une inscription, on la copiera, sans trop tarder, aussi minutieusement que possible, car les couleurs pâlissent souvent assez vite, une fois le vase sorti de terre. Deux copies faites par deux personnes différentes, au besoin par la même, ne sont pas de trop; on ne voit jamais tout du premier coup, chacun voit à sa manière, et les deux copies se corrigent et se complètent mutuellement; elles sont comme les deux images d'un stéréoscope.

Les mêmes règles s'appliquent aux inscriptions peintes sur brique; on n'en connaît encore qu'une seule venant d'Afrique, qui a été trouvée à Carthage par MM. Reinach et Babelon; mais la série est ouverte et certainement on en trouvera d'autres.

d) *Marques d'amphores, empreintes, graffiti.*

Les vases à ossements sont en général des vases à une ou deux anses, à fond plat, avec une grosse panse et un col assez long, hauts de $0^m,40$ à $0^m,50$; c'est ce que nous appelons des cruches; on trouve pourtant aussi des inscriptions sur des vases de moindres dimensions et de formes différentes. Les amphores, au contraire, n'ont presque pas de col, sont très larges par en haut et vont en s'amincissant jusqu'à la base qui se termine en pointe; elles sont munies de deux oreillettes. On n'a pas trouvé jusqu'à présent en Afrique d'inscriptions sur amphores; par contre, les amphores présentent assez souvent, à la partie supérieure, soit sur l'anse, soit sur le vase même, un timbre imprimé sur la terre fraîche. Ce timbre porte, tantôt le symbole divin △, ou le caducée $\stackrel{8}{1}$, tantôt une ou deux lettres, tantôt deux lettres séparées par l'un ou l'autre de ces symboles; d'autres portent une figure humaine ou bien encore d'autres représentations. Les amphores intactes avec empreintes puniques sont rares; par contre, on trouve assez fréquemment des anses d'amphores brisées et portant à la partie supérieure une empreinte. M. le Dr Carton en a découvert récemment tout un dépôt aux portes de Tunis; le P. Delattre en a réuni plus de 40 dans le Musée de la chapelle Saint-Louis; nous en donnons deux spécimens (fig. 26 et 27).

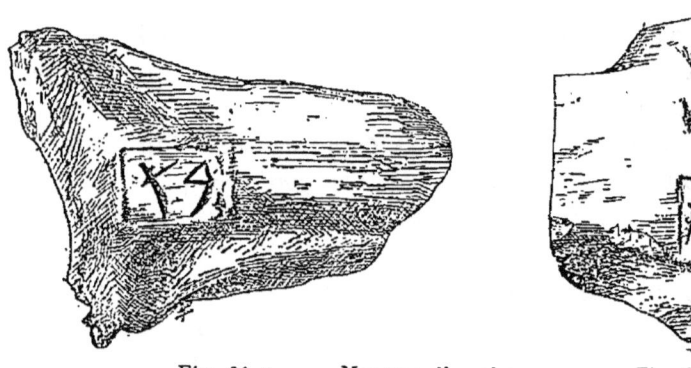

Fig. 26.   Marques d'amphores.   Fig. 27.

Pourquoi ces anses d'amphores étaient-elles conservées, après que les vases avaient été brisés? C'est un problème qui est commun à l'épigraphie grecque et à l'épigraphie punique. Ce que l'on peut affirmer dès à présent, c'est que les lettres qu'elles portent sont des abréviations. Le nombre relativement peu considérable des empreintes sur vases n'a pas permis jusqu'à présent d'en trouver la clef. Toutefois, les symboles qui accompagnent les lettres semblent indiquer qu'il faut y voir des marques officielles. Il importe d'autant plus de recueillir toutes les empreintes d'anses d'amphores que l'on peut rencontrer.

Il faut aussi donner une attention particulière aux lampes d'époque punique, et même d'époque romaine; elles portent quelquefois une lettre ou deux, soit imprimées en relief, soit tracées à la pointe. Il n'est pas moins nécessaire d'appeler l'attention sur les autres menus objets, en bronze ou en tout autre matière, qui portent soit des inscriptions, soit des *graffiti*, c'est-à-dire des inscriptions accidentelles, gravées superficiellement à la pointe. Les objets en bronze, particulièrement, paraissent avoir reçu assez fréquemment des inscriptions. Nous en possédons plusieurs. Ces petits textes sont d'autant plus précieux qu'ils sortent en général des formules ordinaires. Les cachets et les pierres gravées, assez fréquents sur la côte de Syrie, sont très rares à Carthage ; c'est à peine si l'on en connaît deux ou trois avec inscriptions puniques.

C. — *Néopunique.*

La plupart des catégories d'inscriptions que nous avons passées en revue jusqu'à présent sont des inscriptions puniques, c'est-à-dire écrites avec l'ancien alphabet phénicien ; elles sont en général, ainsi qu'il a été dit, antérieures à la domination romaine ; pourtant certaines d'entre elles marquent le passage de l'écriture punique à l'écriture néopunique ; quelques-unes sont franchement néopuniques ; cela est surtout vrai pour les inscriptions peintes sur vases qui sont tracées en caractères cursifs.

L'écriture néopunique est en somme une écriture cursive qui s'est substituée à l'écriture monumentale. Son invasion date des temps qui ont suivi la chute de Carthage, c'est-à-dire de l'an 150 à l'an 100 avant J.-C. Elle paraît s'être développée très rapidement chez les Numides, sur qui la tradition nationale avait moins d'empire. On la rencontre surtout en dehors de Carthage ; elle a les caractères d'une écriture provinciale.

Certaines villes de l'intérieur, qui n'ont pas été détruites par les Romains et qui ont continué à vivre de leur vie propre après la chute de Carthage, ont une épigraphie intermédiaire entre l'ancienne écriture et la nouvelle, et peuvent servir de transition de l'une à l'autre ; tel est le cas pour Constantine, l'ancienne Cirta, qui a fourni beaucoup d'inscriptions en caractères puniques ; nous en donnons une ci-contre comme spécimen (fig. 28).

Fig. 28. — Stèle néopunique.

L'écriture néopunique se présente à nous, sur les inscriptions, sous deux formes très différentes : tantôt les lettres, en général très grandes, ont conservé plus ou moins leurs formes primitives ; les têtes des lettres sont encore reconnaissables et leurs queues s'allongent en longs jambages qui traînent, comme des membres dépourvus de nerfs, dans toutes les directions. Tantôt au contraire, à part un ou deux caractères, qui sont jetés en dehors de la ligne, les lettres sont ratatinées et réduites à n'être plus que de simples virgules; elles se ressemblent au point de se confondre les unes avec les autres et rendent la lecture de ces inscriptions très incertaine.

On reconnaît sans peine, en examinant avec attention ces deux catégories d'inscriptions, qu'on est en présence d'un même alphabet et on peut suivre les transformations successives qui l'ont amené à ce dernier degré d'altération.

On trouvera plus loin (p. 77) le tableau de l'alphabet néo-punique.

Les lettres les plus caractéristiques de cet alphabet sont l'*alef* א, le *hé*, qui a la forme d'un *r* renversé, le *lamed*, l'*n* et le *t*. Ces lettres permettent de reconnaître à première vue les inscriptions néo-puniques. En voici un spécimen (fig. 29).

Fig. 29. — Stèle néo-punique.

« Au seigneur Baal Hammon, parce qu'il a entendu leur voix et les a bénis, les citoyens de Maktar.
Au temps de nos seigneurs Arisam, fils de Massivân, et Iasuktan, fils de Massigrân. »

Les inscriptions néopuniques sont beaucoup plus répandues et plus variées que les inscriptions puniques; elles se ressentent des habitudes de l'épigraphie latine; les formules se rapprochent beaucoup de celles des inscriptions latines; l'onomastique mêm est en partie latine; on y lit d'ailleurs aussi des noms berbères en grand nombre. Elles sont l'image fidèle de cette civilisation à moitié latine, à moitié indigène, qui a prévalu en Afrique dans les premiers siècles de l'ère chrétienne.

On rencontre des inscriptions néopuniques dans tout l'intérieur de la Tunisie et de la province de Constantine. A l'autre extrémité de l'Algérie, on en a trouvé jusqu'à Cherchel, l'ancienne Iol (Julia Caesarea), qui a été, avec Cirta, le centre principal de la domination numide.

En général, les inscriptions néopuniques ont plus de développement que les inscriptions puniques. Sans posséder d'inscriptions officielles en caractères néopuniques, nous en avons quelques-unes qui sont très longues, très soigneusement écrites et qui sont datées par une série de magistrats éponymes, civils ou religieux. Telles sont la grande inscription d'Althiburus, et les deux inscriptions néopuniques de Cherchel. C'est l'une de ces dernières, aujourd'hui au Musée du Louvre, qui nous a livré le nom de Micipsa.

a) *Inscriptions votives.*

Dans l'épigraphe néopunique, comme dans l'épigraphie punique et comme dans toutes les épigraphies, la grande masse des inscriptions se compose d'ex-voto et d'inscriptions funéraires. Les ex-voto et les inscriptions funéraires se ressemblent beaucoup pour la forme; ce sont des cippes assez grossiers, terminés en pyramide et couverts de représentations symboliques d'un style barbare. (V. p. 72.)

La cause de cette ressemblance extérieure tient à ce que les ex-voto étaient des cippes sacrés que l'on dressait en terre, comme les pierres sacrées appelées *ançab,* que l'on trouve en très grand nombre aux environs de la Mecque. Un sanctuaire de Saturne, découvert récemment à Aïn-Tounga, et dans lequel on a exhumé 426 stèles encore debout, alignées les unes à côté des autres, peut nous donner une idée exacte

Fig. 30. Ex-voto à Saturne.

de ces champs d'ex-voto (fig. 30). Sans doute les inscriptions de ce sanctuaire sont latines, mais les figures, les symboles, toute la religion que ces monuments nous révèlent, sont puniques.

Les inscriptions votives sont, sauf de rares exceptions, consacrées au dieu Baal Hammon, le Saturne africain, qui paraît avoir supplanté presque toutes les autres divinités à l'époque néopunique. Elles commencent toutes par la formule :

« Au seigneur Baal Hammon. »

En dehors de la dédicace, elles ne contiennent en général que le nom de l'offrant, accompagné quelquefois de son ethnique. Sur les inscriptions de Maktar, on trouve fréquemment les mots *Baal Hammaktarim*, qui correspondent au latin *civis Mactaritanus*. Les ex-voto faits par plusieurs personnes sont assez nombreux, ce qui, soit dit en passant, empêche d'attribuer à ces ex-voto un caractère funéraire.

b) *Inscriptions funéraires.*

Les inscriptions funéraires se distinguent par la formule :

« A été érigée cette pierre pour..... »

par laquelle elles commencent toutes. Quelquefois même le mot se trouve répété deux fois. Ces grandes lettres, avec leurs formes si caractéristiques, permettront de reconnaître les inscriptions funéraires à tous ceux qui en auront rencontré une fois seulement.

L'inscription se termine le plus souvent par l'indication de l'âge du défunt, comme sur les inscriptions latines ; la formule est la même : « *et vixit annis octoginta* ». On remarquera que les Africains n'avaient pas l'habitude de compter dans ce cas les unités ; les âges vont toujours de cinq en cinq années : vingt, vingt-cinq, trente. C'était quelque chose d'analogue à notre façon de compter par lustres.

Dans la recherche des inscriptions néopuniques, il est de la plus haute importance d'indiquer quel était l'emplacement exact de chaque inscription ; si elle était seule ou avec d'autres ; si elle était en place ou renversée, ou utilisée dans une construction ; si elle était à proximité d'un temple antique ou d'une nécropole ; quel était le caractère de cette nécropole ; enfin, lorsqu'on trouve des inscriptions votives et funéraires, si elles ont été trouvées séparément ou bien si elles étaient mélangées. C'est de la réponse à ces différentes questions que dépendra en grande partie la solution des problèmes que présentent encore les inscriptions néopuniques.

Les symboles figurés sur les stèles néopuniques sont en général très différents de ceux qu'on trouve sur les stèles puniques. Le symbole le plus fréquent est la tête radiée du soleil, qui occupe le plus souvent le haut de la stèle (v. p. 72) ; quelquefois elle est accompagnée du croissant ; d'autres fois le faîte est occupé par la figure conique que nous avons déjà rencontrée à Carthage, mais sur les monuments néopuniques elle est en général beaucoup plus grande et les bras sont plus développés (v. p. 71). On trouve encore sur ces stèles d'autres symboles religieux : un homme et une femme nus, un dieu et une déesse, se faisant face, et tenant, l'un une pomme de pin, et l'autre une grenade. L'inscription est encore souvent accompagnée d'une scène de sacrifice : un homme conduisant un taureau paré pour le sacrifice, ou bien un personnage debout, tenant deux gâteaux dans ses mains élevées, comme sur la stèle ci-jointe (fig. 31).

A côté des stèles à inscriptions, il faut signaler des stèles, anépigraphes pour la plupart, mais qui appartiennent à la même catégorie de monuments. Le Musée du Louvre en possède quelques-unes ;

Fig. 31. — Stèle néopunique.

d'autres, en plus grand nombre, sont au Musée Alaoui. Ce sont de grandes stèles, hautes d'un mètre environ, où ces différents symboles se trouvent non plus isolés, mais groupés, de façon à nous donner une idée complète du panthéon punique à cette époque. Nous en donnons une ici comme modèle, d'après une photographie faite par M. Cagnat (fig. 32, à la page suivante).

Ces représentations diffèrent de celles de Carthage, moins encore par leur nature, que par la manière dont elles sont traitées. Sur les stèles d'époque punique, les sujets sont le plus souvent tracés au trait, ou gravés avec un très faible relief; toute l'ornementation est grecque, d'un style ionien, à peine mélangé de quelques éléments orientaux; l'ensemble se distingue par une certaine sobriété. Sur les monuments néopuniques, au contraire, les figures sont d'un dessin en général très grossier, les reliefs très fortement accentués, le plein cintre a remplacé les lignes légères des frontons grecs; tout est lourd et massif et les superpositions de symboles nous laissent l'impression du syncrétisme d'une époque de décadence.

D. — *Inscriptions bilingues*.

Les inscriptions bilingues se prêtent à une distinction analogue à celle que nous avons signalée entre les monuments puniques et néopuniques. La seule inscription bilingue grecque que nous ayons trouvée en Afrique est grecque et punique; au contraire, toutes les inscriptions bilingues latines sont latines et néopuniques. Ainsi, l'écriture punique nous apparaît comme contemporaine de l'époque grecque, l'écriture néopunique, de l'époque romaine.

On trouve aussi un certain nombre d'inscriptions bilingues, berbères et néopuniques, ou berbères et latines. L'écriture berbère présentant certains signes dont la valeur est encore douteuse, ainsi

Fig. 32. — Stèle néopunique.

qu'on l'a pu voir dans le tableau des pages 49 et suivantes, on conçoit quel intérêt s'attache aux inscriptions bilingues berbères et néopuniques comme, en général, à toutes les inscriptions bilingues.

Nous terminons ce chapitre en donnant le tableau comparé de l'ancienne écriture punique et de l'écriture néopunique.

	Archaïque	Sidon	Carthage	Néopunique		Hébreu
a	₹	₹	⅍	⅍	⅍	א
b	9	9	9	9	'	ב
g	∧	∧	∧	∧	λ	ג
d	△	△	△	9	'	ד
e	ⅎ	ⅎ	ⅎ	Я	Я	ה
v	Y	Y	Y	Y	Y	ו
z	I	z	∾	Π	η	ז
ch	⊟	⊟	⊟	⅍	)))	ח
th	⊗	⊙	⊙	⊙	⊙	ט
i	ʑ	ʑ	ω	ℤ	ʋ	י
k	⽊	⽊	⅄	⅄	y	כ
l	㇄	㇄	㇄	㇄	㇄	ל
m	⋎	⋎	⋎	⋎	x	מ
n	㇉	㇉	㇉	㇉	㇉	נ
s	⟊	⟊	⋎	⋎	⋎	ס
o	○	○	○	○	ᵥ	ע
p	⌐	⌐	⌐	⌐	⌐	פ
ç	⋏	⋏	⋏	⋏	⋏	צ
q	φ	φ	φ	φ	ℓ	ק
r	⅃	⅃	⅃	⅃	'	ר
sh	W	W	W	⋏	⋏	ש
t	†	⨍	⨍	⨍	ʃ	ת

§ 2. — MONUMENTS

A. — *Monuments figurés.*

Quand on veut étudier l'art punique, on se heurte à un obstacle presque insurmontable ; c'est la difficulté qu'on éprouve à distinguer, dans les monuments d'Afrique, ce qui est punique de ce qui ne l'est pas. Les Phéniciens n'ont jamais eu d'art qui leur fût propre. Leur

Fig. 33.   Stèles puniques d'Hadrumète.   Fig. 34.

art s'est toujours modelé sur celui des peuples dont ils subissaient l'influence ; assyrien ou égyptien en Phénicie et à Chypre, il devient grec et plus tard romain à Carthage. A cette difficulté s'en joint une autre : leurs édifices civils et religieux ont été détruits de fond en comble, et, pour trouver des restes de leur activité, il faut les chercher dans les grands travaux d'utilité publique où ils excellaient, ainsi que dans les monuments souterrains, c'est-à-dire avant tout, dans les tombes.

En dehors de ces grandes manifestations de la vie sociale chez les Carthaginois, qui formeront un chapitre à part, on trouve quelques indices de la civilisation punique dans les monuments figurés, les stèles votives ou funéraires, les poteries et en général tous les menus objets que renferment les nécropoles. Tous les objets présentant un intérêt artistique ou archéologique méritent d'attirer l'attention du voyageur ; toutefois, il importe de faire une distinction entre les objets d'époque romaine et ceux des époques antérieures.

Des stèles trouvées à Hadrumète et données au Louvre par M. l'abbé Trihidez nous offrent l'image sans doute la plus pure de l'ornementation punique. Deux d'entre elles sont reproduites comme spé-

Fig. 35. — Stèle punique d'Hadrumète.

cimens à la page 78 (fig. 33 et 34). La plupart de ces stèles portent pour tout ornement trois cippes de grandeur inégale, qui doivent symboliser la triade divine. L'une d'entre elles, plus compliquée, représente une portion de façade d'un édifice. Deux colonnes supportent un entablement très riche, qui est formé du disque solaire aux ailes éployées, surmonté d'une rangée d'uræus. Ces colonnes, dont le fût sort d'un bouquet de feuilles d'acanthe, se terminent par un buste de femme, coiffée à l'égyptienne et supportant dans ses bras le disque et le croissant lunaires. Sur sa tête est un globe, serré entre deux cornes. Nous en donnons la reproduction à la figure 35.

Fig. 36.

On retrouve le même motif à Carthage, sur une colonne que nous a conservée un fragment de stèle (fig. 36); seulement la colonne, renflée au milieu, se termine par un chapiteau qui est surmonté non plus du buste, comme à Hadrumète, mais d'une tête de femme, reliée au chapiteau par un croissant.

L'ornementation des stèles de Carthage est en général plus simple. L'architecture qu'elles nous font connaître est une architecture grecque, mélangée d'éléments orientaux. L'inscription est le plus souvent surmontée d'ornements rectilignes, simulant l'entablement; parfois, ce couronnement est supporté par deux colonnes, ou deux demi-colonnes qui forment les côtés de la stèle. Quelques-uns de ces ex-voto affectent même la forme d'un petit édicule, avec un fronton et des acrotères, pouvant nous donner une idée du temple carthaginois (fig. 37).

Fig. 37. — Ornements d'une stèle de Carthage.

Sur une stèle d'un caractère très différent des autres et qui présente aussi une formule différente (fig. 38), les colonnes sont d'un style dorique très pur. Sauf cette exception, les chapiteaux sont toujours de style ionique, et présentent deux volutes réunies par un canal dont la courbure est très accentuée (fig. 37 et 39) et surmontées d'un abaque. Parfois, le vide formé par la jonction du chapiteau et de la colonne, du côté intérieur, est rempli par une petite palmette ou une fleur de lotus.

Fig. 38. — Stèle à colonnes doriques.

Des rangées d'oves et de perles forment le motif d'ornementation le plus fréquent de l'entablement ; mais souvent elles sont accom-

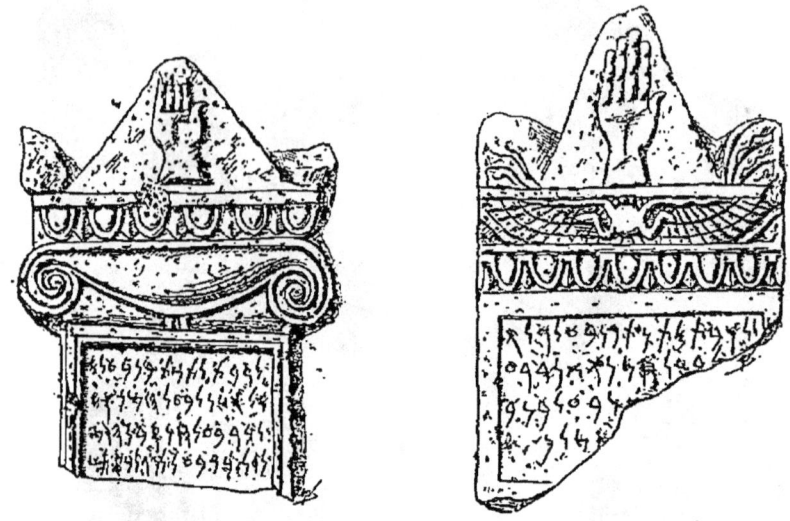

Fig. 39.   Stèles ornementées.   Fig. 40.

pagnées du disque ailé entouré de deux uræus (fig. 40) ; quelquefois même on trouve, comme sur les monuments égyptiens, deux

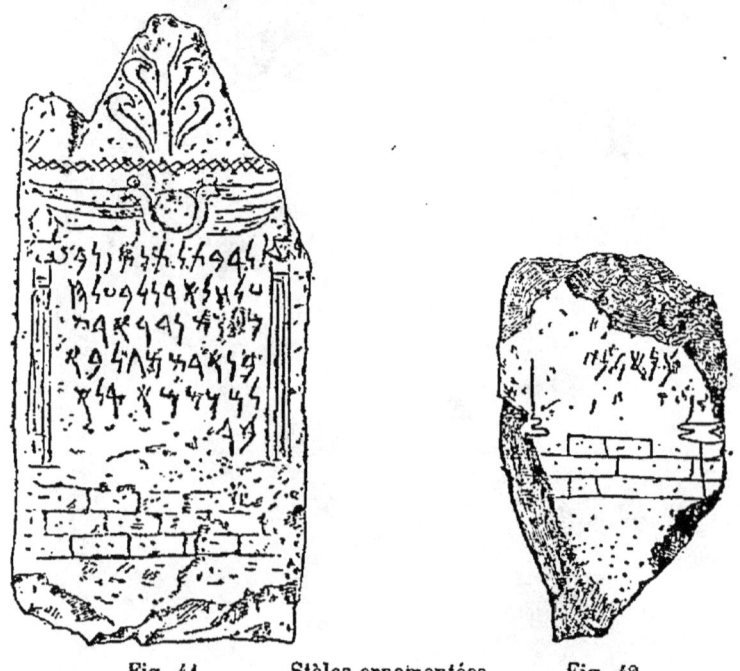

Fig. 41.   Stèles ornementées.   Fig. 42.

disques ailés superposés. La rosace paraît aussi avoir joué un grand rôle dans cette ornementation.

Le soubassement du temple devait être formé par des pierres de gros appareil; on les voit, sur plusieurs de nos stèles (fig. 41 et 42), servir de support aux colonnes. Elles sont agencées d'une manière qui rappelle les murs d'Éryx et ceux relevés à Lixus, au Maroc, par M. de La Martinière.

Fig. 43.   Scènes de sacrifice.   Fig. 44.

A côté des colonnes employées dans la construction de l'édifice, on trouve assez souvent des colonnes libres, surmontées d'une grenade, qui devaient avoir une signification symbolique.

Parmi les parties constitutives du temple, il faut encore mentionner l'autel, qui était un instrument essentiel du culte. L'autel carthaginois différait sensiblement de l'autel grec ou romain. Nous le trouvons figuré sur une stèle qui représente une scène de sacrifice (fig. 43) : au fond, on voit une chapelle, portée sur un socle assez élevé; à gauche un autel, duquel un personnage paraît s'envoler au milieu de la flamme du sacrifice; en face, un prêtre qui fait une libation. L'autel se distingue par une partie avancée qui doit répondre à ce que les Hébreux appelaient les « cornes » de l'autel. Elle est dessinée encore plus

Fig. 45. — Sacrifice.

nettement sur un autre bas-relief, de date sans doute plus récente, qui a été donné au Musée du Louvre par M. le commandant Marchand (fig. 44). L'autel du bas-relief qui occupe la face latérale de la stèle de Teima présente la même particularité.

Les principaux objets du culte étaient le cône sacré, image de la divinité, le caducée, qui est le plus souvent dressé sur le sol et muni d'une base, enfin de grands candélabres. On les trouve réunis sur une stèle de Lilybée publiée dans le *Corpus inscr. semiticarum* (fig. 45). Nous ne connaissons ces différents objets que par des représentations ; on n'en a pas encore retrouvé.

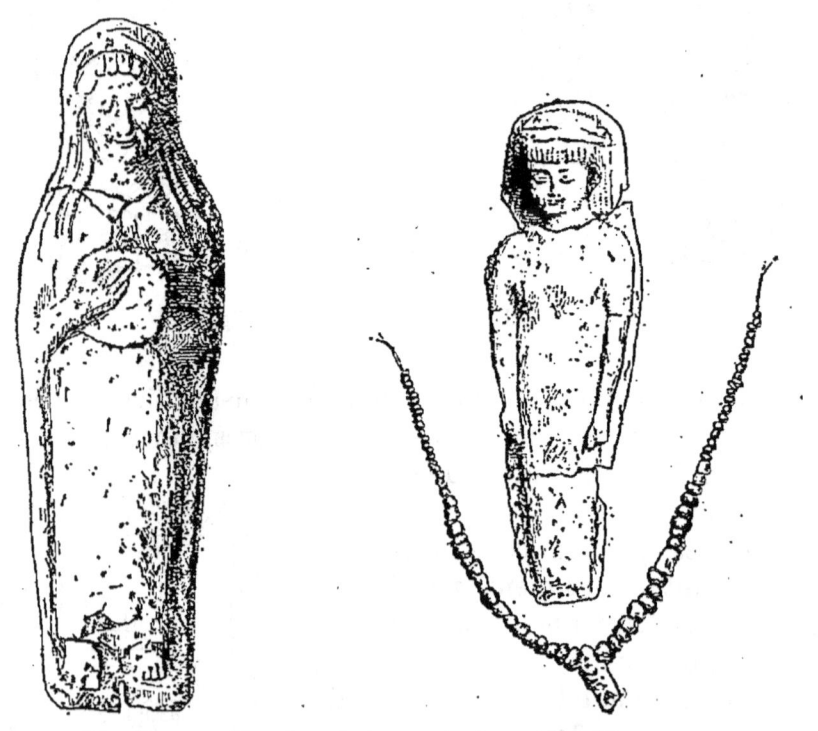

Fig. 46. Figurines de terre cuite. Fig. 47.

Les objets de métal, et plus particulièrement de bronze, devaient être très répandus en Afrique. L'habileté des Phéniciens à travailler le métal était proverbiale. Les inscriptions nous attestent l'importance de ce métier à Carthage. Malheureusement, on n'a retrouvé que de bien rares débris du travail des orfèvres carthaginois. Ce pays a subi trop de catastrophes. Le bronze étant un objet de commerce, était réduit en morceaux et transformé en lingots ou en monnaies. Le peu que l'on possède a été trouvé dans des sépultures qui n'avaient pas été violées. C'est en dehors de l'Afrique qu'on a le plus de chances de recueillir des spécimens de l'industrie carthaginoise, spécialement en Italie, où leurs marchands importaient ces coupes en métal repoussé, dans la fabrication desquelles ils excellaient. Les fouilles de Palestrine en ont fourni de fort beaux échantillons.

Il faut en dire presque autant de la statuaire punique. Tout a été réduit en miettes. Une petite statuette en terre cuite, trouvée récemment, par le P. Delattre (fig. 46), est d'un style qui rappelle celui des sculptures qui viennent des fouilles pratiquées en Sardaigne. Il semble qu'il y ait là, sinon une même source, du moins une inspiration commune et un même procédé artistique. On retrouve le même caractère sur les figurines très rares (fig. 47), et sur un ou deux masques (fig. 48) que l'on a découverts soit dans des tombes antiques, soit directement en terre. Ils sont de style égyptisant, mais la tête a une physionomie particulière, qui doit nous représenter le type carthaginois. Les lèvres et les oreilles sont peintes en rouge vif. C'est un mélange du style grec archaïque et d'influences égyptiennes.

Fig. 48. — Masque punique.

Les poteries sont plus nombreuses, et s'échelonnent sur un espace de temps beaucoup plus considérable. On peut y reconnaître les différentes périodes par lesquelles a passé l'art de la céramique chez les Carthaginois.

Les vases carthaginois les plus anciens que l'on connaisse ont été trouvés dans les fouilles dont la nécropole de Byrsa a été récemment l'objet. Ils sont généralement en terre grossière, rougeâtre ou jaunâtre, sans vernis, décorés de lignes et d'ornements de couleur rouge, et présentent une grande ressemblance avec les poteries archaïques de Chypre et de Rhodes (fig. 24). Leur forme varie beaucoup suivant l'usage auquel ils étaient destinés.

Fig. 49. — Poterie punique.

Les urnes cinéraires sont des cruches hautes de $0^m,40$ environ, avec un goulot assez long, à une ou à deux anses. On trouve dans les mêmes tombes d'autres vases plus grands, mesurant parfois jusqu'à 1 mètre, qui recouvraient des ossements non calcinés; enfin, à côté des urnes funéraires on recueille des vases de formes très diverses, qui devaient contenir soit des parfums soit des liquides.

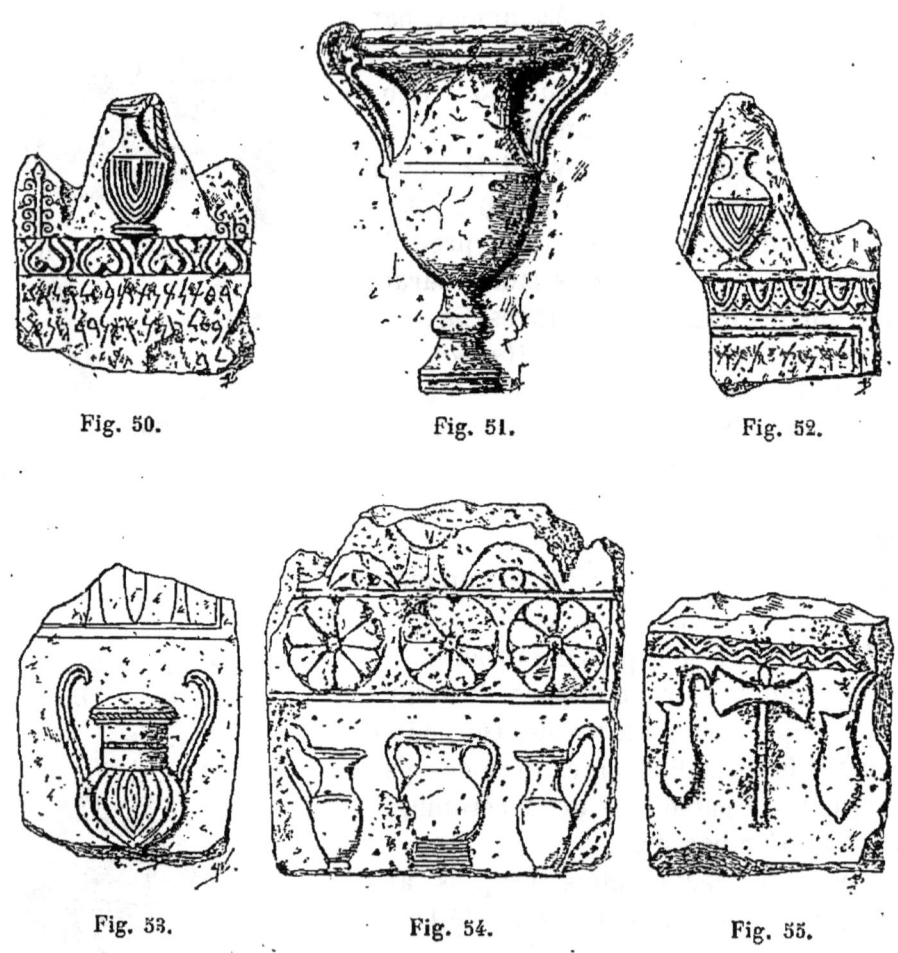

Fig. 50.   Fig. 51.   Fig. 52.

Fig. 53.   Fig. 54.   Fig. 55.

Les ex-voto à Tanit nous fournissent aussi un assez grand nombre de modèles de vases, destinés principalement à des usages religieux. Ces vases comme les stèles sur lesquelles ils sont figurés, appartiennent à l'époque où dominait l'influence grecque. On y voit de ces belles urnes grecques, aux formes élégantes dont la forme a été adoptée par les Romains et s'est perpétuée jusqu'à nous; des cruches, à une ou deux anses, tantôt unies, tantôt plus ou moins artistement travaillées, des puisettes, de petits vases pointus par en bas, à large panse et à col étroit, des fioles (fig. 50 à 55).

Dans les nécropoles puniques qui touchent à l'époque romaine, on découvre à côté d'amphores destinées à fermer les chambres sépulcrales, des urnes à ossements, analogues à celles que nous avons reproduites plus haut, mais sans ornements et d'un travail plus grossier, et des vases de formes diverses dont nous donnons ici quelques spécimens (fig. 56 à 60).

Fig. 56.   Fig. 58.   Fig. 59.   Fig. 60.   Fig. 57.

Les lampes présentent aussi, suivant les époques, des formes très différentes. L'ancienne lampe punique a la forme d'une assiette en terre, dont on aurait pincé le bord, avec le pouce et l'index des deux mains, de façon à y produire deux petites rigoles en guise de bec (fig. 61) ; d'autres ont la forme de petites assiettes avec un godet au milieu, assez analogue à un bougeoir sans anse ; d'autres encore ressemblent à un coquetier à double face (fig. 62) ; mais bientôt, le goulot se ferme par en haut et s'allonge et on recouvre le vase en ne ménageant qu'un trou au milieu de la partie supérieure. Dans certaines nécropoles puniques, à Mahédia

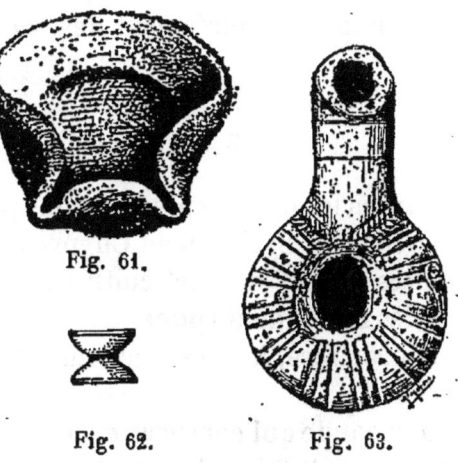

Fig. 61.

Fig. 62.   Fig. 63.

par exemple, on a trouvé des lampes en terre d'un gris noirâtre, avec un bec d'une longueur inusitée, qui rappelleraient assez les lampes égyptiennes, mais dépourvues d'anses (fig. 63). Les lampes de date plus récente reçoivent une anse et présentent tous les caractères de la lampe romaine.

Parmi les produits de la céramique, il faut encore signaler les tessères, ou jetons en terre cuite; celui que nous reproduisons (fig. 64) porte au milieu une tête de bœuf accompagnée, à gauche du cône sacré, à droite du caducée. On voit donc reparaître, sur toute la série des représentations figurées, ces deux symboles qui paraissent avoir été comme l'estampille officielle de Carthage.

Fig. 64.

Enfin, les sépultures fournissent encore des objets en verre, vases ou colliers, qui sont en général un signe de date ancienne. Les colliers de verre strié sont en tout semblables à ceux qui ont été trouvés dans les tombeaux de la Syrie ou de la Sardaigne; ils sont en faïence émaillée ou en pâte de verre, composés de perles plus ou moins grosses (fig. 47 et 48) et de figures symboliques, parmi lesquelles à côté de l'œil (*oudja*), de l'uræus, de petites divinités ou de symboles habituels aux Égyptiens, on en trouve d'autres propres à Carthage, comme le palmier et le triangle de Tanit. Le fil qui relie les perles est rarement conservé; aussi, doit-on réunir avec grand soin les éléments du collier, de façon à en restituer autant que possible la forme primitive.

Il résulte de tout ce qui précède que les tombes sont les vrais dépôts des antiquités puniques; aussi doit-on apporter le plus grand soin au déblaiement des sépultures antiques.

Ph. BERGER.

B. — *Monuments d'architecture.*

D'après les documents que nous possédons, et d'après ce que l'art phénicien de Syrie ou de Chypre nous permet de savoir sur les différentes phases de l'art cultivé par les Phéniciens, ou plutôt pour eux, les monuments puniques peuvent se distinguer en trois séries.

La première, la plus ancienne, est d'inspiration purement égyptienne.

La seconde qui conserve encore des traces d'influence égyptienne commence à faire de nombreux emprunts aux arts de l'Asie Mineure et de la Grèce archaïque.

La troisième emprunte franchement à la Grèce et surtout à la Sicile et à l'Italie méridionale les types d'un art complet.

1° Les monuments de la première série sont rares, nous n'en connaissons que trois types : les antiquités trouvées dans les sépultures puniques de Byrsa, des fragments de stèle au Musée de Carthage (fig. 65), et les stèles égyptisantes d'Hadrumète (plus haut fig. 35). Il y a donc toute une série de découvertes intéressantes à faire, en dirigeant des recherches dans ce sens. Carthage, Utique, Hadrumète, les *emporia* de la côte, peut-être le Kef, Béja, Fériana, Dougga, fourniront-ils de nouveaux monuments de cette série. Mais ces monuments très rares ne pourront être découverts qu'à la suite de fouilles *très profondes*.

2° Les monuments de la seconde série sont plus nombreux. Je citerai parmi eux les chapiteaux trouvés par MM. Cagnat et Saladin à Djezza (fig. 66), à Ksour (fig. 67), un linteau d'Ebba (fig. 68) avec les fleurs de lotus, la porte de l'île de la Tonnara, près

Fig. 65.
Stèle du Musée de Carthage.

Fig. 66. — Chapiteau de Djezza.

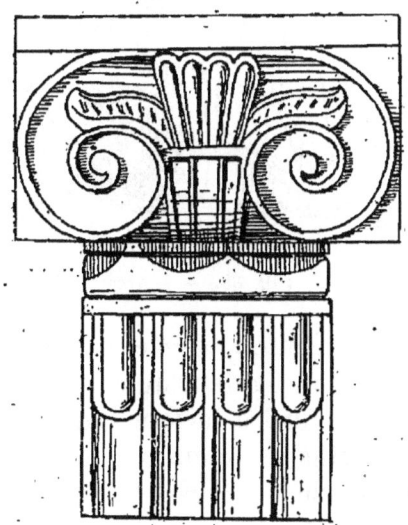

Fig. 67. — Chapiteau de Ksour.

de Monastir. Nous pourrons ranger à la fin de cette série et pour ainsi dire comme transition entre elle et la suivante, le célèbre mausolée de Dougga (fig. 69) dans lequel nous remarquons à côté du cavet égyptien de la corniche — que j'ai trouvé aussi en 1879, dans les ruines de Kittim (Larnaca, Chypre) — des chapiteaux et des colonnes ioniques encore un peu archaïques, mais dont la mouluration déjà fine et élégante contraste avec la barbarie des bas-reliefs et des statues ailées qui ornaient le monument. J'y joindrai aussi un petit tombeau du Musée de Saint-Louis de Carthage, qui semble une réduction de la partie inférieure du mausolée de Dougga. L'Algérie nous fournit d'autres exemples : le Madracen, le Tombeau de la Chrétienne et le mausolée dit tombeau de Micipsa.

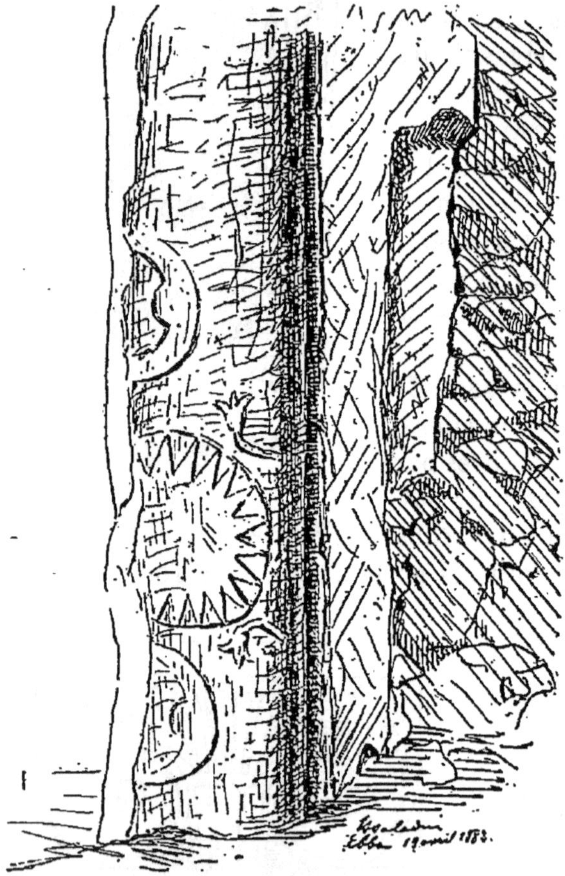

3° La troisième série semble plus riche encore, quoique les recherches faites dans ce sens ne soient pas encore suffisantes; je puis cependant mentionner un chapiteau ionique grec, en marbre de Chemtou, trouvé par moi, qui est actuellement au Musée du Bardo, un fragment de corniche d'Ebba (fig. 70), le fragment d'architrave d'ordre dorique grec avec gouttes du triglyphe (fig. 71) que j'ai dessiné à Chemtou en 1885, en même temps qu'un chapiteau composé de feuillages et de griffons, et enfin les nombreux morceaux découverts à Carthage par le P. Delattre. Parmi ceux-ci je dois citer : des morceaux de pieds de table en marbre rosé, analogues à ceux de Pompéi qui ont le caractère grec et à certains morceaux

Fig. 68. — Linteau d'Ebba.

de sculpture provenant de Solonte (Musée de Palerme) ou de Syracuse (Musée de la ville); un autre pied de table presque entier, couronné par un chapiteau d'ordre dorique grec et orné de belles

Fig. 69. — Mausolée de Dougga.

cannelures, des fragments d'entablements stuqués et de stylobates en marbre, que l'on peut rapprocher comme style des plus délicats morceaux de sculpture grecque trouvée à Tarente ou en Sicile, et enfin la partie supérieure d'une petite colonne d'ordre ionique, ornée de cannelures et d'un astragale, et surmontée d'un gorgerin richement décoré : 1° de fleurettes à six pétales; 2° d'ornements alternés, analogues aux palmettes et aux fleurons qui ornent le gorgerin des colonnes ioniques de l'Érechtéion à Athènes. Tous ces morceaux, comme les nombreux chapiteaux ioniques tracés sur les stèles puniques d'Afrique (fig. 35 et suiv.), nous montrent combien l'influence de l'art grec fut puissante dans le pays aux derniers temps de la puissance carthaginoise. Lors donc que le déblaiement méthodique d'une petite partie de Carthage aura permis d'arriver au sol punique, ce qui ne sera pas aisé, on peut espérer que de nouveaux morceaux plus importants viendront augmenter la connaissance que nous avons de l'art local.

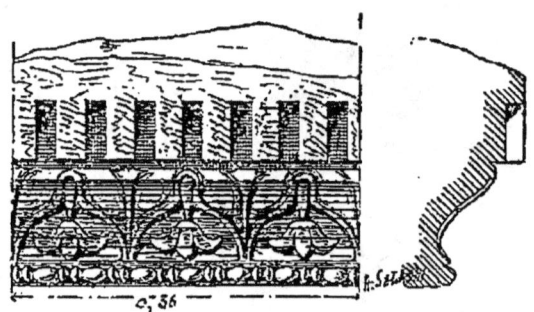

Fig. 70. — Corniche d'Ebba.

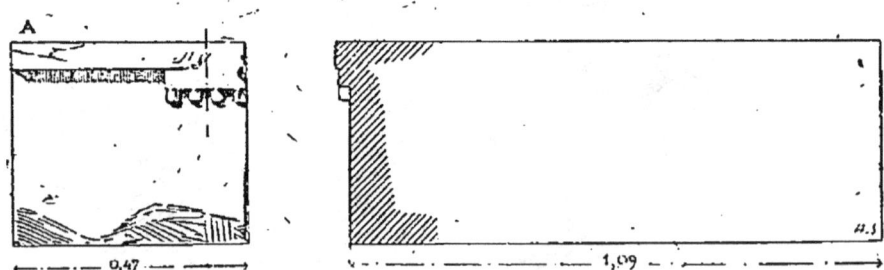

Fig. 71. — Fragment d'architecture de Chemtou.

Les modes de constructions employés par les Carthaginois sont les suivants : maçonnerie de pierre, béton grossier, moellon ou pierre de taille, pisé, — l'emploi du pisé s'est continué à l'époque romaine et aux suivantes jusqu'à nos jours, — pierres superposées sans interposition de mortier, grand appareil.

Les voûtes demi-sphériques en béton ou en blocage, et les berceaux demi-cylindriques ont été aussi employés par les Carthaginois, si l'on peut ajouter foi aux relevés de Daux sur Utique.

Les monuments qui peuvent être retrouvés de l'époque punique sont :

Les sépultures : tombeaux creusés dans le roc (Carthage, Béja, Souse); tombeaux construits en grands matériaux et enterrés (Byrsa); mausolées debout (Dougga, et peut-être Aïn-Dourat).

Les travaux publics : citernes, barrages, môles, cothons ou petits ports. Utique en a fourni quelques types.

Les travaux d'architecture militaire : une petite partie de l'acropole de Dougga, l'acropole de Souse, d'après Daux et les murs de Thapsus (?).

L'architecture religieuse nous est à peu près inconnue (sauf par l'architrave dorique de Chemtou); cependant on peut présumer du fait que le style grec a été employé par les Carthaginois avec un sens *dorien* très prononcé (statuaire de Dougga, têtes de Carthage d'aspect éginétique, monnaies analogues aux monnaies de Sicile) que ces temples ont dû, après avoir été ornés de membres d'architecture appartenant aux monuments égyptiens, être construits pendant la période suivante en style dorique et que les temples doriques de Sicile ont sans doute été le prototype de ces édifices.

L'architecture civile ne nous est pas beaucoup plus connue; néanmoins, à en juger par certains fragments, par exemple par les morceaux stuqués du Musée de Saint-Louis, on peut rapprocher les constructions civiles de la dernière époque, de celles de Pompéï où l'artiste a gardé le plus purement les traditions de l'art grec.

Si nous avons donné une certaine importance à ces considérations sur les monuments d'époque punique, c'est que nous sommes persuadé qu'il y a là une lacune à combler dans l'histoire de l'architecture, et que le meilleur guide pour les recherches à faire dans ce sens, est l'énumération complète des rares monuments à l'aide desquels on peut déjà suivre quelque peu la marche de l'art en Afrique à l'époque punique.

Nous reproduisons, pour terminer ce paragraphe, des types de l'ordre dorique et de l'ordre ionique grec; ils pourront aider le voyageur à retrouver des analogies dans les monuments qu'il rencontrera.

I. *Ordre dorique grec* (fig. 72). — Colonne, chapiteau, entablement. On mettra une attention spéciale à distinguer cet ordre de son similaire romain. — La différence réside surtout :

1º Dans la forme franchement conique du fût;
2º Dans l'absence de base;

3° Dans la forme de l'échine du chapiteau et de ses annelets ;
4° Dans la forme de l'architrave dont les faces sont unies ;

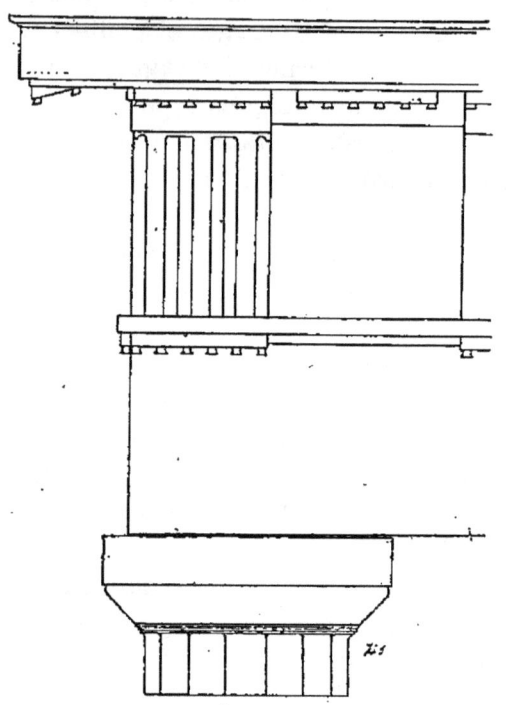

Fig. 72. — Ordre dorique grec.

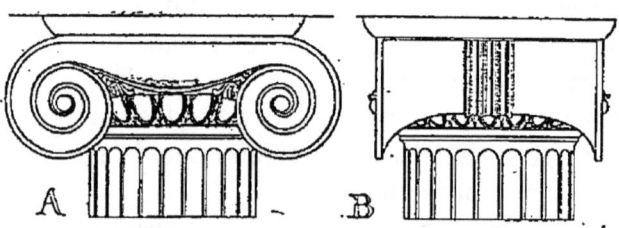

Fig. 73. — Ordre ionique grec (Éleusis).
A. face. — B. profil du chapiteau.

5° Dans la forme des gouttes sous les triglyphes ;
6° Dans le profil de la corniche.

II. *Ordre ionique grec* (fig. 73 et 74). Remarquer les détails suivants :
1° Forme particulière de la face du chapiteau, incurvation de la ligne inférieure de celui-ci ;

2° Forme des coussinets ;
3° Existence du gorgerin et de l'astragale ;

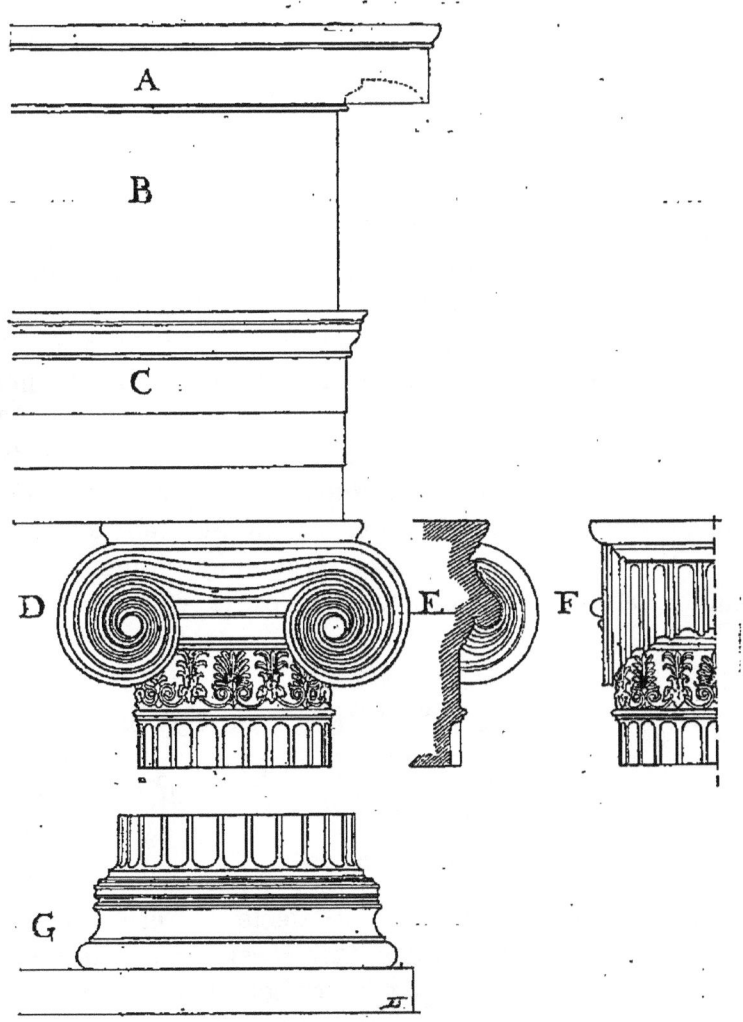

Fig. 74. — Ordre de l'Erechtéion.

A, corniche. — B. frise. — C. architrave. — D. chapiteau. — E. coupe sur les coussinets parallèle à la face du chapiteau. — F. face latérale. — G. base.

4° Base et cannelures ;
5° Caractère de la mouluration, oves, rais de cœur, etc.

H. SALADIN.

SECTION TROISIÈME

Romain et byzantin.

Romain.

§ 1ᵉʳ. — Inscriptions.

Le nombre des inscriptions romaines qui existent encore en Afrique est considérable. On en connaît déjà à peu près 15.000. Une demi-douzaine d'entre elles appartiennent à l'époque républicaine ou au règne d'Auguste; il n'est pas douteux cependant qu'on ne puisse en trouver d'autres, surtout dans la partie nord-est de Tunisie, dans l'ancien territoire de Carthage, de bonne heure soumis à Rome.

Le texte suivant (fig. 75), dont nous donnons ici un fac-similé emprunté au livre de M. Hübner (*Exempla scripturae epigraphicae*), comme la plupart des exemples que nous apporterons ici, pour indiquer la forme des caractères épigraphiques employés en Afrique à cette époque, est, ainsi qu'on le voit, comtemporain de César :

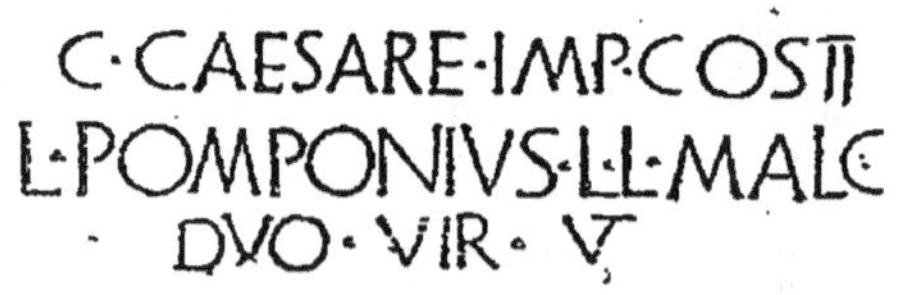

C·CAESARE·IMP·COS II
L·POMPONIVS·L·L·MALC
DVO·VIR·V

Fig. 75.

Les textes qui remontent au 1ᵉʳ siècle de l'ère chrétienne sont assez rares. Ils se distinguent extérieurement des autres, soit plus anciens, soit plus récents, par la perfection et l'élégance, au moins relative, de la gravure. On peut prendre pour exemple une inscription d'Utique, où se lit le nom de Domitius Ahenobarbus, consul en l'an 12 avant J.-C. (fig. 76); il faut noter cependant que la gravure en est exceptionnellement soignée :

Fig. 76.

La suivante, au contraire, qui remonte à l'époque de Domitien (fig. 77), donnera une idée assez nette de l'écriture adoptée vers la fin du 1ᵉʳ siècle.

QVITANIVSQIVOINIPOS
PHILIPPIS·COH·XIII·VRB·
DONIS·DONATVS·A·DOMITIANO

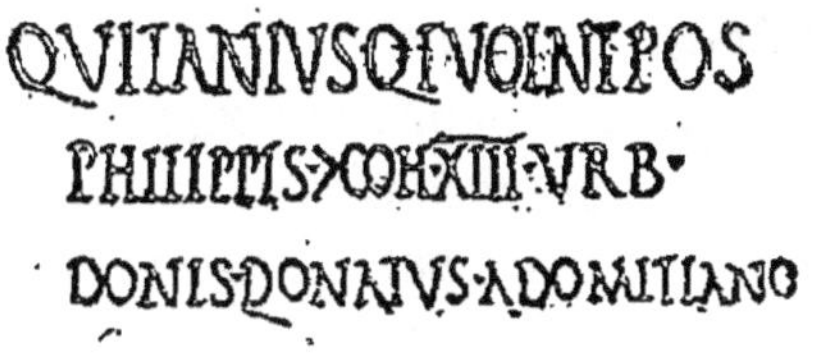

Fig. 77.

Avec le IIᵉ siècle, les inscriptions romaines commencent à se multiplier en Afrique. A cette époque, il s'introduit dans le tracé de certaines lettres (C, G, L) des ornements et des fioritures qu'on ne rencontre jamais auparavant. Ces innovations apparaissent même dans les textes écrits en caractères soignés comme la dédicace des thermes de Carthage, qui remonte à 147-148 (fig. 78), et

Fig. 78

plus forte raison dans ceux où l'on emploie une sorte d'écriture plus voisine de la cursive, et où l'on sent, sous le ciseau, les traits tracés avec le calame par l'ouvrier qui a préparé la gravure de l'inscription. Le discours que l'empereur Hadrien a prononcé lors de son inspection en Afrique (fig. 79), donnera une idée de cette écriture :

EQ·COH·VI·COMMAGENORVM·
DIFFICILEESTCOHORTALESEQVITESETIAMIPSEPLACEREDIFFICILIVSPOSTALA
REMEXERCITATIONEMHOCDISPLICEREALIASPATRACMMTTALIVSINCV

Fig. 79.

Mais c'est surtout à partir de Septime Sévère que l'épigraphie africaine devient riche. Il n'est pas de petite cité qui n'ait élevé de monuments honorifiques à ce prince et à ses successeurs, qui n'ait gravé leur nom sur les bases des statues de son forum ou au frontispice de ses édifices. Le tracé des inscriptions de cette époque, quoique un peu lourd, est encore assez joli. Mais à partir de Sévère Alexandre la décadence se précipite. Les textes épigraphiques qui appartiennent à la deuxième partie du siècle, même les plus soignés, sont mal tracés et mal gravés.

L'inscription de la *scola* des options à Lambèse (fig. 80), appartient à la belle épigraphie du début du IIIe siècle :

AVGG
OPTONES SCHOLAM SVAM
QVA EA NVLARIA SVA DIE QVAESTOR

Fig. 80.

La suivante (fig. 81), qui est de la même époque, est plus élégante encore :

MATRI AVGVSTOR
IMP CAES SEPTIMI SEVERI

Fig. 81.

Au contraire, en voici une (fig. 82), datée de Gordien, qui porte la trace de la négligence ou plutôt, sans doute, de la maladresse du graveur :

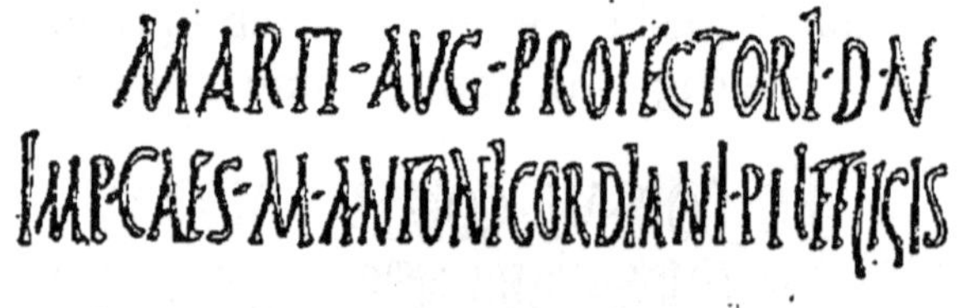

MARTI AVG PROTECTORI D N
IMP CAES M ANTONI GORDIANI PI LITICIS

Fig. 82.

On peut prendre comme type des inscriptions africaines contemporaines de Dioclétien le fragment suivant (fig. 83), où la forme des L est à noter.

IM·PP·CAESS·C·AVR·VALERIVS·DIOCLETIANVS·P
F·INVICTVS·AVG·ET·M·AVRELIVS·VALERIVS·MA

Fig. 83.

L'écriture épigraphique n'éprouve pas ensuite de grands changements jusqu'à l'invasion des Vandales. On vit sur les traditions passées; mais comme les graveurs deviennent de moins en moins habiles, leurs œuvres sont de plus en plus défectueuses.

Nous donnons ici comme points de comparaison une inscription de l'époque de Constantin (fig. 84) :

MAGNO ET INVICTO PRINCIPI D N IMP CAESARI
FL AV VAL CONSTANTINO PIO FELICI SEMPER AVG

Fig. 84.

une autre contemporaine de Valentinien (fig. 85) :

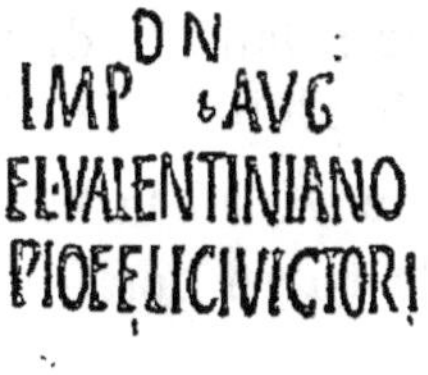

D N
IMP ᴄAVG
ET·VALENTINIANO
PIO·FELICI·VICTORI

Fig. 85.

et une troisième où se lisent les noms d'Arcadius et d'Honorius (fig. 86) :

ARCADIO ET HONORIO
INCLYTIS SEMPER AVGG·

Fig. 86.

Les différents spécimens qui précèdent serviront à reconnaître à première vue et approximativement l'âge d'une inscription qui ne sera datée par aucun des mots qu'elle contient. Il faut pourtant prévenir le lecteur que dans les provinces, et particulièrement en Afrique, il serait imprudent d'attacher trop d'importance à l'apparence extérieure d'une inscription. Tout dépend de l'habileté du graveur et des ressources dont il disposait. On devra donc être très réservé dans les conclusions que l'on pourrait tirer de l'aspect d'une inscription, surtout si c'est une inscription votive ou funéraire ; car alors il n'y a plus aucun critérium. Un texte convenablement gravé peut être d'une époque relativement basse si l'on s'est adressé à un bon faiseur d'ex-voto ou d'épitaphe ; tandis qu'une inscription de bonne époque peut être très mal écrite, si elle l'a été, dans une petite ville de l'intérieur, où les ouvriers étaient maladroits et ignorants.

Pour compléter ce qui vient d'être dit sur l'écriture épigraphique employée sur les monuments d'Afrique, il convient d'ajouter quelques observations relativement à certaines lettres et à certains signes d'écriture.

1° *Lettres*.

A. — La forme A se trouve déjà à l'époque de Commode ;
La forme λ est fréquent à partir du IIe siècle ;
On trouve aussi Λ, et ⋀ ; mais il n'y a aucune conséquence à tirer de cette altération de l'A monumental. On le constate à toutes les époques, même au IIe siècle : dans le discours de l'empereur Hadrien à Lambèse (fig. 79), la plupart des A ne sont pas barrés.

D'autres affectent la forme A où la haste droite de la lettre dépasse la ligne, tandis que la barre horizontale est légèrement relevée vers la droite.

C. — La forme C ou G, est sinon propre à l'Afrique, au moins très fréquente dans le pays à partir du IIe siècle. Dans les textes mal gravés, le G est souvent fait ainsi : G, ce qui permet de le distinguer du C.

D. — On trouve parfois, sur les inscriptions funéraires surtout, la forme ◁.

E. — La lettre E est souvent écrite sur les monuments par deux barres verticales juxtaposées : II, ce qui est la forme de l'E dans l'écriture cursive. Ex. : FIILIX, PARIINTI.

F. — On rencontre fréquemment la forme : F, avec une queue légèrement inclinée vers la gauche et se prolongeant au-dessous de la ligne. On devra plus d'une fois à cette particularité de pouvoir distinguer sur une pierre un F d'un E quand celui-ci sera un peu effacé ou endommagé par le bas.

K. — La forme épigraphique du K, qui est ⱶ, est à noter.

L. — On remarquera sur les textes d'Afrique différentes formes caractéristiques :

Λ, depuis le IIe siècle (fig. 81);

⌐, qui apparaît vers l'époque de Dioclétien (fig. 83);

ᛌ, qui appartient surtout au IVe siècle;

Λ, qui ne se rencontre que dans les textes mal gravés.

V. — Cette lettre, on le sait, est à la fois consonne et voyelle. Quelquefois en Afrique elle est arrondie du bas, comme notre U. Mais ce n'est pas un indice chronologique; c'est la marque d'une gravure très négligée.

Z. — Le Z est souvent barré par le milieu sur les inscriptions d'Afrique : Ƶ; les inscriptions où cette particularité se remarque appartiennent au IIIe siècle.

2° *Lettres liées.*

Il arrive très fréquemment que les lettres sont liées sur les inscriptions; c'était pour le lapicide un moyen de gagner de la place et de faire tenir plus de mots en moins de lignes. Les ligatures se multiplient au IIIe siècle; mais elles sont déjà assez employées au IIe.

L'exemple suivant (fig. 87) suffira à montrer comment ces ligatures sont conçues et comment on doit les lire.

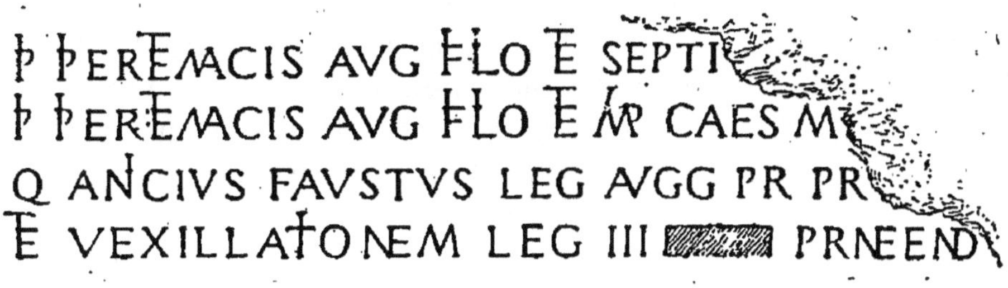

Þ ÞEREMCIS AVG FLO Ē SEPTI
Þ ÞEREMCIS AVG FLO Ē M͡P CAES M
Q ANCIVS FAVSTVS LEG AVGG PR PR
Ē VEXILLATONEM LEG III ▨▨▨ PRNEEND

Fig. 87.

ce qui donnerait, en dédoublant les lettres :

    PII PERTENACIS AVG FILIO ET SEPTI

    PII PERTENACIS AVG FILIO ET IMP CAES M

    Q ANICIVS FAVSTVS LEG AVGG PR PR

    ET VEXILLATIONEM LEG III ▨▨▨ PRAEEAVD

3° *Points séparatifs.*

Les points séparatifs employés dans les inscriptions d'Afrique présentent les différentes variétés suivantes :

Tantôt ils sont ronds (·); en pareil cas ils sont toujours placés à mi-hauteur des lettres voisines. Ex. : IMP·CAESAR·M;

Tantôt ils sont faits en forme de triangle (ᵥ), la pointe étant tournée en bas;

Tantôt ils affectent la forme de feuilles (✽ ou ❧);

Tantôt ils sont allongés (⁓);

Tantôt ils ont la forme d'une palme (⤴).

Tous ces signes ont absolument la même valeur.

4° *Accents.*

On trouvera aussi des accents aigus sur certaines voyelles; les anciens les appelaient *apices*; ils sont fréquents au Ier et au IIe siècle.

Différentes sortes d'inscriptions.

1° *Inscriptions funéraires.* — Les inscriptions les plus nombreuses de beaucoup en Algérie et en Tunisie sont les inscriptions funéraires. On les reconnaît à ce qu'elles portent en tête généralement la formule *Dis manibus sacrum*, et à la fin la formule *Hic situs est*.

Quand le défunt est un soldat, il ajoute le nombre d'années de service qu'il compte; on se sert en pareil cas soit du verbe *militavit*, soit du mot *stipendiorum*. La formule est : *mil(itavit) an(nis) XX, vix(it) an(nis) XLII* ou *stip(endiorum) XX, ann(orum) XLII*.

Nous transcrivons ici trois inscriptions funéraires pour montrer comment elles étaient rédigées d'habitude en Afrique.

1°   D   M   S
    P · CANINIVS
    P · F · MODESTVS
    V · A · XI · M · IIII
    D XIII H · S · E
       S · T · T · L

D(iis) M(anibus) s(acrum). P(ublius) Caninius, P(ublii Caninii) f(ilius), Modestus v(ixit) a(nnis) XI, m(ensibus) IIII, d(iebus) XIII. H(ic) s(itus) e(st). S(it) t(ibi) t(erra) l(evis).

« Consacré aux dieux Mânes. — Publius Caninius Modestus, fils de Publius Caninius, a vécu 11 ans, 4 mois, 13 jours. Il est enterré ici. Que la terre te soit légère! »

2°   SITTIA IANV
    ARIA PIA
    V · A · X X X
      H · S · E
   O · T · B · Q

Sittia Januaria pia v(ixit) a(nnis) XXX. H(ic) s(ita) e(st). O(ssa) t(ibi) b(ene) q(uiescant).

« Sittia Januaria, pieuse, a vécu 30 ans. Elle est enterrée ici. Que tes os reposent en paix ! »

3°   D   M
   C DOMITI
  MACRINI
  MIL · LEG · XXII
    PR P F
  V · A · XXXXV
   STI · XVI
   H · F · C ·

D(iis) M(anibus) C(aii) Domiti(i) Macrini mil(itis) leg(ionis) XXII Pr(imigeniae) P(iae) F(idelis) v(ixit) a(nnis) XXXXV, sti(pendiorum) XVI. H(eres) f(aciendum) c(uravit).

« Aux dieux Mânes de Caius Domititius Macrinus, soldat de la légion XXIIe Primegenia Pia Fidelis il a vécu 45 ans ; 16 ans de service. Son héritier a fait poser (la tombe). »

2° *Inscriptions votives.* — On trouvera également beaucoup d'inscriptions votives, consacrées soit à des divinités romaines, soit à des divinités indigènes. Des textes semblables se reconnaissent à ce que là ou les premières lignes contiennent le nom de la divinité ou des divinités au datif et se terminent d'habitude par la formule *votum solvit libens animo* ou une formule analogue.

En voici deux exemples :

1° DEO · AETERNO
    SACRVM
  L · POMPONIVS
   FVNDANVS
  CVM SVIS OMNI
  BVS · VOTVM · L · A
   SOLVIT

Deo aeterno sacrum. L(ucius) Pomponius Fundanus cum suis omnibus votum l(ibens) a(nimo) solvit.

« Consacré au Dieu éternel. — Lucius Pomponius Fundanus a accompli son vœu avec joie lui et tous les siens. »

2° BALDIR · AVG
　　SACRVM
　　MACEDO
　　　PVB
　VOTVM SOLV
　IT LIBENS ANIMO

Baldir(i) Aug(usto) sacrum. Macedo pub(licus) [c'est-à-dire *servus publicus*] *votum solvit libens animo.*

« Consacré à Baldir Auguste. Macedo, esclave public, a accompli son vœu avec joie. »

3° *Inscriptions honorifiques.* — Les inscriptions honorifiques sont presque toujours gravées sur des bases de statues; il est facile de les distinguer, du premier coup d'œil, des tombes, qui affectent parfois la même forme; car on y voit généralement, sur la partie supérieure, la trace du scellement qui tenait attachés les pieds de la statue. Ces inscriptions honorifiques étaient surtout dédiées à des empereurs et à des magistrats municipaux, plus rarement à des magistrats romains.

Il suffira de rapporter ici un exemple de chacune de ces sortes d'inscriptions.

1° IMP ⚘ CAESARI DIVI
　NERVAE FILIO NERVAE
　TRAIANO GERMANICO
　PONTIFICI MAXIMO
　TRIB ⚘ POTEST ⚘ VII
　IMP ⚘ IIII ⚘ COS ⚘ V ⚘ P ⚘ P ⚘
　　KALAMENSES
　　D · D · P · P · F · C

Imp(eratori) Caesari, Divi Nervae filio, Nervae Trajano Germanico, pontifici maximo, trib(unicia) potest(ate) VII, imp(eratori) IIII, co(n)s(uli) V, p(atri) p(atriae) Kalamenses, d(ecreto) d(ecurionum) p(ecunia) p(ublica) f(aciendum) c(uraverunt).

« A l'empereur César, fils de Nerva divinisé, Nerva Trajan, Germanique, grand pontife, tribun pour la 7ᵉ fois, imperator pour la 4ᵉ, consul pour la 5ᵉ, père de la patrie; les citoyens de Kalama ont fait élever ce monument par décret des décurions, aux frais de la ville. »

2° C · IVLIO · C · F
   Q V I R
   V I C T O R I
   A E D I L ; II V I R
   I I V I R · Q Q
   A M I C I · A E R E
   C O N L A T O
   O B M E R I T A

C(aio) Julio, C(aii Julii) f(ilio), Quir(ina tribu) Victori aedil(i), duumvir(o) duumvir(o) q(uin)q(uennali) amici, aere conlato, ob merita.

« A Caius Julius Victor, fils de Caius, de la tribu Quirina, édile, duumvir, duumvir quinquennal ; ses amis ont fait une souscription pour reconnaître ses services. »

3° M · C O R N E L I O
   T · F · Q V I R
   F R O N T O N I
   III VIR · CAPITAL
   Q · P R O V I N C
   SICIL · AEDIL · PL
   P R A E T O R I
   M V N I C I P E S
   C A L A M E N S I
   V M P A T R O N O

M(arco) Cornelio, T(iti Cornelii) f(ilio), Quir(ina tribu), Frontoni, triumvir(o) capital(i), q(uaestori) provinc(iae) Sicil(iae), aedil(i) pl(ebis), praetori municipes Calamensium patrono.

« A Marcus Cornelius Fronton, fils de Titus, de la tribu Quirina, triumvir capital, questeur de la province de Sicile, édile de la plèbe, préteur, leur patron, les citoyens de Kalama. »

4° *Inscriptions gravées sur des monuments.* — Les inscriptions gravées sur des monuments sont excessivement nombreuses en Afrique ; elles mentionnent surtout la construction ou la réparation de temples (*aedes, templum*), d'aqueducs ou de bains (*balneum, thermae*), de places publiques (*fora*), de portiques, de routes ; ces textes offrent un grand intérêt pour la topographie des villes antiques dans les ruines desquelles on les rencontre.

Il convient d'attirer particulièrement l'attention de ceux qui voyagent en Tunisie ou en Algérie sur les bornes milliaires ; elles permettent de tracer la direction des anciennes voies qui sillonnaient le pays. On les reconnaît à leur forme, qui est presque toujours celle d'une colonne encastrée dans une base cylindrique et par la rédaction de l'inscription qu'on y lit.

Le texte suivant peut servir de type :

```
IMP · CÆS · M · AVRE
LIO  CAXC  INVIC           Imp(eratori) Caes(ari) M(arco)
TO · PIO · F ⊘ AVG TRB     Aure[lio Caro]¹, Invicto Pio F(elici)
                           Aug(usto) trib(uniciae) potestatis
POTESATS · II · COS        iterum, co(n)s(uli) iterum, procon-
II · PROCONS               s(uli), p(atri) p(atriae). (Milia pas-
        P  P               suum) V.
        V
```

« A l'empereur César, Marc-Aurèle Carus, Invaincu, Pieux, Heureux, Auguste, tribun pour la 2ᵉ fois, consul pour la 2ᵉ fois, proconsul, père de la patrie. Cinq mille pas. »

N. B. Les lettres de la seconde ligne ont été martelées dans l'antiquité, comme il arrivait souvent pour les noms des empereurs, après leur mort.

Parfois on inscrivait, à la fin du texte, le nom de la ville qui avait fait les frais de reconstruction de la route. Les milliaires de cette nature sont encore plus intéressants que les autres, puisqu'ils apprennent le nom de localités antiques souvent inconnues et qu'ils fournissent des données sur l'étendue de leur territoire.

5° *Actes publics ou privés*. — Tous les textes qui viennent d'être mentionnés, inscriptions funéraires, votives, honorifiques, ou dédicaces de monuments, ne contiennent jamais que quelques lignes. On a trouvé, et on trouvera encore en Afrique, on peut en être assuré, des documents plus longs, soit des actes législatifs comme le sénatus-consulte de Henchir-Begar, découvert autrefois par M. Guérin (*Corp. insc. lat.*, VIII, 270); soit des ordonnances impériales, comme le rescrit de Commode aux habitants du *saltus Burunitanus*, qu'on doit au P. Delattre (*Ephemeris epigraphica*, V, 565 et 471); soit des règlements émanant de magistrats, comme les édits d'Ulpius Mariscianus, gouverneur de Numidie sous Julien, mis au jour dans les fouilles de Timgad (*Ephem. epigr.*, V. 697), soit des inscriptions intéressant les municipalités, telles que l'*album* du sénat de Thamugadi (*Corp. inscr. latin.*, VIII, 2403), déterré par M. Masqueray, ainsi que l'ordonnance qui règle la part d'eau à laquelle aura droit chaque colon de la cité de Lamasba, en Numidie, avec le temps pendant lequel il pourra en user suivant la saison (*Ephem. epigr.*, VII, 788).

Il est inutile d'insister sur des documents de cette sorte; leur longueur même attirera sur eux l'attention des chercheurs.

Ce qu'il est important de leur signaler, au contraire, ce sont les inscriptions très courtes, gravées sur des objets, que leur petitesse ou leur peu de valeur pourrait faire négliger.

A. *Objets en terre cuite.* — On ne devra pas laisser de côté les fragments de poterie rouge ou noire qui couvrent le sol des ruines africaines; car on est exposé à y trouver des inscriptions : il arrivait très souvent, en effet, que sur le fond des plats, ou sous les lampes, le fabricant gravait son nom, suivi des lettres F (*fecit*), OF (*officina*) ou M (*manu*). Ces débris de poterie avec inscription sont importants pour l'histoire du commerce dans l'antiquité et pour l'onomastique. Mais ce qu'il faut ramasser avec grand soin, ce sont les débris de briques ou de tuiles qui portent des estampilles; elles servent à dater ou à déterminer les monuments où elles ont été trouvées. La suivante (fig. 88) a été rencontrée dans une tombe de Souse (Hadrumète).

Ex figlinis Caelianis; C(aii) Cassi(i), C(aii) f(ilii), Vet(eris?).

« Briqueteries de Cælius; ouvrage de Caius Cassius Vetus, fils de Caius. »

Fig. 88.

Les plus importantes, et ce sont celles-là que nous recommandons surtout aux chercheurs de recueillir, sont les briques militaires comme celles que l'on a trouvées et que l'on trouve encore en grand nombre dans les ruines de Lambèse (fig. 89).

Étant donné l'effectif élevé des troupes romaines en Afrique et la variété des corps qui les composaient, il doit exister une grande quantité de tuiles et de briques de cette nature avec les estampilles les plus variées. Jusqu'ici on ne les a pas recueillies, par indifférence ou par ignorance. Le jour où nous en aurons une collection complète nous pourrons dresser aisément et à coup sûr la carte des différents points occupés militairement à toutes les époques, puisque ces tuiles et ces briques entraient exclusivement dans la construction d'édifices militaires, et savoir le lieu de campement exact de chacune des troupes dont se composaient les corps d'occupation de Numidie et de Maurétanie.

Fig 89.
Leg(io) III Aug(usta).

B. *Objets en métal*. — Les objets en métal portent aussi des marques de fabrique, ou le nom du possesseur. Nous recommanderons surtout, si l'on fouille des tombes, recherche attrayante et facile, de regarder avec soin les fragments de plomb que l'on pourra rencontrer; les découvertes faites ces dernières années nous ont prouvé que l'usage de déposer dans les cimetières des malédictions contre ses ennnemis ou ses adversaires était très répandu en Afrique : on les gravait à la pointe sur des lamelles de plomb que l'on roulait et que l'on glissait dans les tombeaux. Les textes de cette nature sont du plus grand intérêt pour l'histoire de la superstition antique.

Les inscriptions latines législatives les plus importantes que l'on connaisse ont été rencontrées sur des plaques de bronze. Il n'est pas besoin de dire que toute plaque de métal doit être examinée avec attention.

C. *Mosaïques*. — Les mosaïques sont très communes en Afrique; on en ornait non seulement les maisons ou les édifices publics, mais même les tombes. Quand on rencontrera une mosaïque portant une inscription, il faudra la copier ou plutôt la dessiner avec le plus grand soin; car l'atmosphère aussi bien que les hommes ont facilement raison de tous ces cubes, dont le ciment se désagrège rapidement à l'air; on indiquera avec soin la forme des lettres, et la couleur du marbre ou du verre qui les composent, comme aussi les dessins qui se remarquent autour et auxquelles l'inscription sert très souvent de légende.

Inscriptions bilingues.

Si l'on trouve une inscription bilingue, soit libyque et latine, soit néopunique et latine, il faudra aussi en prendre très exactement copie, photographie ou estampage. C'est avec des textes de cette sorte, dont l'un complète et explique l'autre, qu'on arrivera à fixer définitivement la valeur des caractères de l'alphabet libyque. Il a déjà été question plus haut d'inscriptions de cette espèce.

R. CAGNAT.

§ 2. — MONUMENTS.

A. *Monuments figurés.*

En dehors des statues trouvées à Cherchel, qui sont soit des œuvres grecques, soit des répliques d'œuvres grecques, apportées pour la plupart, en Afrique sous Juba II, en dehors aussi de quelques fragments de Carthage, qui ont sans doute la même origine ou sont dus à des artistes imbus des traditions de l'art grec, l'Afrique n'a pas encore donné de monuments figurés qui présentent une réelle valeur artistique. Ceux qu'on y a trouvés ont la banalité d'œuvres romaines ou la rudesse d'essais naïfs exécutés par des artistes locaux. Mais tout grossiers qu'ils sont, ils ont, même les plus petits, une valeur pour qui voudrait faire l'histoire de l'art africain, soit dans ses relations avec celui de la Phénicie, soit dans les modifications qu'il a subies au contact des modèles gréco-romains. Il est donc très souhaitable que l'on reproduise et que l'on signale tous ceux que l'on rencontrera.

1º *Statues.* — Les statues qui existent encore dans les ruines l'Afrique sont des statues de divinités adorées dans les temples de chaque ville, des statues d'empereur, d'habitude en costume d'*imperator* avec le *paludamentum*, ou des portraits : ceux-ci étaient disposés soit sur les bases des places publiques ou dans les monuments, soit sur les mausolées des nécropoles. Les statues iconiques ou portraits sont les plus nombreuses. Inutile d'ajouter qu'elles sont, la plupart du temps, mutilées.

Si l'on fouille des tombeaux on pourra découvrir de petites statuettes en terre cuite, semblables à celles que le cimetière d'Hadrumète a données; les statuettes en bronze sont beaucoup plus rares et le hasard seul pourra en faire rencontrer.

2° *Bas-reliefs*. — Mais il est un genre de monuments figurés que l'on est exposé à trouver assez fréquemment, ce sont les bas-reliefs.

Ceux-ci représentent soit des sujets funéraires, soit des sujets religieux.

Les sujets funéraires sont très communs; on voit le défunt tantôt couché sur un lit, tantôt debout, parfois avec la main étendue sur un autel.

Souvent il y a plusieurs défunts réunis sur le même bas-relief.

On attachera une attention toute spéciale à celles de ces figures qui surmontent l'épitaphe de défunts, dont la profession est mentionnée, par exemple à celles qui représentent des artisans avec les instruments de leur métier ou des militaires avec leurs armes et leurs chevaux.

Parmi les bas-reliefs de cette sorte, il faut aussi consacrer une mention à ceux qui ornent des sarcophages. Si les sarcophages sont païens on y verra des scènes empruntées à la mythologie, ou des sujets de convention, par exemple des batailles, comme sur le sarcophage du jardin public à Bône; bien qu'on y sculptât aussi des scènes d'un tout autre genre, témoin le sarcophage de Philippeville où l'on voit un Numide en chasse et un berger qui garde ses troupeaux. S'ils sont chrétiens le sujet figuré sera emprunté à la Bible ou à la série des représentations religieuses du christianisme, comme sur celui qui a été trouvé à Collo en 1858, ou sur le beau sarcophage de Tipasa, où se voit le Bon Pasteur.

Un sarcophage ou un fragment de sarcophage *historié* devra toujours être dessiné ou photographié.

Les bas-reliefs religieux sont également fort importants, à cause des symboles ou des représentations d'objets matériels, animaux, gâteaux, ou autres dons offerts à la divinité, que l'artiste y figurait. C'est par ces monuments que nous apprendrons à connaître les détails du culte africain punique ou libyque, sous la domination romaine. Mais pour arriver à un résultat sérieux, il faut que le nombre des documents réunis soit considérable; or nous n'en connaissons encore que peu de spécimens. On en trouvera des exemples plus haut à propos des monuments figurés puniques ou néo-puniques (fig. 29 et suiv.). Nous en donnons ici trois fac-similés qui appartiennent assurément à l'époque romaine. Le premier monument (fig. 90), porte une dédicace à Saturne; c'est-à-dire à Baal Hammon; les attributs qui s'y remarquent se rapportent donc au culte de ce dieu.

Il provient d'une enceinte consacrée qui existait jadis à Thignica (Aïn-Tounga, Tunisie) et dont il a été question plus haut.

Le second (fig. 91), qui est brisé présente l'image du soleil et celle de la lune, avec des emblèmes et des animaux. Au milieu est sans doute l'image du dédicant.

Le troisième (fig. 92), représente en haut une divinité assise sur un lion, peut-être la *dea Caelestis* de Carthage, et en bas deux dédicants, le mari et la femme.

On a trouvé à Bulla Regia quelques boîtes à miroirs ornées de bas-reliefs, mais les objets de ce genre sont encore très rares. En

Fig. 90.

revanche, les bas-reliefs en terre cuite sont très nombreux : la plupart se trouvent sur des lampes et des vases. Quelques bas-reliefs d'époque chrétienne sont estampés sur des briques.

Les lampes sont fort communes dans tout le monde romain et particulièrement en Afrique. On fera bien de noter chacune de celles qu'on rencontrera, en indiquant sa forme, le sujet qui y est représenté et la marque de fabrique qui figure au fond. On n'oubliera pas de s'informer de l'endroit où elle aura été découverte et des objets qui auront été recueillis en même temps.

Fig. 91.

Fig. 92.

Il n'y a rien de particulier à dire touchant les pierres gravées (intailles) et les camées. Les premières sont beaucoup plus fréquentes en Afrique que les seconds. Il faudra toujours essayer d'en prendre une empreinte à la cire, en notant la couleur et la transparence de la pierre, si l'on n'est pas assez versé dans cette étude pour en déterminer la variété. La plus grande méfiance est de rigueur à l'égard des pierres gravées ; on en fabrique depuis plusieurs siècles des quantités, à l'imitation des intailles et des camées antiques, et l'on envoie souvent dans les pays étrangers où affluent les touristes ceux de ces monuments qui ne trouvent pas leur placement en Europe.

R. CAGNAT et S. REINACH.

B. *Monuments d'architecture.*

Les monuments de l'époque romaine sont trop connus pour qu'il soit nécessaire de décrire le style de leur architecture. Néanmoins il importe, pour les édifices romains d'Afrique, d'insister sur les deux points suivants :

1° Les architectes et les constructeurs ont appliqué avec une liberté relative les principes de l'architecture de la métropole et ont créé en Afrique une grande variété de types ;

2° Ils ont toujours subordonné le mode de construction à la nature des matériaux qu'ils avaient à leur disposition et aussi à la possibilité d'employer des méthodes économiques. C'est tel ou tel genre de matériaux, pierre, moellon, brique, blocage, béton qui conduit à employer telle ou telle forme ; les grandes pierres permettent l'emploi de linteaux, les petits matériaux forcent à faire usage des arcs et des voûtes.

L'époque des Antonins et des empereurs dits africains est celle où l'architecture romaine produit en Afrique le plus grand nombre d'édifices remarquables. Ces édifices se distinguent généralement par la richesse des détails de leur ornementation, parfois un peu trop abondante.

C'est par l'exécution des travaux publics que Rome a partout signalé son passage ; aussi est-il du plus haut intérêt d'étudier ces ouvrages avec soin et en détail. Les Romains ont employé en Afrique les mêmes matériaux que les Carthaginois. Ils ont ajouté aux méthodes de leurs prédécesseurs :

1° L'emploi de la brique et des poteries pour les constructions voûtées ;

2° L'emploi du mortier de chaux et de tuileaux pulvérisés ;

3° L'emploi des ossatures en pierre de grand appareil avec remplissage en maçonnerie de moellons, en blocage ou en pisé. Ce mode de construction n'est pas particulier à l'époque byzantine, comme on l'a cru jusqu'à présent ;

4° L'emploi de la mosaïque dans les pavages : on ne connaît pas encore de mosaïque d'époque punique ;

5° L'emploi des revêtements de marbre et de porphyre sur les murs et sur le sol ;

6° L'emploi généralisé des colonnes de marbre, de porphyre et de granit.

Les voûtes des édifices romains sont, ou bâties en grands matériaux appareillés en claveaux, ou bien construites en blocage, ou bien encore faites en béton avec remplissage des reins des voûtes et cintrage en poteries tubulaires ; elles sont aussi quelquefois constituées par des pierres tendres, taillées en forme de grandes et épaisses briques carrées analogues aux briques grecques de Sicile (citernes de Carthage, thermes de Fériana).

On remarquera que dans une même partie de l'Afrique les constructions de la même époque peuvent être de matériaux ou d'appareils différents, suivant les ressources offertes par la localité où ils ont été élevés et la possibilité d'employer tels ou tels matériaux.

Nous recommandons tout spécialement aux explorateurs de ne pas négliger de noter les détails techniques de la construction ou de la décoration des édifices :

Construction. — On devra toujours étudier soigneusement l'appareil et le mode de structure ; et l'on aura soin de signaler soit les anomalies d'appareil, soit même les bizarreries de construction. Il est à remarquer, en effet, que la variété des méthodes employées par les constructeurs à l'époque romaine a été beaucoup plus grande que l'on ne pense généralement, et qu'il s'en faut de beaucoup que celles qui étaient usitées à Rome se soient répandues exclusivement et sans altération dans toute l'étendue de l'empire. Les bizarreries seront souvent instructives; car elles peuvent, dans plus d'un cas, s'expliquer soit par des survivances locales, soit par des nécessités particulières résultant de l'emploi de matériaux spéciaux. On notera aussi quelles sont les pierres utilisées dans les édifices; les marbres devront faire l'objet de mentions spéciales ainsi que le porphyre et le granit. Quand on se trouvera en présence d'édifices inachevés il ne faudra pas par cela même les regarder à la hâte, car de semblables édifices fournissent de précieux renseignements sur la technique de la construction. Ainsi le temple d'Aïn-Tounga, aux entablements et colonnes inachevés, nous montre les différentes phases du travail de sculpture, depuis l'épannelage jusqu'au tracé et à la sculpture des ornements.

Les carrières devront être décrites avec soin. Comme les moyens de transport étaient relativement médiocres, les villes ont été fondées à proximité de carrières et celles-ci ont conservé les traces de l'exploitation antique (Fériana, Hergla, Ras-Dimas en Tunisie, par exemple). De même on examinera la nature des mortiers, ciments, enduits.

Décoration. — La technique de la décoration comprend l'étude des matériaux mis en œuvre pour la sculpture (pierre, marbre, granit, porphyre, terre cuite, enduits moulés), leur façonnage, leur ajustement, celle des pavages en mosaïque, en dalles de marbre ou de porphyre, en brique, en enduits divers. On examinera soigneusement les traces d'emploi du métal dans les constructions et particulièrement dans la disposition des portes et des fenêtres et dans la confection de la toiture des temples. Enfin on recherchera les restes de peinture murale qui pourraient subsister encore sur les enduits extérieurs ou intérieurs des murs; et on fera la distinction des procédés employés (encaustique, fresque ou même mosaïque).

ÉDIFICES.

a) *Monuments publics.*

Arcs de triomphe. — Ces monuments sont très nombreux en

Fig. 93. — Arc à Medeina, face.

Algérie et en Tunisie et présentent un sujet d'études intéressantes à cause de la variété des types que l'on y rencontre. Presque toutes les villes un peu importantes de l'Afrique romaine ont élevé des arcs de triomphe en l'honneur des empereurs. Ces types peuvent se classer en plusieurs catégories :

1° Arc simple sans ordre d'architecture (Gafsa, Aïn-Tounga);

2° Arc orné d'une colonne engagée de part et d'autre de l'arc, avec ou sans ordre supérieur (Medeina [fig. 93]), Henchir Fradis;

Fig. 94. — Arc devant les temples. Sbeitla.

3° Même motif avec arc intérieur décoré de deux colonnes engagées et d'un fronton (Mactar, Bordj Abd-el-Melek, Zanfour);

4° Arc avec quatre colonnes engagées et trois arcades (Sbeitla [fig. 94.]);

5° Arc décoré de quatre colonnes dégagées avec ou sans pilastres; la face peut être ornée de niches (arc de Dioclétien à Sbeitla [fig. 95 et 96]; arc de Djemila [fig. 97]; arcs de Haïdra, Timgad, Aïn-Tounga,

Dougga, Mactar, etc...). C'est ce type d'arc qui est par excellence

Fig. 95. — Arc de Dioclétien à Sbeitla, façade.

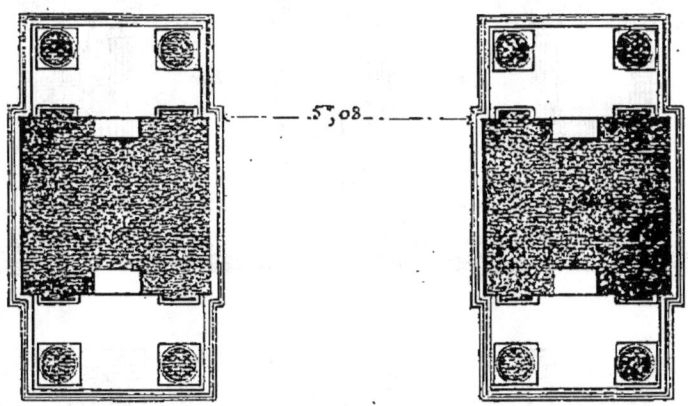

Fig. 96. — Plan de l'arc de Dioclétien, à Sbeitla.

l'arc de triomphe africain; on le retrouve dans un fort grand nombre de ruines avec des variantes très peu sensibles;

6° Arc à quatre faces formé avec le type précédent retourné sur les quatre côtés d'un carré. L'arc de Tébessa en est un type magnifique et fort bien conservé.

Fig. 97. — Arc de Djemila.

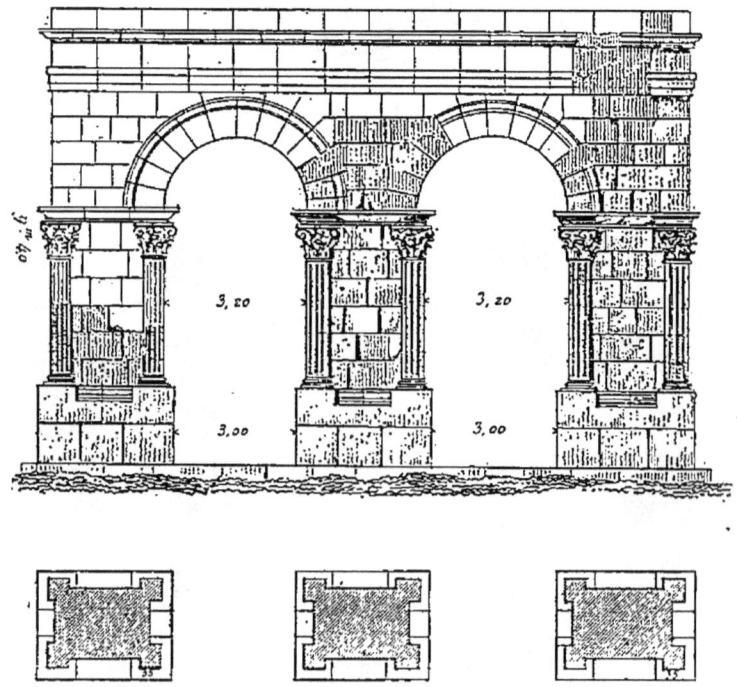

Fig. 98. — Arc d'Announa.

7° Arc sans colonnes, mais décoré de pilastres (arc d'Announa [fig. 98], de Teboursouk, etc.).

Théâtres (fig. 99). — Ces monuments sont aussi très nombreux en Afrique. Les détails sur lesquels l'attention des explorateurs doit se porter de préférence sont les suivants :

1° Disposition générale du plan (escaliers, vomitoires, gradins, sièges particuliers, inscriptions des *cunei*, entrées latérales);

2° Disposition de la scène et de ses annexes;

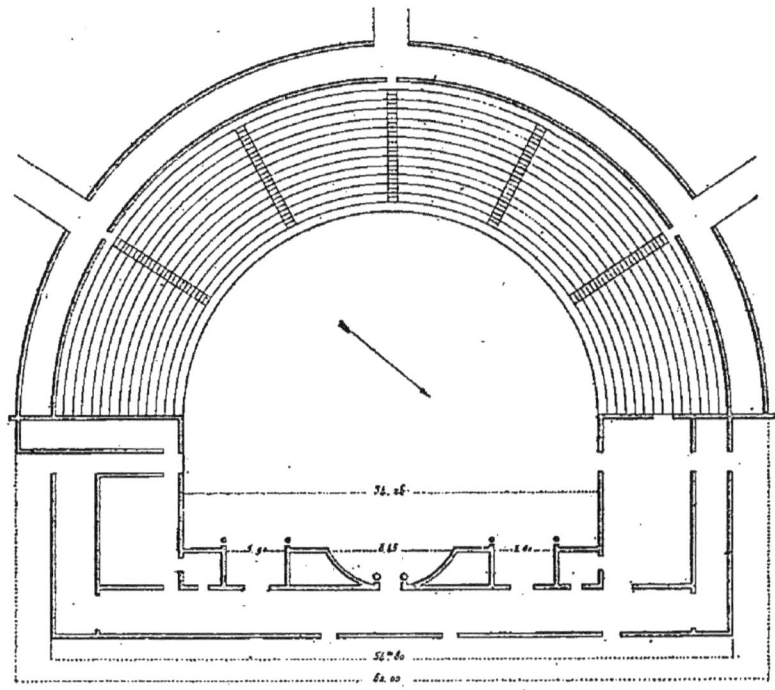

Fig. 99. — Théâtre de Djemila.

3° Restes des dispositions architecturales extérieures, mode de couverture de la salle et de la scène, mâts ou charpentes portant les velums — chercher ce qui peut en indiquer la disposition;

4° Construction des gradins supérieurs en charpente (comme à Medeina).

Les fouilles sur l'emplacement des scènes permettront de faire des découvertes intéressantes (statues isolées ou groupées, bas-reliefs).

Thermes. — Ces grands édifices étaient généralement très ornés à l'intérieur, soit de pavages de mosaïque, soit de revêtements de marbre, soit de sculptures; ils possédaient de nombreuses statues et les fouilles de cette espèce qui ont été tentées ont toujours été

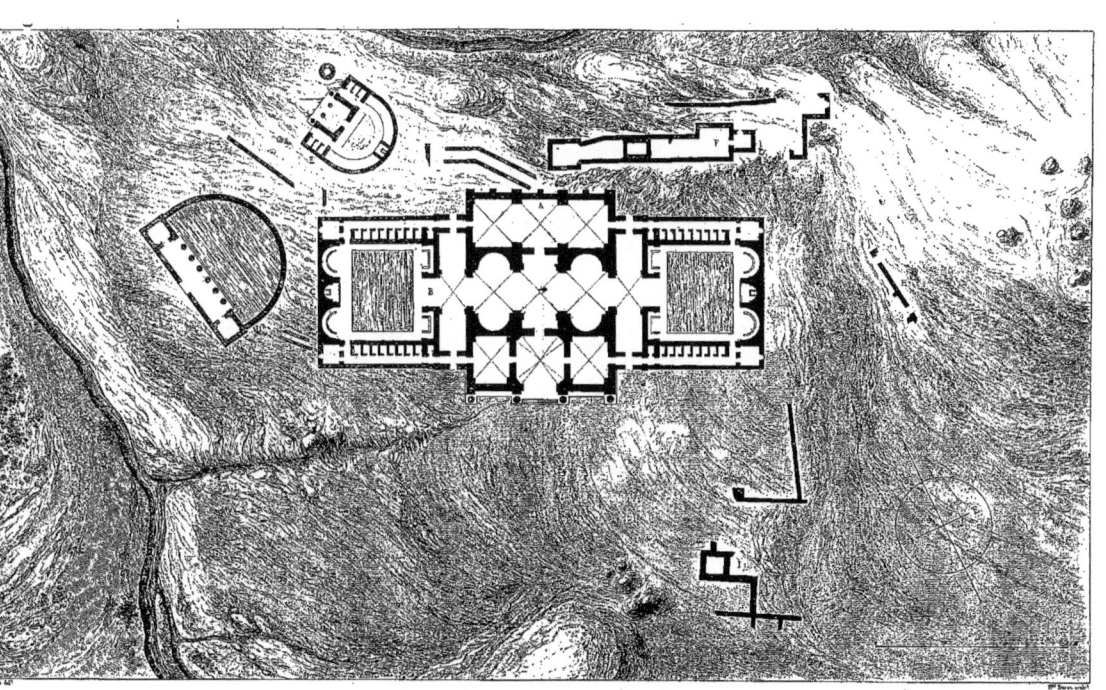

Fig. 100. — Thermes d'Hammam-Meskhoutin.

l'occasion de découvertes intéressantes; des recherches peuvent donc utilement y être faites, mais elles ne doivent être entreprises qu'avec méthode et au moyen de ressources suffisantes pour en conserver les résultats. Les thermes peuvent être plus ou moins considérables, mais leurs plans offrent toujours un très grand intérêt; ce sont en effet les premiers édifices dans lesquels, par suite de la diversité des services à satisfaire, l'architecte ait été conduit à adopter des dispositions variées et symétriques en même temps. Les thermes de Guelma, Cherchel, Fériana, Hammam-Meskhoutin (fig. 100) le Kef, Chemtou, Hammam-Darradji Mactar, Tabarca, sont à citer parmi les plus intéressants de l'Afrique du nord.

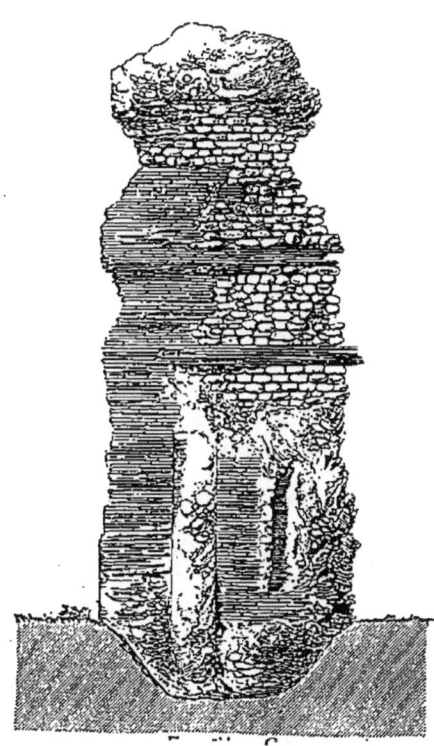

Fig. 101. — Cherchel. Thermes.

Les thermes sont généralement construits en blocage et moellons avec certaines parties (encadrements des grandes baies et angles de la construction), en grands matériaux; quelquefois, comme à Cherchel, on a employé la brique (fig. 101).

Les voûtes sont bâties soit en blocage soit en béton; on y remarque fréquemment l'emploi de tubes en poterie (fig. 102) dont l'usage a été répandu à l'époque chrétienne et s'est transmis jusqu'à nos jours dans les oasis du Djerid tunisien. On s'en sert même encore à Tunis.

Fig. 102.

Basiliques. — Ces édifices ont la forme rectangulaire avec portiques extérieurs et intérieurs et abside sur la face opposée à l'entrée. La basilique de Timgad en est l'exemple le plus récemment découvert.

Marchés. — Ces édifices mentionnés souvent dans les inscriptions ont des dispositions inédites assurément intéressantes à retrouver. Celui de Timgad vient d'être récemment déblayé.

Piscines. — Les bains à piscine, par opposition aux thermes, mentionnés aussi dans les inscriptions (celui d'Aïn-Tounga par exemple), sont des édifices peu connus, dont l'étude peut présenter un grand intérêt.

Forum. — Le forum, grande place publique généralement entourée par les principaux édifices de la ville et par des portiques, doit toujours être étudié avec soin.

b) *Constructions d'utilité publique.*

Voies romaines. — Les voies se composent de trois parties bien distinctes, le support de la voie, *substratum* en béton grossier assez épais, la voie elle-même souvent constituée par un pavage irrégulier mais soigneusement posé, les accotements de la voie ou sortes de bordures de trottoirs latéraux avec, de distance en distance, des pierres un peu plus hautes que les autres servant de montoir.

Les bornes milliaires (v. plus haut p. 105 et 106), qui portent presque toujours des indications intéressantes, sont quelquefois encore en place quoique tombées à terre. Elles consistent généralement en une colonne cylindrique dont la partie inférieure s'encastre dans un bloc parallélipipédique enterré assez profondément.

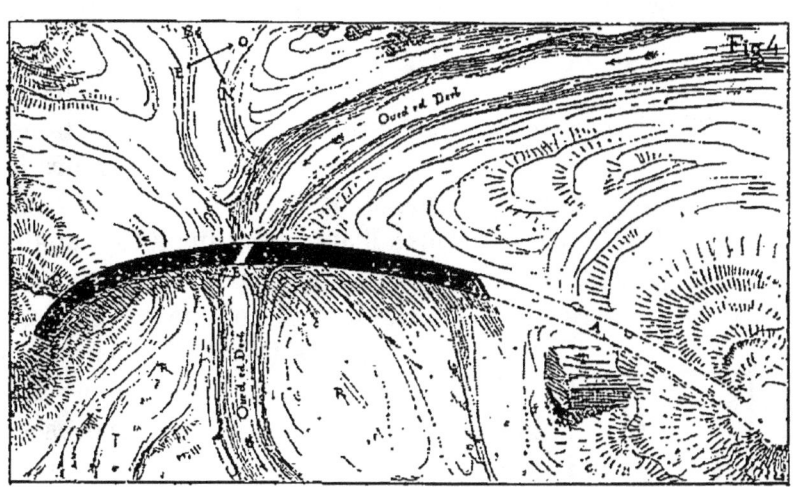

Fig. 103. — Barrage de Kasrin.

Barrages. — Ces ouvrages peuvent avoir une importance plus ou moins considérable. Les plus petits sont de simples levées de pierres sèches ou maçonnées : ils peuvent affecter deux formes, ou bien ils barrent de petites vallées dans lesquelles ils déterminent une succession de petits réservoirs, ou bien encore ils sont disposés en levées de faible saillie suivant à peu près une courbe de niveau et ne forment qu'une retenue partielle des eaux. Cette retenue partielle suffit pour l'imbibition complète de la terre. C'est de cette sorte que les pentes des collines étaient irriguées et par conséquent cultivées.

D'autres fois ils sont déterminés par les mouvements naturels des couches stratifiées du terrain comme à Foum-el-Guelta (dans le Djebel Mhgila, Tunisie) ou à l'oued Tefel, près de Gafsa.

Les barrages plus importants sont construits en blocage ou en grands matériaux. Les uns endiguent des rivières au sortir des montagnes, comme le petit barrage de l'oued Guergour ou celui plus considérable de Kasrin sur l'oued ed-Derb (fig. 103); quelquefois ils forment des ensembles fort intéressants destinés à répartir d'une façon rationnelle les eaux pluviales qui s'écoulent sur le sol, comme celui de l'oued Boul qui a été signalé dans l'Enfida, par M. Mangiavacchi, et étudié par M. de La Blanchère; certains barrages sur des cours d'eau,

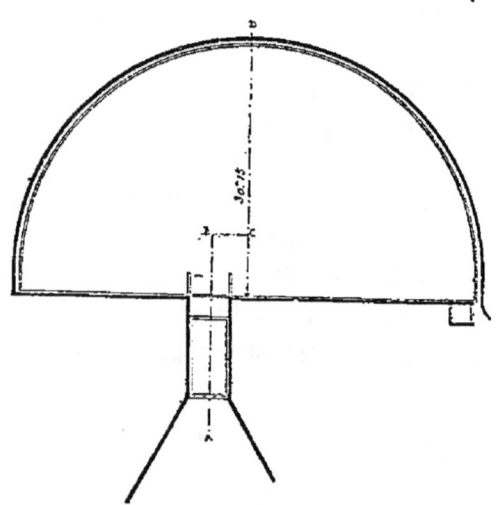

Fig. 104. — Plan du réservoir d'Haouch-Taâcha.

en relèvent le plan d'eau (comme dans les oasis du Sud tunisien) afin de permettre les irrigations; d'autres enfin plutôt, analogues aux séguias arabes, servent de collecteurs pour amener les eaux pluviales dans les réservoirs à ciel ouvert comme on peut le voir dans le grand réservoir demi-circulaire d'Haouch-Taâcha (fig. 104 — la partie évasée dans le haut de la figure).

Fig. 105. — Plan des citernes du Kef.

La restauration d'un grand nombre de ces ouvrages est facile et l'étude des moyens par lesquels les Romains ont su donner de l'eau à leurs colons ne peut que profiter au plus haut point à la colonisation française.

Citernes. — Nous en dirons autant de la construction des ci-

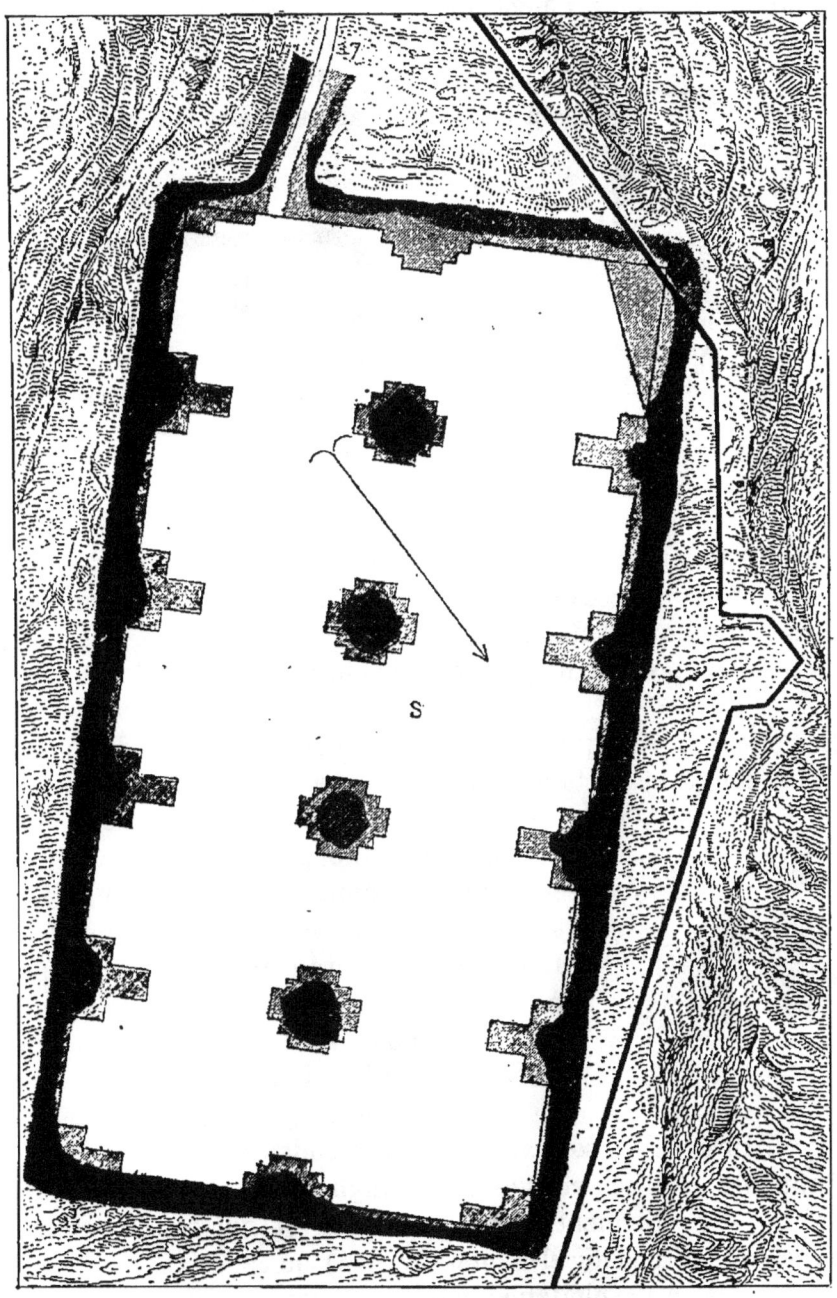

Fig. 106. — Plan des citernes de Philippeville.

ternes qui existent dans toutes les ruines de l'époque romaine et qui servent soit de réservoirs au débouché d'un aqueduc comme les citernes du Kef (fig. 105) et celles de Philippeville (fig. 106); soit de citernes proprement dites conservant l'eau des terrasses et des places publiques, comme étaient, dans l'origine, les grandes citernes de Carthage et celles que j'ai relevées à Mahédia (fig. 107 et 108).

Fig. 107.
Coupe des citernes de Mahédia.

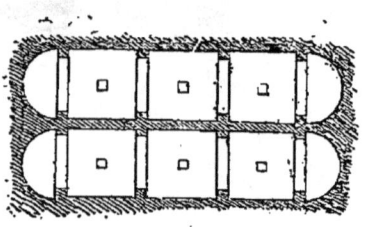

Fig. 108.
Plan des citernes de Mahédia.

Ce sont là les citernes urbaines publiques. Les maisons des villes possédaient aussi leurs citernes particulières et celles-ci, comme les citernes publiques, étaient munies d'un ou plusieurs citerneaux dans lesquels pouvaient se déposer les impuretés entraînées par les eaux.

Les citernes publiques sont généralement composées de compartiments longs et rectangulaires juxtaposés, se communiquant et voûtés en berceau quand les compartiments sont de forme allongée, ou en voûtes d'arête lorsque ces compartiments rectangulaires sont subdivisés en carrés (Philippeville). Elles sont toujours couvertes. Les citernes particulières affectent toutes les formes, depuis la forme de carafe debout (fig. 109, citerne à l'île Adamsi en face de Monastir), jusqu'aux formes rectangulaires, carrées ou circulaires. Elles sont aussi toujours couvertes.

Fig. 109.

Enfin, les citernes rurales se distinguent en deux catégories : celles qui appartiennent à une habitation et qui sont couvertes, comme celle d'Henchir el-Hamel (fig. 110), ou celles qui sont seulement annexes à l'exploitation rurale. Celles-ci sont généralement découvertes; elles peuvent être sur plan circulaire, octogonal, polygonal, carré ou rectangulaire, enterrées ou non, avec contreforts intérieurs ou extérieurs de forme presque toujours cylindrique; elles possèdent un ou plusieurs citerneaux qui sont quelquefois couverts, comme à Guessa Oum-el-Kseub (fig. 111).

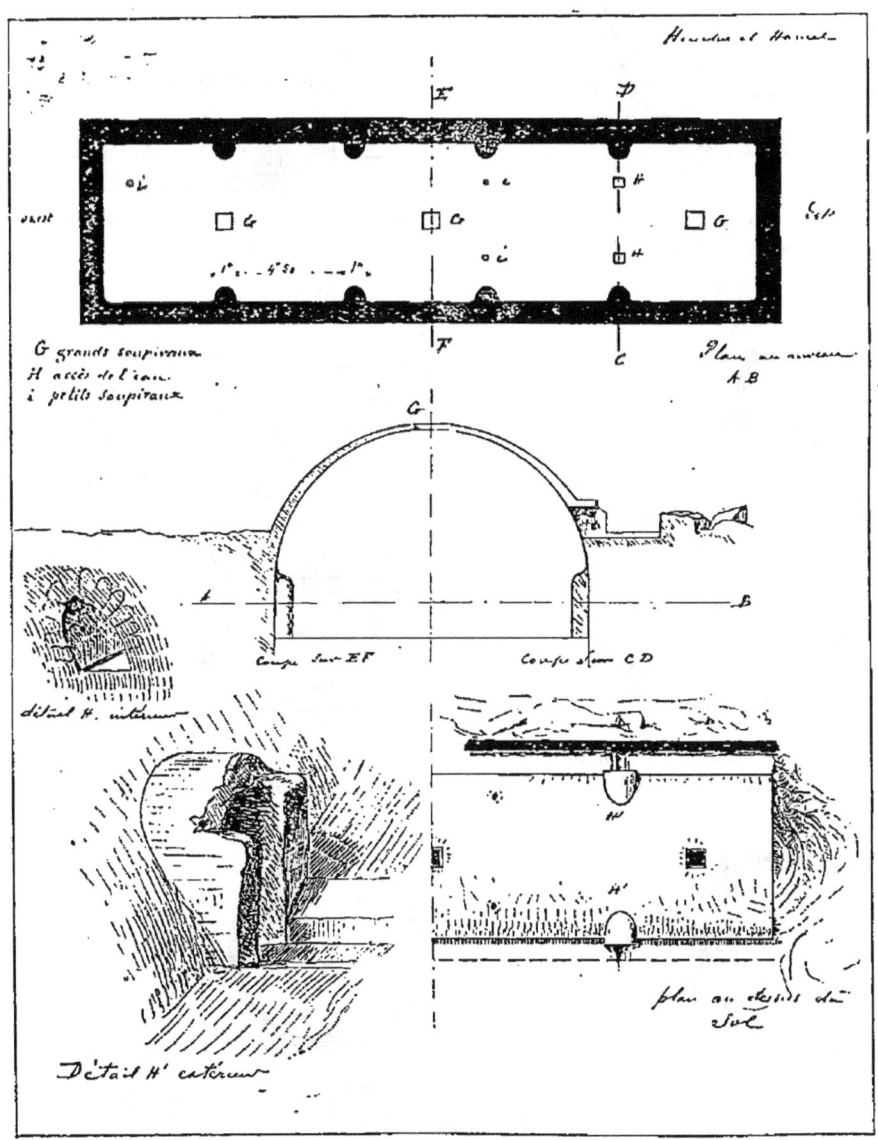

Fig. 110. — Citerne à Henchir el-Hamel.

Nous donnons ici le plan d'un certain nombre de citernes africaines (fig. 112-118).

De ces citernes, il faut rapprocher comme forme et comme disposition les réservoirs voûtés dont les voûtes reposent sur des

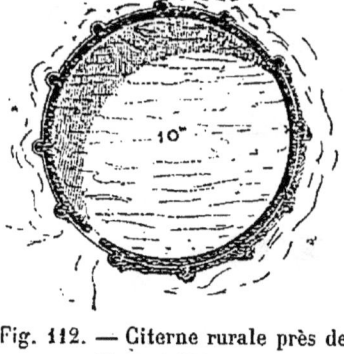

Fig. 112. — Citerne rurale près de Fedj el-Kebara.

Fig. 111. — Coupe verticale d'un citerneau à Guessa Oum-el-Kseub.

Fig. 113. — Coupe verticale de la citerne de Fedj el-Kebara.

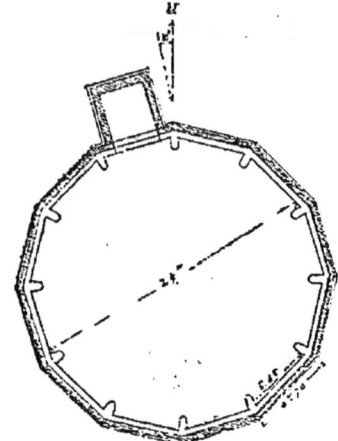

Fig. 114. — Citerne polygonale à Henchir el-Baroud.

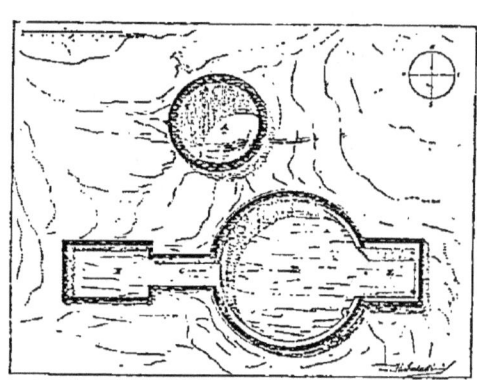

Fig. 115. — Plan des citernes d'Henchir Mzira.

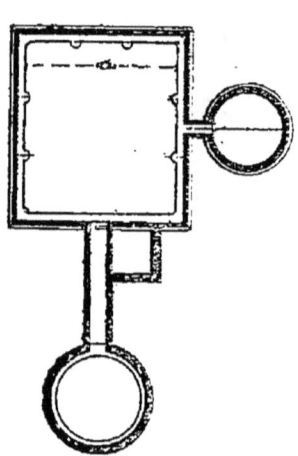

Fig. 116. — Plan des citernes conjuguées d'Henchir el-Garrâh.

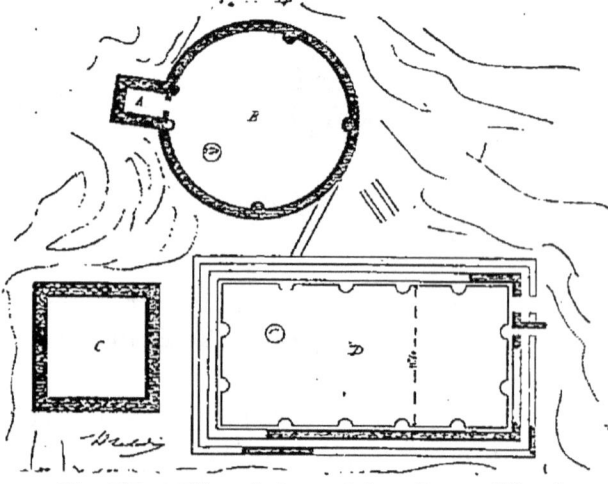

Fig. 117. — Plan du kasr et des citernes d'Henchir Medjen; Oum-el-Kseub.

colonnes, et ceux, ménagés dans les substructions des thermes, dont les dispositions peuvent avoir le plus grand intérêt, ceux d'Oudena par exemple.

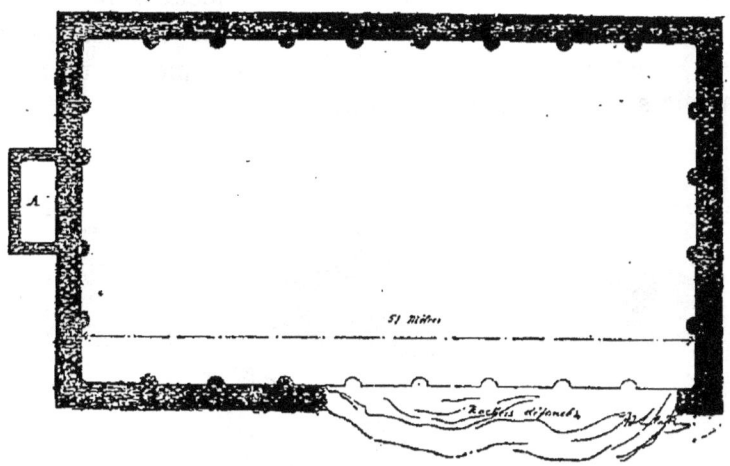

Fig. 118. — Grande citerne d'Henchir Medjen-Oum el-Kseub.

Les Romains ont aussi pratiqué de nombreux puits, ou bien creusés à de grandes profondeurs en travers des couches de roche, ou bien encore dans des soulèvements qui comprennent des couches de compacité différente, comme à Henchir Cheifa (fig. 119), où la couche tendre et perméable a été évidée assez largement pour former un grand réservoir.

L'alimentation de ces réservoirs était, nous l'avons dit, faite quelquefois au moyen d'aqueducs (souterrains ou sur arcades). Il en reste de nombreux vestiges en Afrique. On peut citer le grand aqueduc de Carthage qui menait

Fig. 119.
Coupe des puits à Henchir Cheifa.

dans cette ville les eaux du Zaghouan et du Djougar. Cet aqueduc, plusieurs fois remanié, est construit, tantôt en grands blocs, tantôt en pisé revêtu de pierres de taille calcaires ou gréseuses, tantôt en moellons. L'aqueduc de Bône (fig. 120), est un exemple intéressant de construction en briques et blocage avec revêtement des tympans en *opus reticulatum*. Les aqueducs étaient quelquefois souterrains, comme l'aqueduc de Dougga; dans ce cas, des puits formant regards permettent de visiter le travail et de le maintenir en bon état d'entretien.

Les travaux des ports ont aussi été l'objet des soins des Romains, et des dispositions intéressantes peuvent être retrouvées.

Enfin des travaux souterrains ont été exécutés pour diriger les eaux et dessécher des marais; c'est ainsi que l'émissaire de Stora (fig. 121) présente un ouvrage analogue au fameux émissaire du lac Fucin, mais moins considérable que celui-ci.

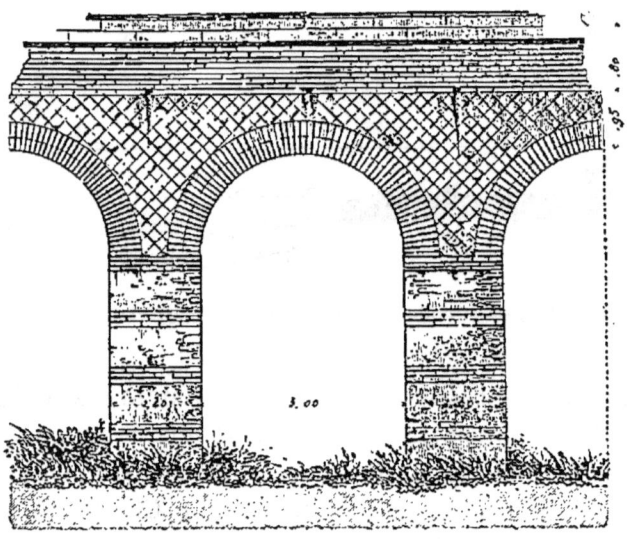

Fig. 120. — Aqueduc de Bône.

Les aménagements des sources dans les villes sont également à étudier de près; enfin les réseaux d'égouts, quoique n'existant que dans quelques grandes villes de la côte, peuvent donner lieu à des recherches intéressantes.

Les fontaines ont quelquefois reçu une disposition monumentale, comme à Tipasa (Algérie).

Ponts. — Les ponts devront être examinés avec soin : celui de Chemtou, celui de l'oued Djilf, celui de Béja et le célèbre pont de Constantine sont des exemples connus. Il est à noter que parfois des ouvrages d'une pareille importance n'ont été, comme à Sbeitla, élevés que pour porter un aqueduc.

Moulins et pressoirs. — Ces constructions industrielles se rencontrent dans presque toutes les ruines d'exploitations agricoles de l'Afrique romaine. Elles consistent soit en plateaux de moulins à huile, soit en meules de moulins (elles sont généralement hémis-

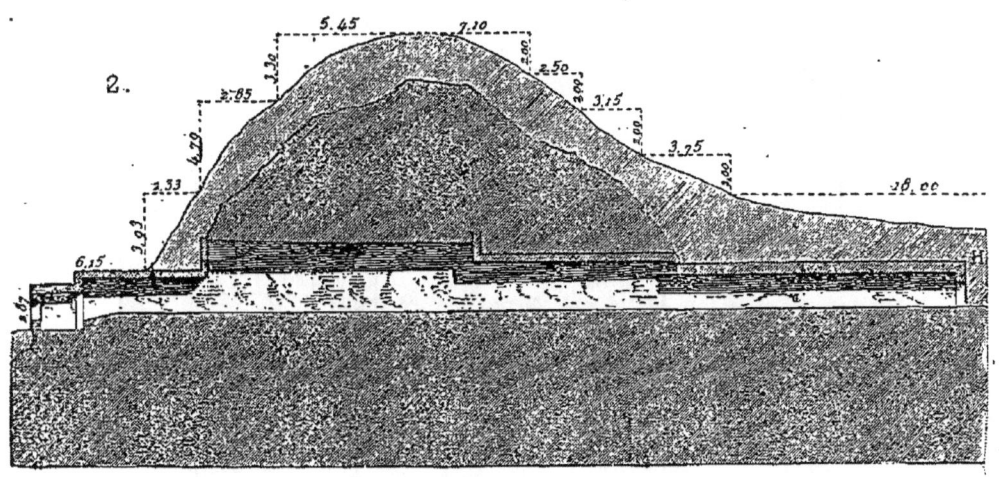

Fig. 121. — Émissaire de Stora.

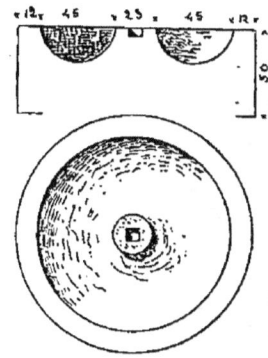

Fig. 122. — Plateau de moulin à huile.

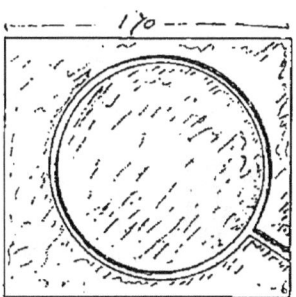

Fig. 123. — Plateau de pressoir à huile.

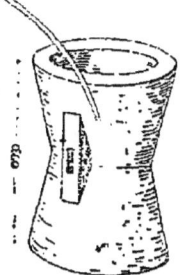

Fig. 127. — *Catillus* de moulin à farine.

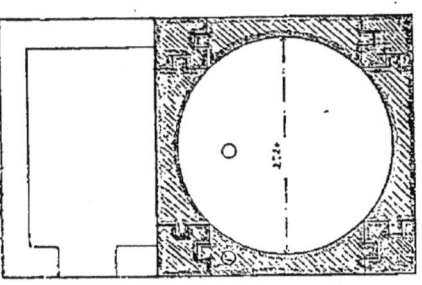

Fig. 124. — Cuve de pressoir.

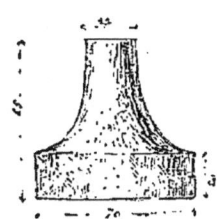

Fig. 128. — *Meta* de moulin à farine.

phériques), soit en cuves, accompagnées fréquemment des pressoirs qui servaient à extraire le jus de la pulpe écrasée — lorsque l'on ne rencontre pas, à côté de ces pressoirs, des meules à écraser les

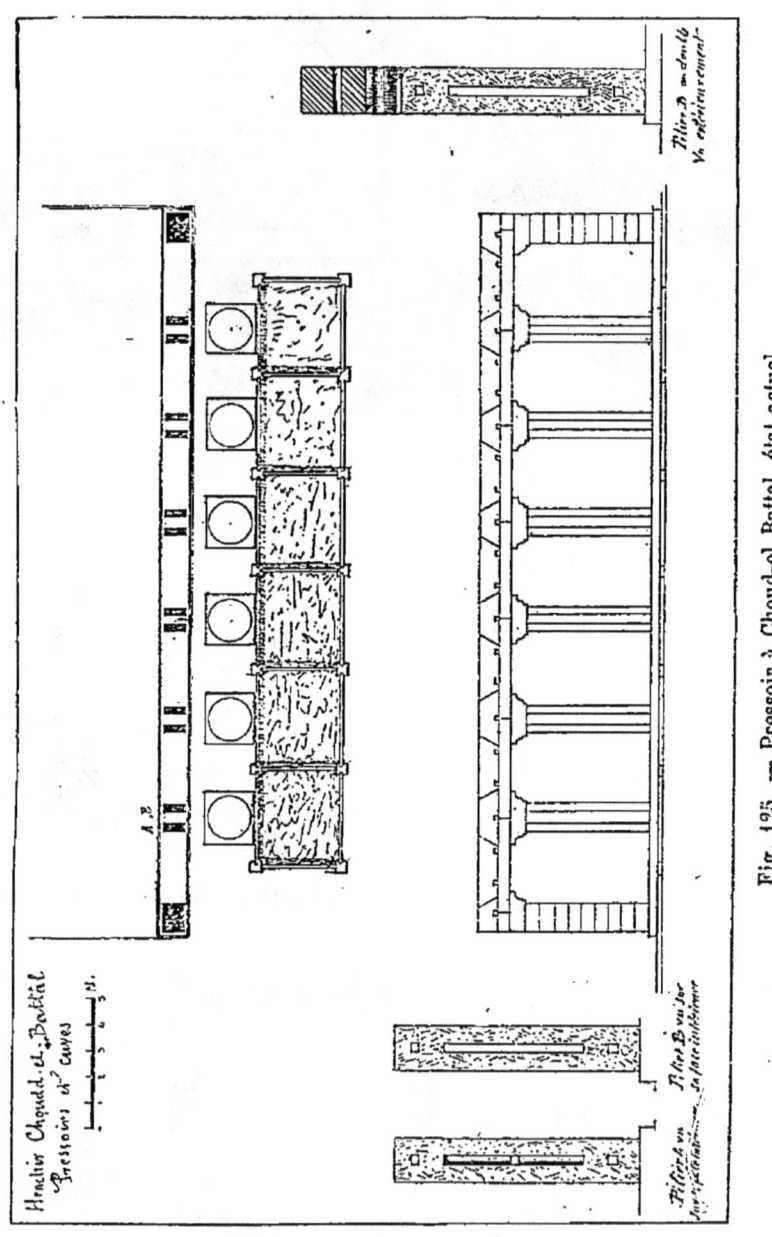

Fig. 125. — Pressoir à Choud-el Battal, état actuel.

olives, on peut vraisemblablement les considérer comme des pressoirs à vin. — Nous en donnons ici un exemple tiré des ruines de Choud el-Battal, près de Feriana (fig. 122-126).

Enfin on trouve souvent dans les ruines d'exploitations agricoles

Fig. 126. — Restitution de ce pressoir.

le *catillus* ou la *meta* des moulins à farine (fig. 127 et 128, p. 129).

b) *Édifices militaires.*

Ces édifices se divisent en quatre catégories :
Fortifications des villes;
Camps retranchés;
Châteaux forts;
Fortins isolés.

Les fortifications des villes consistent en murailles, en tours rondes, carrées ou polygonales, et en portes fortifiées. Quelquefois il y avait des fossés devant les murs.

Les mêmes éléments se retrouvent dans les trois premiers genres d'ouvrages.

On doit étudier, dans ces éléments, l'appareil, la disposition des baies, meurtrières et portes, et enfin le couronnement des murs s'il existe encore, c'est-à-dire les merlons et les créneaux. Il est très intéressant de noter les différents appareils employés et par là les remaniements successifs des ouvrages. Ainsi, dans l'acropole de Dougga, on pourra reconnaître les parties puniques et les parties byzantines. On s'appliquera autant que possible à faire cette distinction à l'aide de monuments datés de la même région.

Les villes ont été démantelées presque complètement par les Vandales, et par conséquent les traces d'enceintes de villes fortifiées d'époques punique et romaine sont relativement rares. La même observation ne saurait être faite à propos des camps retranchés, pas plus qu'à propos des *castella* et des fortins, dont un grand nombre situés en dehors de l'occupation vandale ont échappé à cette destruction systématique. On en trouvera de nombreux spécimens en Tunisie et en Algérie.

Les fortifications des villes, les camps retranchés, les *castella* ou les fortins, dont les ouvrages avaient été ruinés par les barbares, ou avaient souffert des injures du temps, furent restaurés avec la plus grande hâte par les Byzantins, qui employèrent dans ces travaux des matériaux empruntés aux édifices démolis par les Vandales ou qu'ils démolirent eux-mêmes (à Aïn-Tounga par exemple), afin d'isoler leurs ouvrages militaires. L'examen de ces fragments doit être fait avec le plus grand soin, afin de retrouver, ce qui arrive souvent, sous ces constructions tardives des fragments d'édifices ruinés dont on peut encore restituer le plan.

Les camps retranchés, comme celui de Lambèse, possèdent des séries d'édifices intéressants : prétoire, portiques, thermes, monuments commémoratifs. Les *castella* sont, ou bien, comme celui de Tamesmida (époque romaine), des postes fortifiés dans lesquels se rencontrent toutes les constructions permettant à la garnison de se suffire à elle-même, c'est-à-dire des magasins, des moulins, des pressoirs, des réservoirs d'eau, ou bien comme le château d'Aïn-Lamsa (époque byzantine), des châteaux isolés, munis de tours à commandement élevées, montrant déjà, dans leurs dispositions principales, comme un pressentiment des dispositions de nos fortifications du moyen âge. Les fortins ne sont le plus souvent que des édifices carrés ou rectangulaires établis soit auprès des villages pour servir de retraite aux habitants en cas de surprise, soit à l'entrée des défilés, comme point d'appui, pour arrêter l'ennemi. Si des fouilles peuvent être tentées, on cherchera à déterminer les formes des entrées, la trace des herses, l'existence du fossé et des dispositions prises pour le franchir, pont ou pont-levis. On notera avec soin les traces d'ouvrages, analogues à nos mâchicoulis, qui auraient permis soit le tir des flèches soit le jet des boulets de pierre ou de matières en fusion projetés de haut en bas sur les assaillants. En somme, la connaissance d'un grand nombre de détails inédits peut être retirée de l'étude attentive des ruines des constructions militaires. La forme et la disposition des voûtes seront aussi examinées avec soin.

c) *Monuments religieux.*

Temples. — Les temples se composent essentiellement d'une *cella* ou sanctuaire carré ou rectangulaire entouré ou précédé de colonnes, soit dégagées, soit engagées. — Quelquefois, mais rarement, les temples ont leur *cella* circulaire (temples de Vesta à Rome et à Tivoli). Dans ce cas ils sont entourés d'un portique de colonnes et reçoivent le nom de *périptères*, de même que ceux qui appartiennent à la quatrième catégorie des temples sur plan rectangulaire. S'ils ne sont composés que d'un rang de colonnes formant *cella*, ils se nomment *monoptères*. Généralement, ils sont bâtis sur plan rectangulaire; ils se divisent, suivant leur mode de disposition, en plusieurs classes :

1° *Cella* dont l'ouverture est fermée par deux colonnes comprises entre deux antes. — Temple *in antis*;

2° *Cella* dont la face *antérieure* est précédée de colonnes. — Temple *prostyle*;

3° Les deux façades antérieure et postérieure sont précédées de colonnes. — Temple *amphiprostyle*;

4° Les colonnes existent sur tout le pourtour du temple, et dans ce cas les colonnes des portiques latéraux (les colonnes d'angle comprises) sont d'un nombre double de celui des colonnes des façades. — Temples *périptères*;

5° Si le périptère a des portiques doubles sur les côtés il prend le nom de *diptère*;

6° Si les colonnes parallèles au grand côté de la *cella* sont engagées dans le mur de celle-ci, comme au temple dit « la Maison Carrée » à Nîmes, ou au temple de « la Fortune virile » à Rome, le temple prend le nom de *pseudopériptère*. Les trois temples de Sbeitla, en Tunisie, et celui de Tébessa, en Algérie, sont pseudopériptères, mais le temple du milieu, à Sbeitla, a seul des colonnes engagées dans ses façades latérales et postérieure; les deux autres temples, ainsi que celui de Tébessa, ont sur leurs façades latérales des pilastres de faible saillie.

Les temples enfin reçoivent, d'après le nombre de colonnes qui décorent leur façade principale, les noms de *tétrastyle*, *hexastyle*, *octostyle*, *décastyle*.

Les temples sont le plus souvent isolés, quelquefois ils sont accouplés ou réunis au nombre de trois dans une enceinte qui peut être accompagnée de portiques et de portes monumentales. Les *cella* sont décorées de niches sur leurs façades latérales ou sur la partie interne de la façade postérieure (temples latéraux de Sbeitla); d'autres fois les parois de la *cella* sont unies (Sbeitla, temple du milieu). Les temples dédiés à la triade latine (Jupiter, Junon, Minerve) sont, ou bien munis d'une série de trois niches au fond de la *cella* (Dougga), ou bien disposés par série de trois (Sbeitla). Les temples peuvent avoir des substructions voûtées; en ce cas des recherches peuvent y être fructueuses si l'on parvient à retrouver des statues ou des bas-reliefs qui ont pu y être cachés au moment de la destruction officielle des temples païens.

L'attention devra se porter non seulement sur la décoration des temples, mais sur leur structure, et en particulier sur les indications permettant la restitution de leurs charpentes ou de leur éclairage.

d) *Édifices funéraires.*

Mausolées. — Il en existe une grande variété de types. Les uns affectent la forme de cippe à section carrée ou polygonale (Bir el-Hafei, Haouch-Taâcha) dont les faces sont creusées en forme de niches.

Fig. 129. — Mausolée à Henchir ez-Zaâtli.

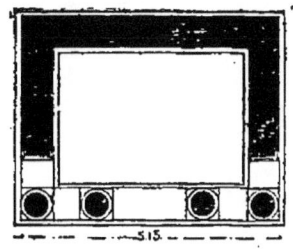

Fig. 130. — Plan du mausolée tétrastyle d'Haïdra.

Fig. 131. — Mausolée tétrastyle d'Haïdra, vue perspective.

Fig. 132. — Sidi-Aïch.

Les autres, les plus nombreux, sont bâtis en forme de temples

Fig. 133.
Mausolée de Kasrin, vue perspective.

Fig. 134.
Étage inférieur du mausolée de Kasrin.

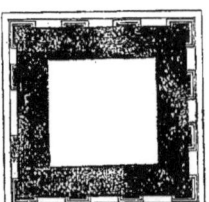

Fig. 135. — Étage moyen du mausolée de Kasrin.

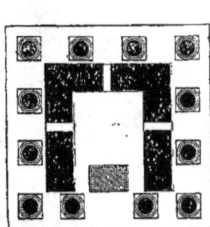

Fig. 136. — Étage supérieur du mausolée de Kasrin.

(Henchir ez-Zaâtli [fig. 129]), ou en forme d'édicules décorés de colonnes dégagées et à deux étages (Haïdra [fig. 130 et fig. 131]; Sidi-Aïch [fig. 132]), ou à trois étages (Kasrin, mausolée des Flavius [fig. 133 à 136]).

Dans ce genre de mausolée, terminé par une pyramide aiguë, le troisième étage était entouré de colonnes (fig. 136), ou dépourvu de colonnes (Sidi-Aïch [fig. 137]).

Les mêmes types peuvent se rencontrer avec des colonnes engagées, ou des pilastres, comme à Haïdra (fig. 138), à Haouch-Taâcha et à Sidi-el-Hani. A l'étage inférieur s'ouvrait parfois une porte qui donnait entrée dans l'édifice (fig. 139).

Enfin de grands mausolées ont été aussi construits sur plan circulaire analogue à celui du tombeau de Caecilia Metella, sur la voie Ap-

Fig. 137. — Sidi-Aïch.

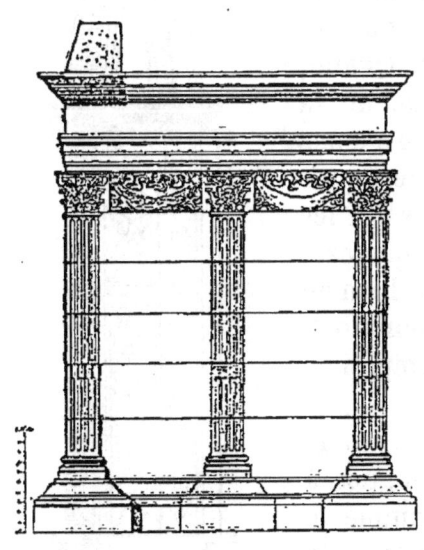

Fig. 138. — Mausolée à Haïdra.

Fig 139.

pienne (Ksar-Mnara, près Hammamet; tombeau sur la route de Philippeville à Constantine [fig. 140]).

Les mausolées offrent de nombreuses variétés de détail dans la

Fig. 140. — Mausolée sur la route de Constantine à Philippeville.

orme, dont il ne nous est pas possible de donner ici l'énumération. Lorsqu'ils contiennent un très grand nombre de *loculi*, ce sont de véritables colombaires. En général, ils n'étaient pas d'une dimension très grande et ne renfermaient que de une à six urnes cinéraires scellées dans des *loculi* plus ou moins grands. Quelques-uns cependant étaient beaucoup plus considérables. D'autres ont contenu ou contiennent encore des sarcophages. Quand, par l'examen de la ruine, on aura acquis la conviction que la chambre sépulcrale n'a pas été violée, il y aura intérêt à fouiller, pour retrouver soit les urnes et les objets qui les accompagnent, soit le ou les sarcophages.

Les mausolées sont construits ou bien en pierres de grand appareil, ou bien en moellons ou en blocage, avec ou sans emploi de briques.

Tombeaux souterrains. — Ces tombeaux reproduisent des dispositions analogues à celles des tombeaux puniques, comme le tombeau de Djidjelli, que nous donnons à la page suivante (fig. 141-143), ou bien consistent dans de simples caveaux voûtés au-dessus desquels un mausolée a été construit.

Fig. 144. — Cippe à Djezza.

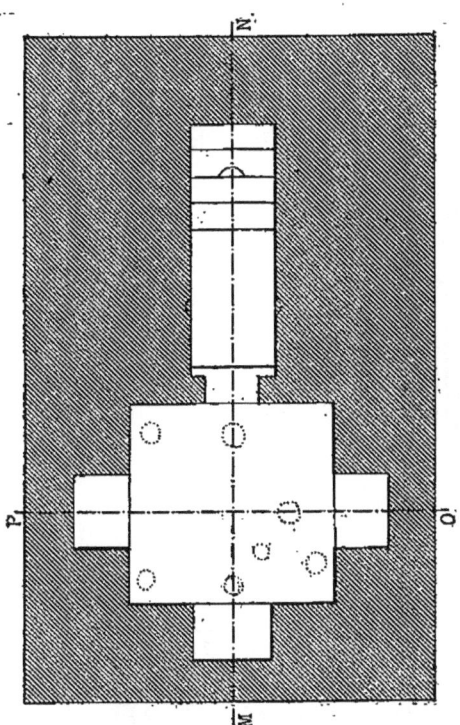

Fig. 141.
Tombeau à Didjelli, plan.

Fig. 142.
Tombeau à Djidjelli, coupe sur OP.

Fig. 143. — Tombeau à Djidjelli, coupe sur MN.

Tombes. — La variété des types de ces petits monuments est très grande, et nous ne pouvons en mentionner ici qu'un petit nombre.

Fig. 145. — Cippe avec tombe, à Sétif.

Les tombes peuvent se diviser en trois catégories principales :
1° *Tombes monumentales au-dessus du sol.* — Ces tombes peuvent affecter la forme de cippes polygonaux comme à Djezza (fig. 144, p. 140), ou de cippes parallélipipédiques comme à Sétif (fig. 145); — dans ce monument le cippe seul émergeait du sol; le reste de la

tombe était enfoui et le conduit vertical qui se dresse entre les

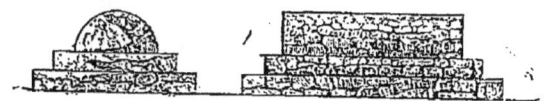

Fig. 146. — Tombe à Haouch-Taâcha.

Fig. 147. — Tombe près d'Oued-Djilma.

Fig. 148. — Tombe à Souse.

Fig. 149. — Tombe à Sétif.

tuiles servait à introduire les libations dans l'intérieur de la tombe.

Dans ce genre de sépulture, ou bien l'urne cinéraire est enterrée à une certaine profondeur sous le cippe, ou bien s'il n'y a pas eu incinération, le cadavre est recouvert par une sorte de construction en grandes tuiles plates inclinées l'une vers l'autre.

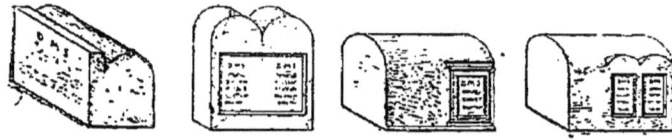

Fig. 150. — Tombes à Haïdra.

2° *Tombes monumentales en forme de cénotaphe,* soit comme dans la figure 146 (tombe à Haouch-Taâcha) et la figure 147 (tombe près d'Oued-Djilma), où le cénotaphe affecte la forme d'un demi-cylindre en maçonnerie de moellons posé sur plusieurs degrés, soit comme dans la figure 148 (tombe à Souse), où le demi-cylindre est supprimé.

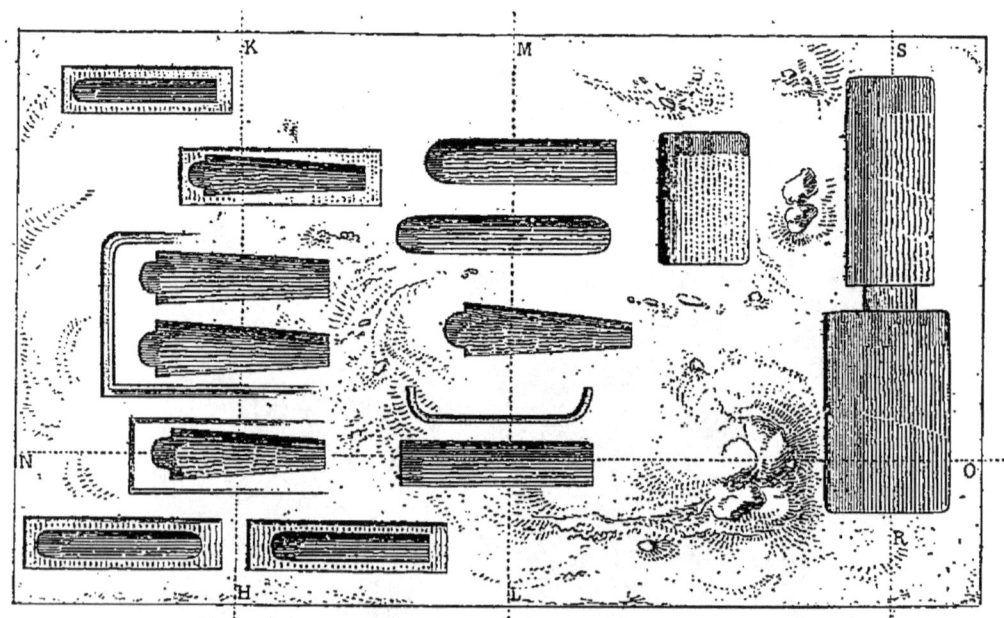

Fig. 151. — Tombes à Djidjelli.

Ces deux formes sont certainement des souvenirs des tombes d'époque punique. On les rencontre en très grand nombre dans les nécropoles de la Tunisie.

3° *Tombes de petite dimension* posées (fig. 149, tombe à Sétif) au-dessus d'un réduit contenant les urnes cinéraires, ou même simplement au-dessus de l'endroit où l'urne est enfouie. Ces tombes, dont le type est un demi-cylindre placé sur la section faite suivant ses génératrices, ont reçu un grand nombre de variétés de formes toutes dérivées de ce type. La figure 150 réunit quelques spécimens provenant d'Haïdra.

4° *Nécropoles creusées dans le roc.* — Enfin dans certaines localités où le terrain, comme à Kasrin, à Mehdia, Djidjelli, se prêtait à cette disposition, on a creusé des tombes en forme de sarcophages (fig. 151.)

e) *Constructions domestiques, maisons, fermes, villas.*

Ces constructions sont, d'une manière générale, complètement rasées à fleur du sol. Dans quelques villes abandonnées de nos jours, comme Sbeitla, les montants des portes et les grandes pierres formant harpes dans les murs en moellon sont restés debout; on peut, dans ce cas, tenter avec succès des fouilles, pourvu qu'on les exécute avec méthode et qu'on possède en même temps les ressources suffisantes pour dégager un ensemble. Les montants de porte sont généralement dépourvus de leurs linteaux, cependant à Henchir es-Zaâtli

Fig. 152. — Porte à Henchir es-Zaâtli.

(fig. 152 et fig. 153) une de ces portes est restée entière; on y distingue (fig. 152) en B, B, C, les gâches des loquets et des verroux : c'est ce que l'on remarque aussi sur les montants encore en place dans les autres ruines ; et ce détail permet de distinguer les portes des autres pierres debout qui formaient l'ossature des murs. Les fouilles dans ces maisons donneront certainement lieu à des découvertes intéressantes sur les dispositions intérieures de ces édifices et amèneront fréquemment la mise au jour de mosaïques de pavage. Les établissements agricoles ne sont guère curieux que par les dispositions générales qu'on y peut relever; mais les villas seront, surtout dans les environs des grandes villes, fouillées avec profit. Celles qui existaient autour de Cherchel et de Souse ont fourni les premières de belles statues et des mosaïques, les secondes des mosaïques du plus haut intérêt (par exemple la grande mosaïque trouvée par le 4ᵉ régiment de tirailleurs et déposée aujourd'hui au Musée du Bardo).

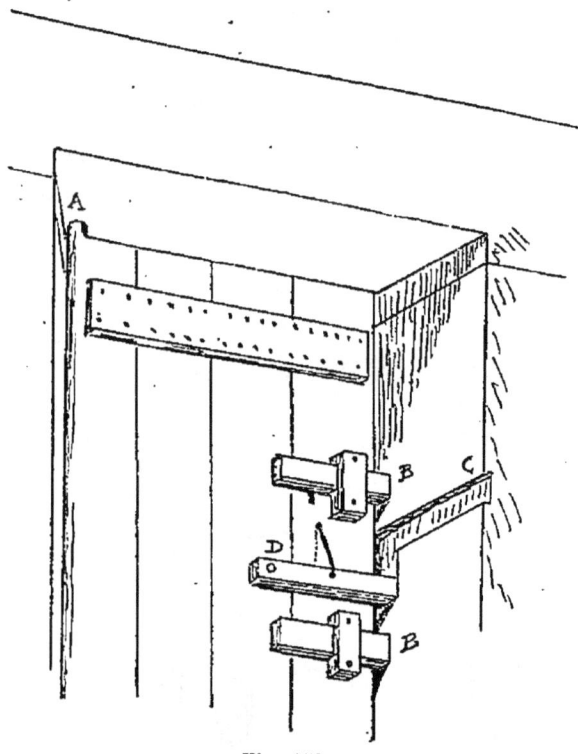

Fig. 153.
Porte à Henchir es-Zaâtli; restitution de la fermeture.

Quelques mots sur les ordres d'architecture employés par les Romains en Afrique doivent être ajoutés à ce paragraphe.

1° *Ordre toscan* : chapiteau de la colonne formé par une moulure ; entablement mouluré sans triglyphes ;

2° *Ordre dorique* : chapiteau formé par une moulure, entablement mouluré avec triglyphes ;

3° *Ordre ionique* (fig. 154). Cet ordre est employé avec ou sans astragale au chapiteau et se distingue de son homonyme grec par l'horizontalité de la ligne inférieure du canal des volutes, ainsi que par la lourdeur des oves. Souvent, comme dans la partie supérieure du chapiteau composite classique, à Sbeitla par exemple (fig. 155, p. 148) le canal et l'œil des volutes sont décorés d'ornements.

L'entablement est chargé de denticules et même quelquefois de modillons.

4° *Ordre corinthien* (fig. 156, p. 148). Cet ordre a un chapiteau feuillu dont les angles sont décorés de volutes. Dans l'arc de triomphe de Haïdra, l'entablement (fig. 157), quoique richement décoré, n'a pas de modillons. Un autre exemple tiré des temples de Sbeitla (fig. 158) nous montrera une corniche avec ses modillons et les rosaces décorant les espaces intermédiaires.

La partie inférieure de l'architrave se nomme *soffite* et reçoit souvent une décoration très soignée, aussi bien dans les monuments d'ordre corinthien que dans ceux d'ordre composite (fig. 159).

5° L'*ordre composite* (fig. 160) a un chapiteau mixte composé généralement d'un vase ou partie inférieure décoré de feuilles comme dans l'ordre corinthien, mais sans caulicoles ni départ de volutes, et d'une partie supérieure qui n'est qu'un chapiteau ionique à quatre faces semblables (au lieu du type ionique ordinaire qui a deux faces et deux coussinets). Les colonnes des ordres ionique, corinthien et composite étaient fréquemment cannelées. L'ordre composite a été moins souvent employé par les architectes africains qu'il ne l'a

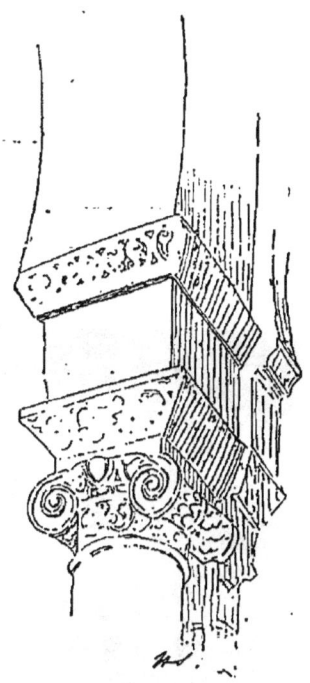

Fig. 154. — Chapiteau ionique romain employé dans la construction de la grande mosquée de Kairouan.

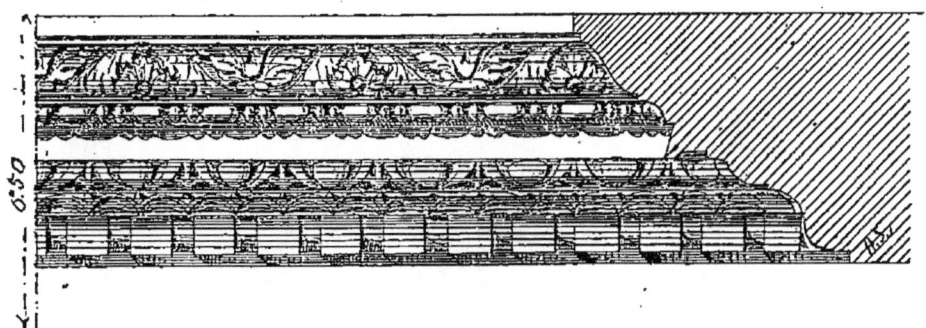

Fig. 157. — Corniche de l'ordre corinthien de l'arc de triomphe d'Haïdra.

été à Rome. D'un autre côté le type classique du composite n'est pas toujours fidèlement suivi, et des chapiteaux composés de

Fig. 155. — Partie supérieure du chapiteau composite du grand temple milieu à Sbeitla.

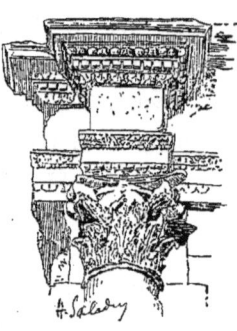

Fig. 156. — Ordre corinthien. Porte devant les temples de Sbeitla.

Fig. 158. — Corniche des temples latéraux. Sbeitla

Fig. 159. — Soffite à Sbeitla.

feuilles et de volutes d'une autre disposition ont été appliqués à cet ordre (fig. 161 et fig. 162 — la figure 161 se rapproche plus de

Fig. 160.

Fig. 161. — Ordre du théâtre de Philippeville.

l'ordre corinthien, la figure 162 de l'ordre composite). — En somme on doit toujours, dans l'étude de ces monuments, tenir compte de la liberté assez grande avec laquelle les architectes africains ont appliqué les règles de la métropole.

Nous rappellerons que les ordres se subdivisent, en partant de la partie supérieure, de la façon suivante :

Fig. 162. — Ordre du temple d'Announa.

$$\text{Entablement} \ldots \begin{cases} \text{Corniche.} \\ \text{Frise.} \\ \text{Architrave.} \end{cases}$$

$$\text{Colonne} \ldots \begin{cases} \text{Chapiteau.} \\ \text{Fût.} \\ \text{Base.} \end{cases}$$

$$\text{Stylobate} \ldots \begin{cases} \text{Corniche.} \\ \text{Soubassement.} \\ \text{Base.} \end{cases}$$

Nous en avons donné des croquis dans les généralités.

H. Saladin.

Byzantin.

§ 1. — INSCRIPTIONS.

L'époque byzantine fut pour l'Afrique une ère de prospérité; le pays se couvrit d'édifices surtout religieux et militaires, et, par suite, on fut amené à graver de nombreuses inscriptions. A cette époque, l'alphabet épigraphique a bien changé; on n'y retrouve plus la régularité et la simplicité de la belle période; les lettres sont grêles, inégales et sans élégance.

Les **A** prennent les formes suivantes : A, ⋆ ou A;

Les **D** tendent à se rapprocher sur Δ grec;

Les **G** sont souvent pourvus de queues : G ;

Les **H** s'écrivent ʜ ou H ;

Dans les **M**, la pointe du milieu ne descend plus jusque sur la ligne : M ;

Les **N** présentent presque l'apparence d'un **H** : N ;

Les **Q** s'offrent sous les formes Q ou q ;

Le **S** est souvent retourné 2.

Deux fac-similé donneront mieux que toute réflexion l'idée de ce qu'est devenue à cette époque l'écriture épigraphique.

La première inscription (fig. 1), qui porte le nom de Justinien et de

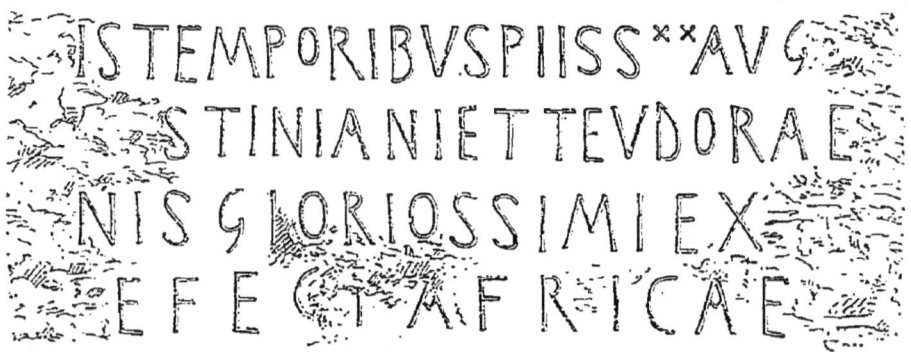

Fig. 163.

Théodora, se lit et se complète ainsi : [*Aedificata felicissim*]*is temporibus piiss*(*imorum*) *Aug*(*ustorum*) [*nostrorum Ju*]*stiniani et Teudorae*, [*providentia Solomo*]*nis glorio*(*si*)*ssimi, ex* [*consule, mag*(*istri*) *mil*(*itum*), *bis pra*]*efect*(*i*) *Africae*. Elle était gravée sur le mur d'un fort.

L'autre (fig. 164), vient de Sétif; ce n'est qu'un fragment, mais l'écriture en est très caractéristique.

C'est à cette époque surtout qu'appartiennent les inscriptions chrétiennes, dont le plus grand nombre sont des épitaphes.

En voici deux exemples qui feront connaître à la fois le mode de rédaction usité pour de semblables monuments et la forme des caractères que l'on est exposé à y rencontrer.

Fig. 164.

1°

Memoria Julius Germanepa [ex] milite cui filie et nepotes fece[ru]nt domum eternale(m); vixit [an]nis pl(us) m(inu)s LXX; disc(essit) in p(a)c(e) [di]e V k(a)l(endas) Decembres anno pr(o)vin)c(iae) [D]XLIII.

2

† Reparata fidelis vixit in pace annum unum menses VI dies XIIII. Quiebit in pace sub die quintu(m) idus Februarias, indictione quarta de[c]ima.

R. CAGNAT.

§ 2. — Monuments.

N. B. Nous rangeons dans la période byzantine tous les édifices dont il va être question dans ce paragraphe, quoique les seuls monuments qui aient le caractère byzantin bien accentué soient ceux qui furent élevés en Afrique après la conquête du pays sur les Vandales.

Les procédés de construction employés à cette époque sont les mêmes que pendant l'époque romaine, c'est-à-dire celle qui va jusqu'au milieu du IVe siècle; mais la première période de l'époque

Fig. 165. — Henchir Goubeul.

chrétienne est seule à présenter des monuments d'une exécution soignée (Exemple : Henchir Goubeul, près de Fériana [fig. 165 à 167]). Cette époque peut se diviser en trois périodes :

1° *Période latine*. — Les caractères de l'architecture romaine sont conservés presque complètement : églises sur plan basilical,

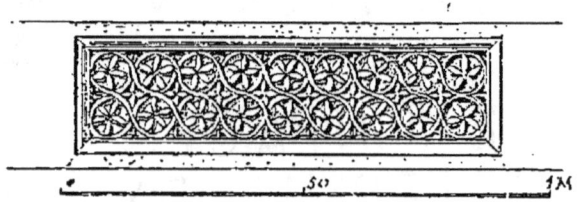

Fig. 166. — Henchir Goubeul.

abside seule voûtée; chapelles ou petites églises rurales sur plan trilobé comme celle qui se voit à Sidi-Mohamed-el-Guebioui, au sud de Kairouan, et qui a été convertie en marabout par les Arabes (fig. 168 et fig. 169); églises sur plan carré, voûtées, avec une abside comme à Haouch-Khima-mta-Darrouïa.

A Henchir Goubeul, un édifice composé de plusieurs constructions entourant une église présente des fragments nombreux d'un excellent style. Les mosaïques tombales commencent à paraître dans les cimetières (fig. 170).

2° *Deuxième période* du milieu du v° siècle environ jusqu'à la conquête byzantine. — Cette période, que l'on pourrait appeler autoch-

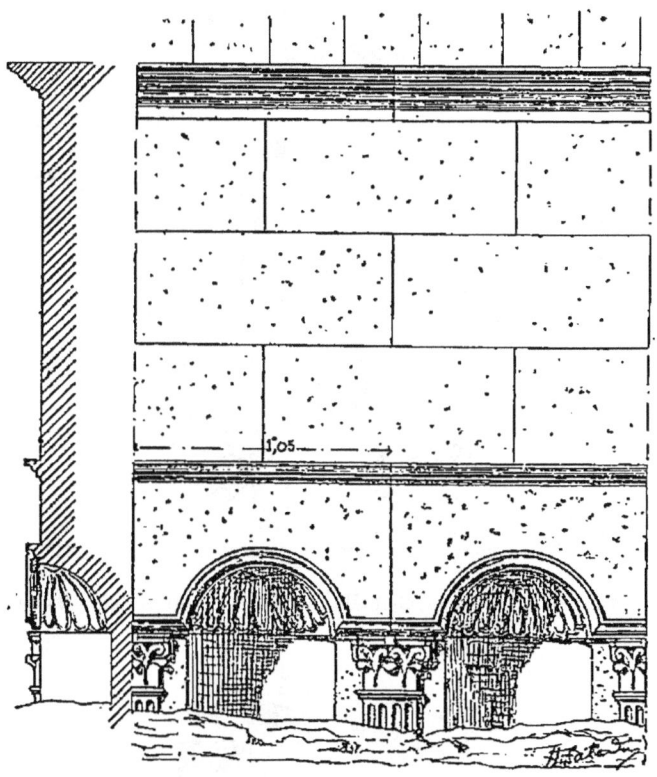

Fig. 167. — Henchir Goubeul.

tone ou africaine, est un peu une époque de décadence ; néanmoins elle est intéressante à étudier, surtout dans certains monuments, les églises de Bir-Oum-Ali par exemple, où l'ornementation végétale est traitée avec une certaine originalité (fig. 170 à 180).

On ne connaît encore que peu de ces édifices, et leur ornementation a été à peine étudiée; néanmoins on peut affirmer que les analogies frappantes qui existent entre certains monuments de cette époque (fig. 174 et fig. 175) et ceux du Haoûrân et de la Syrie centrale, d'une part (église de Serdjilla), ceux de l'Espagne, de l'autre (églises de Covadonga et de Baños), donnent à l'étude des monuments de cette époque de l'histoire africaine un intérêt tout particulier. Les localités de l'intérieur où ne pénétra pas l'influence

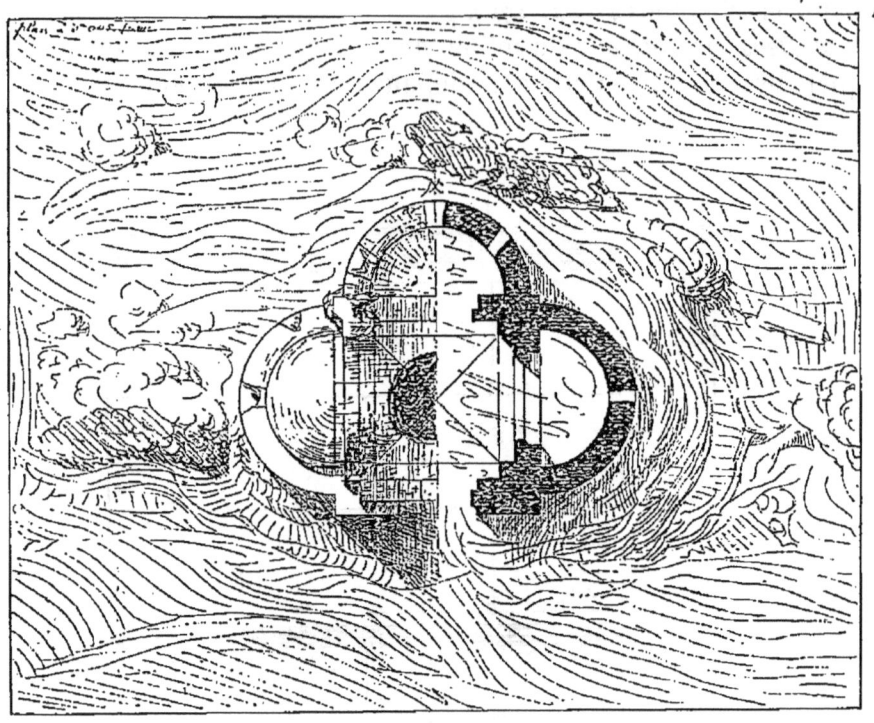

Fig. 168. — Plan de la chapelle, à Sidi-Mohammed-el-Guebioui.

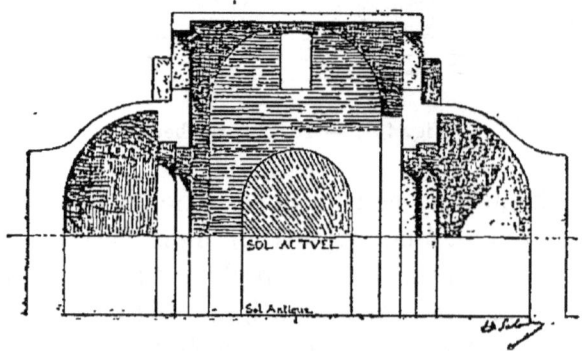

Fig. 169. — Coupe transversale de la chapelle ci-dessus.

byzantine conservèrent les traditions de cet art spécial, dont l'ornementation kabyle est à coup sûr une survivance bien nettement définie.

Pendant cette période comme pendant la précédente les inhu-

Fig. 170.
Fragment de mosaïque tombale provenant de Lamta.

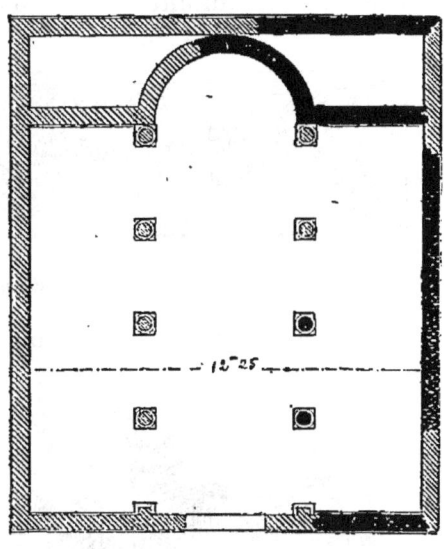

Fig. 171. — Petite église à Bir-Oum-Ali.

Fig. 172.
Chapiteau de l'église fig. 75.

Fig. 173. — Chapiteau d'une autre église à Bir-Oum-Ali.

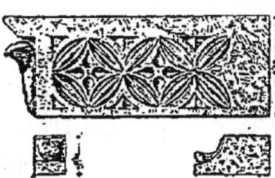

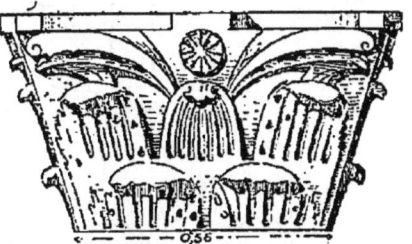

Fig. 174.
Voussoir à Henchir es-Sdid.

Fig. 175. — Fragments à Henchir es-Sdid.

Fig. 176. — Chapiteau à Henchir es-Zaâtli.

mations se faisaient ou bien dans des sarcophages (fig. 181) que l'on enterrait, ou bien dans des tombes dont la partie supérieure affleurait le sol environnant et était décorée en mosaïque (fig. 182).

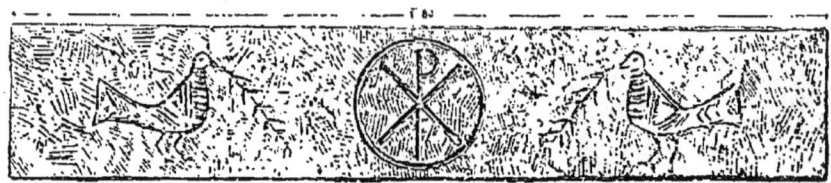

Fig. 177. — Linteau de porte à Henchir es-Zaâtli.

Les sarcophages sont unis ou portent une couronne entourant un chrisme ou même des représentations sculptées qui se déroulent tout autour de la cuve (voir plus haut, p. 110) ; sur les mosaïques on figurait ou bien des inscriptions surmontées d'un chrisme entouré d'une couronne, ou bien des personnages isolés, ou bien des animaux symboliques au milieu de fleurs. Les plus anciennes de ces mosaïques sont en cubes de marbre et de pierre ; plus tard on y employa aussi des cubes de pâtes vitrifiées opaques ou translucides.

Fig. 178. — Face latérale d'une console à Kasr-Bou-Hallou.

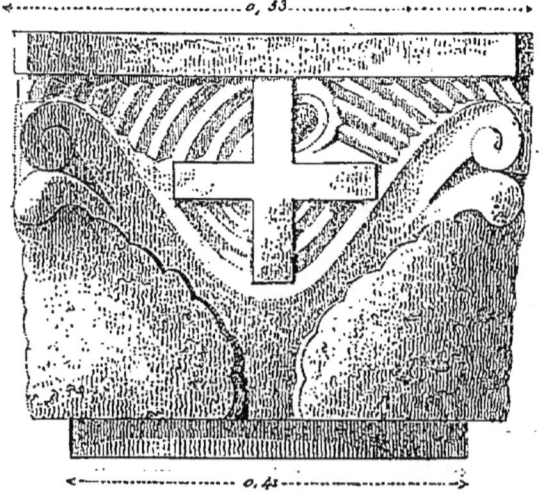

Fig. 179. — Chapiteau à Guelma.

3° *Période byzantine.* — Les édifices de cette période ont été surtout des édifices religieux ou militaires. Les édifices religieux sont des églises ou des couvents (celui de Tébessa par exemple) ; quant aux constructions militaires dues aux Byzantins, elles sont en nombre considérable dans l'Afrique du nord. On sait que Genséric fit détruire systématiquement les fortifications de presque toutes les villes qu'occupèrent les Vandales. Les Byzantins durent donc rétablir ces ouvrages; ils eurent, d'un autre côté, à en construire un grand nombre d'autres moins considérables pour défendre les routes et les défilés et maintenir l'ordre parmi les tribus maures ou berbères qui, toujours remuantes, étaient devenues plus indociles

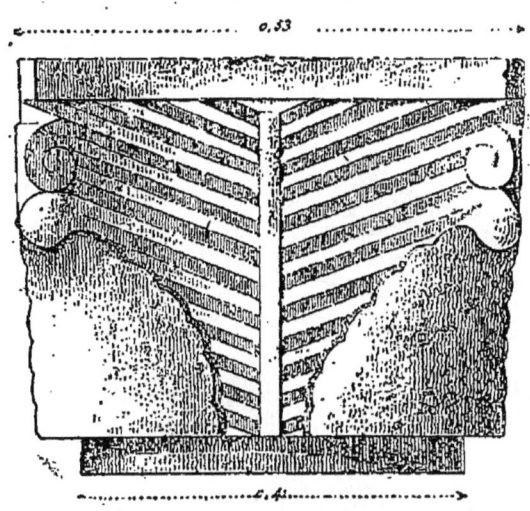

Fig. 180.

encore dans les dernières années de l'Empire. Beaucoup des dispositions employées par les Byzantins dans leurs travaux de forti-

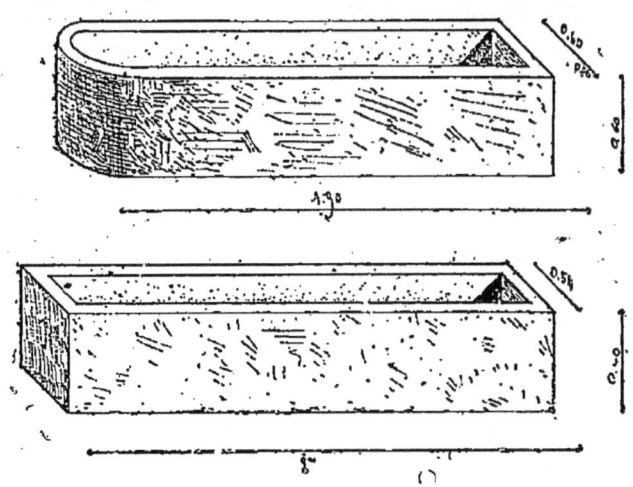

Fig. 181. — Sarcophage à Bir-Chaouch Hamouda.

fication forment une transition entre les méthodes antiques et celles du moyen âge; il est donc d'un grand intérêt d'étudier en détail ces dispositions, lorsqu'elles se présentent comme à Haïdra (fig. 183) et à Aïn-Lamsa, dans des édifices demeurés presque intacts.

L'architecture religieuse s'est surtout développée dans les villes de la côte orientale, plus facilement accessibles aux artisans de Constantinople. C'est ce que prouve l'abondance des fragments de

Fig. 182. — Cimetière chrétien à Lamta.

style byzantin (fig. 184 et fig. 185), qui ont été employés dans les constructions arabes de Souse, de Mahédia, de Monastir, de Sfax, de Tunis. Dans les villes de l'intérieur, sauf à Kairouan, qui a été bâtie

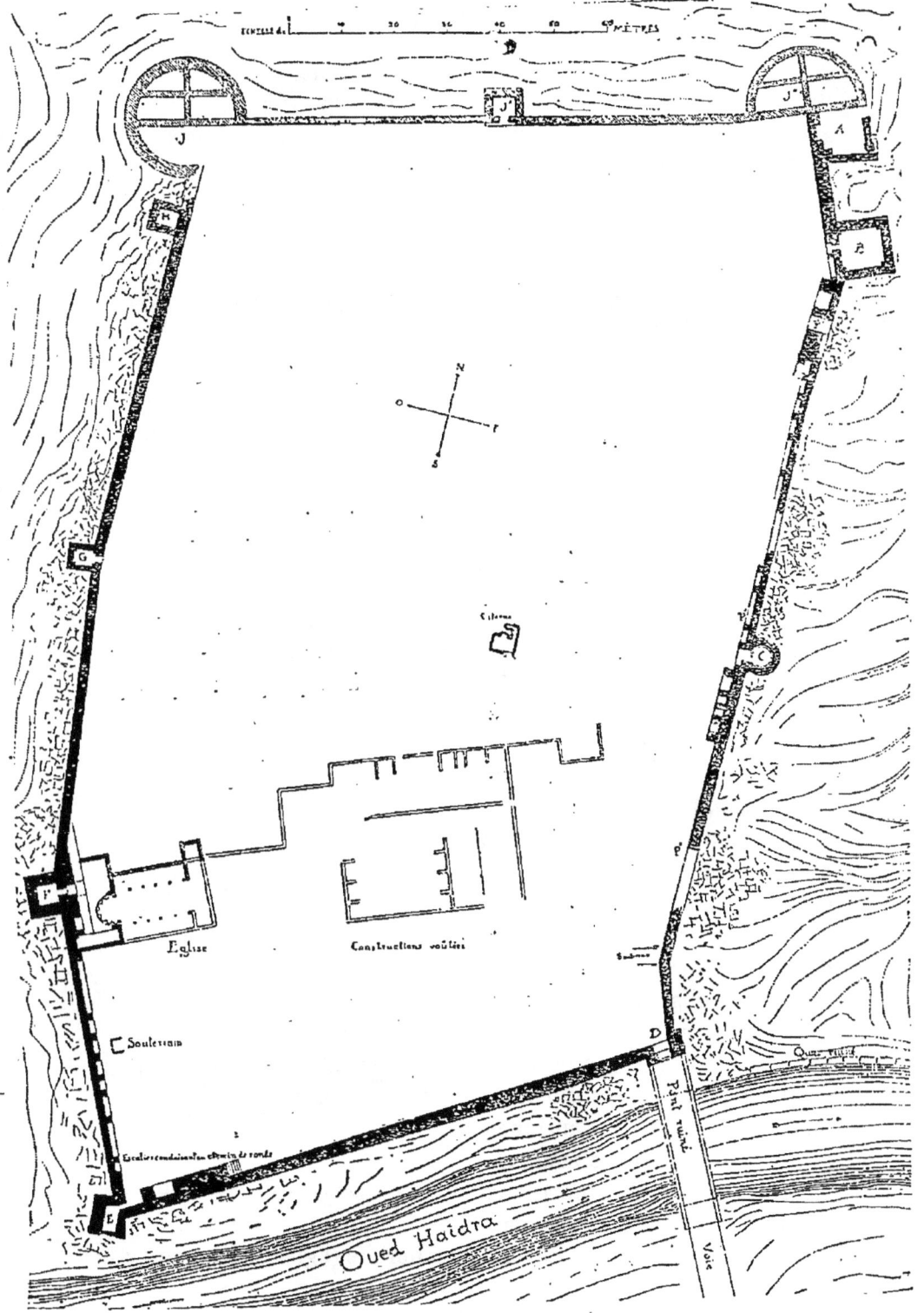

Fig. 183. — Haïdra, citadelle byzantine.

de morceaux empruntés à la côte, les fragments de sculpture byzantine sont relativement plus rares ; cette particularité s'explique aisément : à cette date le plus grand nombre des églises des périodes précédentes y existait encore.

Fig. 184. — Chapiteau byzantin à la grande mosquée de Kérouan.

Fig. 185. — Chapiteau byzantin à Mahédia.

Dans les édifices militaires, la construction a été poussée avec une précipitation qui força à employer des méthodes rapides ; de curieuses remarques peuvent être faites à ce propos : repos pour appuyer les cintres des arcs à Haïdra (fig. 186), arcs repérés et reposés après avoir été démolis (Aïn-Tounga), etc.

Les constructions religieuses ou civiles de la côte sont exécutées en blocage avec enduits de mortier ou de ciment de tuileaux, comme à l'époque romaine (église de Lamta) : ce sont alors presque exclusivement des édifices voûtés dans lesquels apparaissent quelquefois des fragments antiques utilisés par les constructeurs ou bien encore des morceaux de grand appareil reposés avec

Fig. 186. Porte à la citadelle d'Haïdra.

soin et placés avec une certaine recherche (église nommée actuellement « Dar-el-Kous », au Kef).

Dans les nécropoles, l'emploi de la mosaïque se maintient à cette époque.

Les constructions militaires, bien plus nombreuses que les constructions civiles ou religieuses, portent toutes, en même temps que les caractères des constructions en blocage (avec harpes et revêtements en grands matériaux et voûtes en poteries tubulaires) mentionnées plus haut, ceux d'une exécution hâtive, qui se traduit par l'emploi de fragments d'édifices des époques antérieures, dont le caractère de la sculpture ou les particularités épigraphiques permettent souvent de fixer sans hésitation la provenance et la date. Ainsi certains de ces édifices, comme la citadelle d'Haïdra (fig. 183), sont presque entièrement construits en grands matériaux tirés des monuments et même des cimetières de la ville détruite.

Les constructions militaires peuvent se subdiviser en quatre catégories distinctes :

Les villes fortifiées : Tébessa, par exemple ;

Les citadelles défendant les villes : Haïdra, Fériana (Medinet-el-Khedima);

Les citadelles isolées ou châteaux forts : Aïn-Lamsa ;

Les fortins isolés défendant des défilés ou des passages, ou encore servant de réduit à des villages de peu d'importance.

Comme, dans l'Afrique du nord, la domination byzantine ne fut pas générale et qu'elle ne put pas se maintenir également dans l'ancien domaine de l'Empire, il faut remarquer que beaucoup de monuments chrétiens du vi[e] siècle ne portent pas le caractère byzantin, mais qu'ils sont le produit des écoles locales, continuant les traditions des époques précédentes. Jusqu'à la fin du viie siècle, époque à laquelle la domination arabe peut être considérée comme définitivement établie, on pourra donc poursuivre l'étude des monuments chrétiens : églises, cimetières, couvents, chapelles rurales, etc. On trouvera de nombreuses analogies entre les fragments de décoration sculptée provenant de ces édifices et ceux des monuments de la période correspondante de l'histoire d'Espagne (domination visigothe).

H. SALADIN.

SECTION QUATRIÈME

Hébreu et arabe.

Hébreu.

A côté des inscriptions puniques, néo-puniques et latines, on rencontre en Algérie quelques inscriptions écrites, aux premiers siècles de l'ère chrétienne, dans ces alphabets voisins du syriaque et de l'hébreu carré, dont l'emploi a précédé celui de l'arabe. Il faut citer notamment une ou deux inscriptions palmyréniennes trouvées dans la province de Constantine. Ces inscriptions étaient tracées par des soldats auxiliaires asiatiques, qui s'établissaient ensuite comme vétérans dans le pays. On en a trouvé de semblables jusqu'à la frontière de l'Écosse, à South Shields. L'écriture ne ressemble que de bien loin à celle des belles inscriptions de Palmyre, et prête aisément à des confusions; c'est ainsi qu'on les a prises parfois pour des inscriptions berbères. Il importe d'autant plus d'avoir les yeux ouverts sur ces inscriptions mal définies, que les indigènes les baptisent souvent du nom d'inscriptions arabes.

Les inscriptions hébraïques sont rares et de date récente. On en a très peu publié jusqu'à présent. M. le grand rabbin Isaac Bloch a réuni tout récemment dans un volume les *Inscriptions tumulaires des anciens cimetières israélites d'Alger*.

Nous donnons d'après lui la transcription d'une de ces épitaphes, pour qu'on puisse se faire une idée des formules que l'on rencontre sur ce genre de monuments :

ת'נ'צ'ב'ה' מצבת קבורת החכם הנבון כה"ר אברהם נ"ע בן לאותו

צדיק גאון עוזנו ציץ תפארתנו מורינו הרב המופלא וכבוד ה'מלא

כמוהר"ר יאודה עייאש ז"לה"ה נלב"ע ז ימים לחדש מרחשון התקנ"ב

T. N. Ç. B. H. (*Sigles constituant une formule funéraire.*) — « Monument du tombeau du savant intelligent, le rabbin Abraham (qu'il repose en paix), fils du juste, l'orgueil de notre force, le diadème de notre gloire, notre maître, le rab éminent, rempli de l'honneur divin, Rabbi Juda Ayache, de mémoire bénie. Il décéda le 7 hesvan 5552. »

D'autres fois, ces inscriptions funéraires revêtent la forme de véritables élégies, écrites en vers et rimées; il en est qui forment tout un petit poème.

La date se trouve en général à la fin de l'inscription; elle est toujours indiquée en lettres : א — י = 1 — 10; כ — ק = 20 — 100; ר — ת = 2 — 400. התקנב forme 5 (mille) + 400 + 100 + 50 + 2, = 5552. Le comput est celui de l'ère de la création du monde. Suivant la chronologie juive usuelle, l'an 1er de l'ère chrétienne tombe en l'an du monde 3761; l'an 5000 de l'ère du monde, correspond donc à l'an 1240 de notre ère. Pour trouver à une année près la date de l'ère chrétienne correspondant à une date juive, il suffit donc d'ajouter à 1240 tout ce qui dépasse 5000; (1240 + 552 = 1792). Souvent les juifs, pour simplifier les calculs, retranchent les unités de mille et laissent au lecteur le soin de les suppléer par la pensée.

L'écriture juive n'a guère varié depuis le XII siècle de notre ère jusqu'à nos jours. Quand on connaît l'alphabet hébraïque, on lit sans aucune difficulté les inscriptions juives du moyen âge. Il est donc inutile d'en donner ici même un seul fac-similé, et nous nous contentons de renvoyer à l'alphabet hébraïque qui forme la dernière colonne de notre tableau des alphabets puniques.

L'hébreu carré des premiers siècles de notre ère a une forme plus archaïque; les inscriptions sont aussi plus simples et plus courtes. Elles se terminent fréquemment par la formule שלום « Paix », qui est facilement reconnaissable.

On n'a encore rencontré en Afrique qu'une seule inscription juive ancienne, analogue à celles des cimetières de Rome; elle vient d'être trouvée par M. de La Martinière dans les fouilles de Volubilis, au Maroc. La découverte de la belle mosaïque de la synagogue d'Hammam-Lif, en Tunisie (voyez *Acad. des inscriptions, comptes rendus*, 21 mars 1883, p. 19; *Revue archéol.*, mars-avril 1883, p. 157-163; mai-juin 1884, p. 273 et pl. VII-IX), permet de supposer que le judaïsme a été très florissant dans ces contrées aux premiers siècles de l'ère chrétienne, et laisse l'espoir de trouver d'autres inscriptions de cette époque.

Ph. Berger.

Arabe.

§ 1. — *Inscriptions.*

Dans un pays où l'arabe est, depuis des siècles, la langue dominante, le voyageur est sûr de rencontrer des inscriptions assez nombreuses dans cet idiome.

On sait que le premier alphabet lapidaire dont aient fait usage les Arabes, ceux du Hedjâz, du moins, à dater de leur conversion à l'islamisme, est l'alphabet *koûfique;* plus tard l'alphabet arabe oriental et l'alphabet arabe occidental, dit maghrébin, ont été employés en Afrique, mais, en Tunisie comme en Algérie, c'est à l'alphabet maghrébin presque seul qu'on a affaire dans la lecture des inscriptions. Avec la domination turque, l'usage des alphabets *ta'alíq*, *djerí* et *diwânlí* s'introduisit, en Berbérie, dans les cercles administratifs ; à la vérité, ces trois derniers alphabets restèrent toujours spéciaux à l'expédition des actes administratifs ou des pièces de la correspondance officielle et privée des dominateurs étrangers, pièces et actes rédigés quelquefois en turc et même en persan.

Le tableau des pages suivantes donne les alphabets koûfique, arabe oriental et maghrébin purs, ce dernier dans sa forme la plus accusée, qui est en usage dans la province d'Oran et dans le Maroc. Il est à remarquer que l'écriture maghrébine spéciale à la Tunisie, à une partie de l'Algérie et à la Tripolitaine, a subi légèrement l'influence de l'écriture orientale. Avec le tableau que nous donnons, il ne résultera pourtant aucun embarras de ce chef pour le chercheur, en Tunisie, car, s'il ne reconnaît pas un signe d'une inscription dans les colonnes consacrées aux caractères maghrébins il en trouvera la forme dans les colonnes de l'alphabet arabe oriental, pour peu qu'il tienne compte de la position des points diacritiques qui accompagnent les vingt-deuxième et vingt-troisième lettres, *fa* et *qáf*. Dans toute la Berbérie on place *un point sous le fa* et *un seul point sur le qáf.*

Malgré les fructueuses missions d'un maître dans la connaissance des lettres arabes et de l'histoire de l'islâm et de l'Afrique, M. O. Houdas, la mine de l'épigraphie arabe n'est probablement pas épuisée en Tunisie. En examinant les anciens cimetières, les mosquées, les forts, les monuments civils et même les constructions hydrauliques, telles que les partages d'eau, etc..., on a encore l'espoir de découvrir des textes lapidaires arabes, dont certains peuvent avoir un intérêt historique.

ALPHABET ARABE

	KOUFIQUE				MAGHRÉBIN				ORIENTAL				NOM	VALEUR
	Lettre isolée.	initiale.	médiale.	finale.	Lettre isolée.	initiale.	médiale.	finale.	Lettre isolée.	initiale.	médiale.	finale.		
1	ل	ل	ل	ل	ا	ا	ا	ا	ا	ا	ا	ا	alif	a, i, o
2	ب	ب	ط	ـب	ب	بـ	ـبـ	ـب	ب	بـ	ـبـ	ـب	ba	b
3					ت	تـ	ـتـ	ـت	ت	تـ	ـتـ	ـت	ta	t
4					ث	ثـ	ـثـ	ـث	ث	ثـ	ـثـ	ـث	tha	th
5	ج	ج	ج	ـج	ج	جـ	ـجـ	ـج	ج	جـ	ـجـ	ـج	djim	dj
6					ح	حـ	ـحـ	ـح	ح	حـ	ـحـ	ـح	ḥa	ḥ
7					خ	خـ	ـخـ	ـخ	خ	خـ	ـخـ	ـخ	kha	kh
8	د	د	د	د	د	د	د	د	د	د	د	د	dâl	d
9					ذ	ذ	ذ	ذ	ذ	ذ	ذ	ذ	dhâl	dh

10	د	ـد	ـد	ـد	ر	ـر	ـر	ـر	ـر	ـر	ra	r
11	ن	ـن	ـن	ـن	ز	ـز	ـز	ـز	ـز	ـز	zîn	z
12	ط	ط	ط	ط	ط	ط	ط	ط	ط	ط	ṭa	ṭ
13					ظ	ظ	ظ	ظ	ظ	ظ	dha	dh
14	ك	ك	ك	ك	ك	ك	ك	ك	ك	ك	kâf	k
15	ل	ل	ل	ل	ل	ل	ل	ل	ل	ل	lâm	l
16	م	م	م	م	م	م	م	م	م	م	mim	m
17	ن	ن	ن	ن	ن	ن	ن	ن	ن	ن	noûn	n
18	ص	ص	ص	ص	ص	ص	ص	ص	ص	ص	çad	ç
19					ض	ض	ض	ض	ض	ض	ḍaḍ	ḍ
20	ع	ع	ع	ع	ع	ع	ع	ع	ع	ع	'aïn	'a, 'i, 'o
21					غ	غ	غ	غ	غ	غ	ghaïn	ġ, r, gh, rh
22	ف	ف	ف	ف	ف	ف	ف	ف	ف	ف	fa	f

23	ق	ـق	ـقـ	قـ	ف	غ	فـ		qâf	q et g dur en Algérie
24	س	ـس	ـسـ	سـ	س	ــ	سـ		sin	s
25	ش	ـش	ـشـ	شـ	ش	ــ	شـ		chin	ch
26	ه	ـه	ـهـ	هـ	ه	ه	هـ		ha	h
27	و	ـو	ـو	و	و	و	و		waou	w, où
28	ي	ـي	ـيـ	يـ	ي	يـ	يـ		ya	y, î
29					ء		ء		hamza	
					َ		َ		fatḥa	ă
					ِ		ِ		kesra	ĭ
					ُ		ُ		ḍamma	ŏ
					ة	ـة	ة		ta marboûṭa	a, at, et

170 HÉBREU ET ARABE

Comme spécimen de lecture et de traduction d'une inscription arabe de Tunisie, en caractères maghrébins, nous choisissons celle que M. Cagnat a photographiée sur une fontaine, à Benzert, ou Bizerte, et que M. O. Houdas traduit ainsi :

Fig. 187. — Inscription d'une fontaine à Bizerte.

لا اله الا الله

محمد رسول الله

نصر من الله وفتح قريب

وبشر المومنين يا محمد

صنعه المكرم بوسعيد في شهر رمضان سنة ١٠٤١

« Il n'y a d'autre divinité que Dieu ;
Mohammed est l'envoyé de Dieu.

Un secours vient de Dieu et une victoire est proche
Annonce la bonne nouvelle aux croyants, ô Mohammed !
Ceci a été exécuté par l'honorable Boû Sa'ïd, dans le mois
[de ramadân de l'année 1041. »

Cette année 1041 de l'hégire correspond à l'année 1632 de notre ère.

La courte inscription koûfique suivante que j'ai relevée, en 1860, sur une plaque de terre cuite dans la mosquée du village de Sîdi Oqba (Sahara; province de Constantine) servira, à défaut d'un document plus étendu, d'exemple de lecture et de traduction de l'arabe écrit en caractères koûfiques :

هذا قبر عقبة بن نافع رحمه الله

« Ceci est le tombeau de 'Oqba, fils de Nâfé' ; que Dieu lui témoigne de la miséricorde ! »

Bien que la mort de 'Oqba Ben Nâfé' ait eu lieu dans le 1er siècle de l'hégire, le VIIe siècle de notre ère, rien ne prouve que l'inscription koûfique attachée à son tombeau soit contemporaine de cet événement.

H. DUVEYRIER.

§ 2. — *Monuments.*

Le style arabe des monuments de Tunisie et d'Algérie procède à la fois de traditions locales et de traditions orientales importées. La construction (blocage, pisé, brique) présente l'emploi varié des voûtes en coupole sur trompes et sur pendentifs, des voûtes d'arête ou des voûtes en berceau.

L'appareil de ces constructions en Tunisie ou dans l'Algérie centrale et orientale (Alger et Constantine) est peu remarquable, et ne devient plus soigné qu'à mesure que l'on se rapproche du Maroc. On en voit un bel exemple au minaret de la mosquée de Mansourah près de Tlemsen. Comme les édifices arabes sont encore pour la plupart bien conservés, on peut y étudier l'emploi du bois, des charpentes apparentes, des faïences, des dallages en marbre, des vitraux de couleur sertis dans des plâtres découpés, des ornementations sculptées sur plâtre, des décorations peintes. L'emploi des matériaux est excessivement variable, suivant les ressources offertes par le pays où l'on a construit, et aussi suivant l'importance du monument et la richesse de ceux qui le construisent.

C'est pourquoi, dans les villes arabes, on rencontre à côté de monuments en pierres de taille ou en marbre, des édifices en moellons, en briques ou même en pisé.

L'étude de l'art arabe ne s'appliquera pas seulement aux nombreux types d'édifices religieux et funéraires, civils et domestiques, et de constructions militaires, mais encore elle permettra, par l'étude de l'état actuel de la civilisation arabe en Algérie et en Tunisie, de recueillir les méthodes de construction, de composition et d'ornementation aujourd'hui en usage dans ces deux pays; on pourra donc retrouver ainsi des survivances intéressantes pour l'étude comparée de ces mêmes questions au moyen âge. A cet époque en effet la civilisation arabe a été l'éducatrice à laquelle l'Occident tout entier a demandé à la fois et des méthodes nouvelles et l'enseignement de la tradition antique, dont les Arabes ont été si souvent les dépositaires.

On peut diviser l'art arabe de l'Algérie et de la Tunisie en quatre époques principales :

1° Du VIIIe au XIIIe siècle — (du IIe au VIIe de l'hégire);
2° Du XIIIe au XVIe siècle;
3° Du XVIe à la fin du XVIIIe siècle — (influence turque);
4° De la fin du XVIIIe siècle à nos jours.

1° La première époque se distingue tout spécialement par l'emploi de colonnes et de chapiteaux antiques dans les constructions arabes. — En Tunisie de nombreuses mosquées datent de cette époque, par exemple celles de Sidi-Okba à Kairouan et celle qu'on nomme Djama-Zitouna à Tunis.

2° La deuxième époque compte les plus beaux édifices arabes de ces régions. — C'est à cette période qu'appartiennent les célèbres mosquées de Tlemsen.

3° La troisième correspond à l'établissement de l'influence ottomane. L'art de cette époque jusqu'à la fin du siècle dernier présente de plus en plus développés les caractères de l'ornementation ottomane (ornementation touffue et contournée).

4° Le XIXe siècle n'a rien produit en Algérie comme œuvres indigènes; en Tunisie il a donné quelques œuvres de peu de valeur; mais les traditions existantes peuvent être encouragées et l'art arabe peut, lui aussi, avoir sa *renaissance*.

Nous distinguerons parmi les monuments arabes plusieurs catégories :

Architecture civile : palais, monuments publics, ponts, fontaines;

Architecture militaire : fortifications des villes, kasbahs, bordjs, postes fortifiés;

Architecture religieuse : mosquées, chapelles, écoles, medressés ou collèges, zaouïas (fondations pieuses comprenant une mosquée, une école et un hospice);

Architecture funéraire : koubbas ou chapelles funéraires, cimetières avec tombes en maçonnerie, tombes en dalles de pierre sculptée, tombes en briques ou en faïence;

Travaux publics : citernes, réservoirs.

Les industries arabes actuellement encore exercées et qui peuvent intéresser le voyageur, au point de vue artistique, sont la fabrication des tapis, des étoffes de soie, des faïences et poteries, des cuivres gravés, la damasquine des armes et des ustensiles, la bijouterie, la menuiserie artistique, la peinture et la sculpture des arabesques géométriques, les vitraux ajourés, la sculpture d'ornement sur bois, pierre et marbre.

H. Saladin.

SECTION CINQUIÈME

NUMISMATIQUE

Les monnaies anciennes que l'on trouve en Tunisie et en Algérie peuvent appartenir aux pays les plus divers et même les plus éloignés de cette région africaine. Il n'est pas possible de donner pour la numismatique un résumé formant un guide précis dans le cadre duquel le curieux, le voyageur ou l'explorateur, serait, comme pour l'épigraphie ou l'archéologie monumentale, toujours assuré de faire rentrer les monnaies qu'il aurait rencontrées. Les relations commerciales ou même simplement le hasard transportent journellement au loin les monuments numismatiques. C'est ainsi, par exemple, qu'on a recueilli en Tunisie et en Algérie, des monnaies d'Alexandre, des Séleucides, d'Athènes, de Corinthe. Cependant, ce sont là de rares exceptions; le sol de la Tunisie et de l'Algérie fournit le plus ordinairement des monnaies frappées dans le pays même, par les divers occupants qui s'y sont succédé, par les conquérants qui y ont accidentellement mis le pied, par les pays limitrophes qui ont eu avec l'Afrique du nord d'actifs rapports commerciaux.

En nous plaçant à ce point de vue déjà plus restreint, nous dirons qu'on trouve quelquefois, en Tunisie surtout, des monnaies des Ptolémées d'Égypte, facilement reconnaissables au type de l'aigle et à la légende ΒΑΣΙΛΕΩΣ ΠΤΟΛΕΜΑΙΟΥ; des monnaies de la Cyrénaïque qui ont au revers une tige de silphium; des monnaies de Syracuse et d'Agrigente, ainsi que des îles de Cossura, Gaulos, Melita, Ebusus. Pour le moyen âge et les temps modernes, les monnaies qu'on rencontre le plus souvent en Tunisie et en Algérie sont les monnaies frappées par les Normands en Sicile et qui imitent les types byzantins et arabes; celles des rois de Naples et de Sicile, celles de Venise et de Gênes; celles des grands maîtres de Malte. On a recueilli à Carthage même, des deniers tournois de saint Louis apportés, sans doute, par les chevaliers de la huitième croisade. On frappe encore actuellement à Trieste, pour les exporter à Tripoli, des thalers à l'effigie de Marie-Thérèse, en tout semblables à ceux du xviiie siècle : ces pièces alimentent le commerce du Soudan et il en vient parfois dans la circulation en Tunisie.

Au Maroc et dans la province d'Oran il y a en quantité des monnaies de l'Espagne antique et de l'Espagne moderne. Celles de

PREMIÈRE PARTIE

l'Espagne moderne, reconnaissables principalement aux deux colonnes d'Hercule avec l'inscription NEC PLVS VLTRA, sont encore actuellement répandues jusqu'au Soudan, où elles circulent dans un état de conservation fort défectueux, presque toujours rognées, martelées et quasi méconnaissables. Enfin, l'Afrique du nord fournit en grande quantité des monnaies romaines et byzantines qui, en général, s'échelonnent depuis l'époque de la prise de Carthage par Scipion en 146 av. J.-C., jusqu'à la conquête arabe en l'an 698 de notre ère.

On voit, par cet aperçu rapide, que même en se restreignant aux monnaies qui ne sont pas rares, il faudrait tout un volume pour établir un guide du collectionneur en Tunisie et en Algérie. Dans les présentes instructions nous sommes forcés, par l'espace dont nous disposons, de nous limiter encore davantage; nos renseignements porteront sommairement sur les points suivants :

I. Monnaies antiques frappées en Algérie et en Tunisie; II. Monnaies romaines ; III. Monnaies byzantines ; IV. Monnaies des Vandales; V. Monnaies arabes.

I. — Monnaies antiques frappées en Afrique.

A. Syrtique.

1. *Leptis magna* (𐤋𐤐𐤒𐤉).

Tête de Bacchus. ℞. Légende punique. Massue dans une couronne de laurier. Bronze (fig. 1).

Lég. pun. Tête de Bacchus. ℞. Peau de taureau étendue et massue. — Lég. pun. Tête d'Hercule. Br. (fig. 2).

Tête tourelée de femme. ℞ Lég. pun. Massue et thyrse. Br. (fig. 3).

Ciste bachique. ℞. Canthare et thyrses en sautoir. Br. (fig. 4).

Peau de lion sur une massue. ℞. Lég. pun. Panthère et thyrse. Br. (fig. 5).

Auguste. ℞. Lég. pun. Têtes de Bacchus et d'Hercule. — Capricorne (fig. 6). — Aigle et paon (fig. 7). — Bacchus debout et panthère (fig. 8). — Livie assise. Br.

Tibère. ℞. Livie assise. Br.

2. *Oea* (𐤅𐤏𐤕).

Lég. pun. Tête tourelée de femme. ℞. Lég. pun. Tête d'Apollon. Br. (fig. 9).

Égide. ℞. Lég. pun. Lyre. Br. (fig. 10).

Buste de femme casquée et tourelée. ℞. Trépied, arc et carquois. Br. (fig. 11).

Lég. pun. Arc et carquois. ℞. Boucliers et trompettes. Br.

Casque. ℞. Lég. pun. Trépied. Br.

Livie. ℞. Lég. pun. Buste de Minerve. Br. (fig. 12).

Tibère. ℞. Lég. pun. Buste d'Apollon avec la lyre. Br.

Oea paraît avoir frappé des monnaies en association avec Zitha, (ⲣⲉⲉ′) Zuchis (ⲯⲥ⳽), Macaraea et Bilan (|ⲅⲩⲣⳁⲟⲭ). Les principaux types de ces monnaies de bronze dont les légendes puniques sont encore d'une interprétation incertaine, sont :

Tête d'Auguste. ℞. Lyre. — Tête de femme tourelée (fig. 13). — Bustes de Minerve et d'Apollon (fig. 14). — Tête d'Apollon (fig. 15).

Casque. ℞. Bouclier et javelots en sautoir (fig. 16).

Main levée. ℞. Caducée. Br.

3. *Sabrata* (\ºⲅⳁⲥⲅ).

Tête laurée d'Hercule. ℞. Lég. pun. Temple. Br. (fig. 17).

Tête de Jupiter Sérapis. ℞. Lég. pun. Temple. Br.

Tête de Mercure. ℞. Lég. pun. Br. (fig. 18).

Auguste. ℞. Lég. pun. Tête laurée d'Hercule (fig. 19). — Tête de Sérapis. Br. (fig. 20).

Lég. pun. Tête de Bacchus. — Tête de Mercure. ℞. Capricorne. Br. (fig. 21).

4. *Gergis*.

Auguste. ℞. PERM · L · VOLVSI · PROCOS · GERG · Tête de Pallas Br. (fig. 22).

B. Byzacène.

1. *Thaena* (ⲅⲁⲉⲅ).

Lég. pun. Tête de Sérapis. ℞. Lég. pun. Tête de femme. Br.

Auguste. ℞. Lég. pun. Temple (fig. 23). — Buste de femme. Br. (fig. 24).

2. *Alipota* (ⲭⲅⲩⳗ).

Tête de femme. ℞. Lég. pun. Caducée. Br.

3. *Achulla*.

ACHVLLA. Tête d'Auguste. ℞. Tête de Jules César. Br.

Auguste, Caius et Lucius Caesar. ℞. P · QVINCTILI · VARI · ACHVLLA. Tête de Varus. Br. (fig. 25).

Même droit. ℞. L · VOLVSIVS SATVRN · ACHVL. Tête de Saturninus. Br.

4. *Thapsus.*

Tibère. ℞. THAPSVM IVN·AVG. Tête de Livie. ℞ Livie assise. Br. (fig. 26).

5. *Leptis minor.*

Tête de Jules César. ℞. ΛΕΠΤΙC. Buste de Mercure. Br. (fig. 27).

Avec le même revers on a la tête d'Auguste, celle de Tibère et celle d'Agrippine.

6. *Hadrumète.*

HADR. Buste de Neptune avec le trident. ℞. Buste voilé de femme. Br. (fig. 28).

Tête de Neptune. ℞. C·FABIVS CA[TVLVS IIVIR]. Tête radiée du Soleil. Br.

C·FABIVS CATVLVS IIVIR. Tête de Neptune. ℞. P·SEXTI- LIVS PR·P·AF·VIIV·EP. Buste du Soleil. Br. (fig. 29).

P·QVINTILI·VARVS. Tête de Varus. ℞. HADRVME. Tête du Soleil. Br.

L VOLVSIVS SATVR. Tête de Saturninus. ℞. HADR. Tête du Soleil. Br.

AFRIC·FABIVS MAX·COS·PROCOS·VII EPVL. Tête de Fabius Maximus. ℞. HADRVM. Buste d'un dieu barbu et coiffé d'une haute tiare. Br. (fig. 30).

HADR·AVGVSTVS. Tête d'Auguste. ℞. CAESAR. Tête de Jules César. — Têtes affrontées de Caius et Lucius Caesar. Br.

7. *Thysdrus* (קרטטר).

Tête voilée d'Astarté. ℞. Lég. pun. Lyre. Br.
Auguste. ℞. Lég. pun. Tête d'Astarté. Br.
Lég. pun. Tête de Neptune. ℞. AVGVSTVS. Capricorne. Br.

8. *Monnaies de la province, in genere.*

AFR·FA·MAX·COS·PROCOS·VIIVIR EPVLO. Tête de Fabius Maximus. ℞. C·LIVIN·GALLVS Q·PROPR. Éléphant. Br. (fig. 31).

Auguste. ℞. Caius et Lucius Caesar. Br.

Les monnaies de la Byzacène sont parfois contremarquées du nom punique קרצ qui paraît désigner l'île de Cercina.

C. Zeugitane.

1. *Carthage.*

Les monnaies de Carthage forment deux grandes séries : 1° celles qui ont été frappées à Carthage même ; 2° celles qui ont été frappées, au nom de Carthage, en Sicile et en Espagne. Ces dernières se rencontrent assez rarement en Afrique ; elles y sont naturellement aussi peu communes que celles des villes puniques de Sicile : Motya, Panorme, Eryx, Solus, Heraclea Minoa.

1. *Monnaies frappées en Sicile au nom de Carthage.*

On rencontre sur ces monnaies les légendes puniques suivantes :

𐤒𐤓𐤕𐤇𐤃𐤔𐤕 (Carthage).

𐤌𐤇𐤍𐤕 (le camp).

𐤏𐤌𐤌𐤇𐤍𐤕 ou 𐤏𐤌𐤌𐤇𐤍𐤕 ou 𐤏𐤌𐤌𐤇𐤍𐤕 (le peuple du camp).

𐤇𐤐𐤔𐤌 (les questeurs).

𐤁𐤀𐤓𐤑𐤕 ou même des lettres isolées.

Les types de ces monnaies, tétradrachmes d'un style gréco-sicilien très remarquable, sont au droit : Tête de Perséphone couronnée d'épis, parfois entourée de dauphins. — Tête de Vénus coiffée du bonnet phrygien. — Tête imberbe d'Hercule coiffé de la peau de lion. — Cheval au galop, couronné par la Victoire. Au revers : Palmier. — Cheval et palmier. — Tête de cheval et palmier. — Lion et palmier (fig. 32, 33, 34 et 35).

2. *Monnaies frappées à Carthage.*

Ces monnaies sont en or, en électrum, en argent et en bronze. Comme un certain nombre d'entre elles sont plus communes en Espagne qu'en Afrique même, on a supposé qu'elles avaient été émises, en partie, dans les établissements des Carthaginois en Espagne. Ces monnaies portent quelquefois en légende le mot 𐤁𐤓𐤑𐤕, *Byrsa* ; la plupart sont anépigraphes ou ont seulement dans le champ du revers une ou deux lettres, marques d'ateliers ou initiales de noms de magistrats.

A. *Monnaies d'or ou d'électrum.*

Tête de Perséphone couronnée d'épis, avec un collier de perles. ℞. Cheval au repos ; levant une jambe ; détournant la tête ; courant au galop, seul ou devant un palmier ; tête de cheval ; palmier. — Les plus grandes pièces d'or ou d'électrum sont des quadruples statères qui ont un module de 30 millimètres et pèsent 22 gr,60 ; les plus petites ne pèsent que 0^{gr},50 (fig. 36, 37 et 38).

B. *Monnaie d'argent ou de potin.*

Tête de Perséphone couronnée d'épis. ℞. Les mêmes variétés que pour l'or et l'électrum, auxquelles il faut ajouter le type du Pégase (fig. 39). Quelquefois au-dessus du cheval, le disque solaire accosté de deux uraeus ou le symbole ☥ .

Les plus grandes pièces d'argent ou de potin ont un module de 40 millimètres et pèsent 38 grammes. Les plus petites sont des hémi-drachmes de 2 grammes.

C. *Monnaies de bronze.*

Tête de Perséphone couronnée d'épis. ℞. Cheval au repos; au-dessus, le globe solaire entre deux uraeus. Grand médaillon de 45 millimètres de diamètre.

Même description, mais modules moindres avec lettres et symboles variables. Autres types : Cheval au repos devant un palmier; cheval levant un pied; détournant la tête; courant au galop; tête de cheval; palmier. Modules : 23 millimètres et au-dessous.

Monnaies de la Carthage romaine.

ARISTO · MVTVMBAL · RICOCE · SVF. Têtes imberbes (Jules César et Auguste?). ℞. KAR · VENERIS. Temple. Br. (fig. 40).

IMP · C · D · F · A · P · M · P · P. Tête d'Auguste. ℞. P · I · SP · D · V · SP · IIVIR · C · I · C. Au milieu du champ, P · P · D · D. Br.

TI · CAESAR IMP · P · P. Tête de Tibère. ℞. L · A · FAVSTVS D · C · BASSVS IIVIR. Trois épis, ou Livie assise. Dans le champ, P · P · D · D. Br. (fig. 41).

2. *Clypea.*

Auguste. ℞. C · I · P · IIIIVIR. Mercure assis. Br.

Tibère. ℞. PERMISSV L · APRONI · PROCOS · III · C · SEX · POM · CELSO. Mercure assis. Br. (fig. 42).

Drusus le jeune. ℞. PERMISSV L · APRONI · PROCOS · III. Buste de Mercure. Br.

Autres, avec : PERMISSV P · CORNELI · DOLABELLAE · PROCOS · C · P · GAVIO CASCA; — ou la même légende plus ou moins abrégée. Br.

3. *Utique* (꜖ ꜔ ꜔).

Têtes des Dioscures. ℞. Lég. pun. Deux chevaux. Br. (fig. 43 et 44).
Livie. ℞. M · M · IVL · VTI · DD · PP. Br.
Tibère. ℞. M · MVN · IVL · VTICEN · DD · PP. Livie assise. Br.
Tibère. ℞. C · VIBIO MARSO PR · COS II (ou III) L · CAECI=

LIVS PIVS IIV F C. — Autres, avec le même proconsul C. Vibius Marsus et les duumvirs : Q. Caecilius Jovinus; Sex. Tadius Faustus; C. Sallustius Justus; M. Tullius Judex; M. Gemellus (fig. 45); G. Rufus; C. Cassius Felix; C. Caelius et PAX AVG. Br.

Tibère. ℞. C · APRON · IIVIR DD · PP. Br.

4. *Hippo Diarrhytus.*

LIBERA. Tête de Junon. ℞. HIPPONE. Déesse debout de face, tenant un caducée et des épis. Br. (fig. 46).

HIPPONE. Tête de Cérès. ℞. LIBERA. Tête de Junon. Br.

Tibère. ℞. HIPPONE LIBERA. Livie assise. Br.

Tibère. ℞. Drusus le jeune. Br.

IMP · CAES · D · CLO · SEP · ALB · AVG. Tête de l'empereur Albin. ℞. HIPPONE LIBERA. Déesse assise tenant une patère et un sceptre. Br.

D. Numidie orientale (Massylie).

Les rois de la Numidie orientale qui ont frappé monnaie sont les suivants :

Masinissa Ier (202-148 av. J.-C.).

Micipsa (148-118).

Gulussa (148-140).

Adherbal (118-112).

Hiempsal Ier (118-116).

Jugurtha (118-106).

Hiempsal II (106-60).

Hiarbas (108-81).

Masinissa II, contemporain de Juba Ier.

Juba Ier (60-46).

Masinissa Ier. — Tête laurée avec une barbe en pointe; sceptre sur l'épaule. ℞. En lég. pun. *Masinissa roi*(?). Cheval levant une jambe et sceptre. Br. Module : 32 millimètres (fig. 47).

Masinissa Ier ou Micipsa. — Pièces de bronze et de plomb, avec la même tête, tantôt laurée, tantôt diadémée, et les lettres puniques 𐤁𐤍 , placées tantôt au droit, tantôt au revers sous un cheval au galop accosté parfois d'une palme ou d'un caducée. — Variété avec les quatre lettres 𐤌𐤍𐤊𐤍 (= *Masinissan* ou *Micipsan roi*) (fig. 48, 49, 50 et 51).

Gulussa. — Pièces de bronze et de plomb aux mêmes types, mais avec les lettres 𐤂𐤍 (= *Gulussan*).

Adherbal. — Pièces de bronze et de plomb aux mêmes types, mais avec les lettres ⟨⟩ (= Adherbal).

Hiempsal ou Hiarbas. — Tête virile couronnée d'épis. ℞. Cheval au galop. Dessous ⟨⟩ ou ⟨⟩. Argent (fig. 52).

Tête voilée de Cérès. ℞. Cheval au galop et palme. Br. (fig. 53).

Jugurtha. Attributions probables :

Tête laurée et barbue de l'Hercule africain, la massue sur l'épaule. ℞. Éléphant monté par un cornac. Arg. (fig. 54).

Tête laurée et imberbe de l'Hercule africain. ℞. Éléphant. Quelquefois à l'exergue ⟨⟩ Arg. (fig. 55).

Tête imberbe, avec des favoris. ℞. Cheval, avec ou sans palmier. Arg. (fig. 56).

Il y a des pièces qui répondent à la même description avec quelques variantes; mais elles sont d'un style très barbare et ne sauraient appartenir au même roi. Elles se distinguent par une tête imberbe, les cheveux taillés droit autour du front et sur la nuque (fig. 57).

Masinissa II. — ⟨⟩ (Mastiniçan). Tête à longs cheveux calamistrés. ℞. Lég. pun. Tête voilée de femme. Br.

Mastiniçan. Grappe de raisin dans une couronne. ℞. Hamamleket (roi). Tête à longs cheveux calamistrés. Br. (fig. 58).

Ces pièces sont de style très barbare.

Juba Ier. — IVBA REX. Buste de Juba, barbu, diadémé, les cheveux calamistrés, le sceptre sur l'épaule. ℞. ⟨⟩ (Juba roi). Temple. Arg. (fig. 59).

Mêmes lég. Buste de la Victoire. ℞. Cheval au galop. Arg. (fig. 60 et 61).

Tête de l'Afrique coiffée de la peau d'éléphant. ℞. Lion. Arg. et br.

Tête d'Ammon. ℞. Lég. pun. Éléphant. Br. (fig. 62).

Temple. ℞. Lég. pun. Temple. Br. (fig. 63 et 64).

E. Numidie occidentale (Massésylie).

Syphax (mort en 204 av. J.-C.).

Tête diadémée et barbue. ℞. ⟨⟩ (Syphax roi). Cavalier au galop. Br. (fig. 65).

Tête à barbe pointue, cheveux plats, et sans diadème. ℞. Même lég. Cavalier au galop. Br. (fig. 66).

Vermina, fils de Syphax.

Buste imberbe et diadémé. ℞. ⟨⟩ (Verminad roi). Cheval au galop. Potin et bronze (fig. 67).

F. Villes de Numidie.

De rares monnaies de bronze qui ont des légendes puniques variables, sont conjecturalement attribuées à Thabraca et Tuniza (⸺), à Hippo Regius et Tipasa (⸺ , fig. 68), à Bulla Regia, à Suthul (⸺), à Gazauphala (⸺), à Macomada, (⸺), à Salviana, à Zaraï (⸺). Ces monnaies ont généralement pour types des têtes de style barbare dans lesquelles on peut reconnaître Sérapis, Hercule, Mercure; on y voit aussi un cheval, un lion, un porc.

Des pièces du même genre sont également classées à Cirta (fig. 69); mais les monnaies de Cirta émises au commencement de la domination romaine sont seules d'attribution certaine : elles ont été frappées au nom de Publius Sittius, gouverneur de Cirta, de 46 à 43 av. J.-C. En voici l'énumération :

VIRTVS HONOR. Têtes accolées de la Valeur et de l'Honneur. ℞. P·SITTIVS·MVGONIANVS IIIIVIR DECR·DECVR·D·S·P· Tête de P. Sittius. Grand bronze.

D·CVRM...DECRET·D... Tête de Jupiter. Même revers. M. Br.

....DEC DECVR... Tête de la déesse Rome. Même revers. Petit bronze (fig. 70).

G. Rois de Maurétanie.

Les rois de Maurétanie qui ont frappé monnaie sont : Bogud II (50?— 38); Bogud III (50 à 33); Juba II (25 av. J.-C. à 23 ap. J.-C.); la reine Cléopâtre ; Ptolémée (23-40 ap. J.-C.).

Bogud II. — Tête de l'Afrique. ℞. REX BOCVT. Griffon surmonté du globe solaire ailé et accosté d'uraeus. Arg. (fig. 71).

Griffon dévorant un cerf. Même revers. Arg. (fig. 72).

Tête d'Hercule. ℞. REX BOCVT. Proue. Br. (fig. 73).

Bogud III (⸺). — Tête à barbe pointue et à cheveux plats.

℞. *Siga* (en lég. pun.) Bacchus debout et un taureau. Br. (fig. 74).

Autre. ℞. *Semes* (en lég. pun.). Étoile, grappe de raisin et épi. Br. (fig. 75).

Juba II. — REX IVBA. Tête du roi, quelquefois avec une massue, ou coiffée de la peau de lion. ℞. Tête de l'Afrique. — Éléphant. — Lion. — Une ou deux cornes d'abondance (fig. 76). — Dauphin. — Peau de lion sur une massue. — Massue. — Canthare dans une couronne. — Étoile et croissant. — Temple. — Uraeus sur un autel. — CAESAREA dans une couronne (fig. 77). — LVCV·AVGVSTI et autel. — Aigle. —

Capricorne. — Victoire. — Chaise curule. Outre ces types, le revers porte une date, c'est l'an du règne, pouvant aller jusqu'à R. XLVIII (an 48), exprimé parfois en grec : ƐT·MZ (an 47). Deniers d'argent.

Les monnaies de bronze ont la légende REX IVBA ou BACIΛEω IOBA et l'année de règne. Types variables.

JUBA II et CLÉOPATRE. — REX IVBA. Tête du roi. ℞. BACIΛICCA KΛEOΠATPA. Tête de Cléopâtre et année de règne variable. Arg. (fig. 78). Autres types de revers : Disque solaire accosté de cornes et d'uraeu — Sistre et symbole d'Isis. — Crocodile. — Astre sur le croissant.

Les bronzes sont aux mêmes types ; on y trouve de plus les revers suivants : Hippopotame. — Ibis combattant un dragon.

CLÉOPATRE seule. — KΛEOΠATPA BACIΛICCA. Buste de la reine. ℞. Vache, la tête surmontée d'un globe. Arg.

Même tête. ℞. Crocodile. Br. (fig. 81).

JUBA II ET PTOLÉMÉE. — REX IVBA. Tête de Juba. ℞. REX PTOLEMAEVS. Tête de Ptolémée. Parfois, l'an du règne de Juba, par exemple : R · XXXXVIII (48). Arg.

PTOLÉMÉE. — REX IVBA. Tête de Juba. ℞. R · ANNO PRIMO. Arg. Tête de Ptolémée (fig. 79 et 80).

REX IVBA REGIS IVBAE F · Tête de Juba. ℞. R · PTOL... XVII Aigle. Arg.

REX PTOLEMAEVS. Tête de Ptolémée. ℞. Palmier. — Tête de cheval. — Cheval galopant. — Éléphant. — Lion et R·A·VI (fig. 82). — Cornes d'abondance. — Caducée dans une couronne ou entre deux épis. — Tête de femme tourelée. — Panthère. — Massue. — Capricorne. — Temple. — Chaise curule. Années de règne variant de I à XX (fig. 83). Deniers d'argent. Il existe aussi une monnaie d'or avec la date régnale XVIII.

Les bronzes ont, comme les deniers d'argent, des types variables, avec la légende REX PTOLEMAEVS ou REX PTOLEMAEVS REGIS IVBAE F ·

JUBA II et PTOLÉMÉE *en Espagne*. — Juba et Ptolémée furent investis des fonctions honorifiques de duumvir quinquennal dans une ville d'Espagne, probablement Carthago Nova. Des monnaies de bronze ont été frappées dans cette ville avec leur nom et ceux des duumvirs Cn. Atellius et C. Laetilius Apalus.

H. VILLES DE MAURÉTANIE.

On classe à Iol ou Caesarea (𐤉𐤏𐤋), Camarata et Timici quelques monnaies à légendes puniques dont l'attribution est douteuse. Caesarea a aussi quelques bronzes du temps d'Auguste, sur lesquels on lit : CAESAREA et peut-être : MVNICIPIVM (?) CAESARIS.

Types : Capricorne. — Galère. — Des monnaies de Juba II portent le nom de CAESAREA.

1. *Tingis* (ⲧⲗⲓⲥ, ⲧⲗⲥⲍⲥ).

Tête barbue de Baal. ℞. Lég. pun. Deux épis ou un seul épi (fig. 84).
Tête de Perséphone. ℞. pareil aux précédents.
Tête à barbe pointue et cheveux plats. ℞. Lég. pun. Deux ou trois épis.
AVGVSTVS · IVL · TIN. Tête d'Auguste. ℞. Lég. pun. Tête barbue de face (fig. 85).
M · AGRIPPA · IVL · TIN. Tête d'Auguste. ℞. pareil au précédent.
Tous ces bronzes sont de style barbare.

2. *Lix* (ⲗⲓⲥ).

Tête imberbe coiffée d'un haut bonnet terminé par un long cordon retombant. ℞. Lég. pun. Deux grappes ou une seule grappe de raisin. Bronzes (fig. 86).
Sur les monnaies punico-latines on lit le mot LIXS outre la légende punique. Types : Grappes de raisin. — Poisson. — Autel (fig. 87).

Les monnaies puniques de Zilis, de Tamusia (ⲧⲙⲥⲓⲥ), de Sala (ⲥⲗⲁ) sont d'attribution incertaine. A Semes, il y a des monnaies qui portent, outre le nom punique de la ville, le nom des rois Bocchus III et Juba II. Types des autonomes : Tête barbue de Baal, de face ou de profil. ℞. ⲭⲯⲭ et ⲙⲭⲥ Étoile entre une grappe de raisin et un épi. Bronzes. (fig. 88).

3. *Babba.*

Les monnaies de cette colonie romaine vont depuis Auguste jusqu'à Galba.

Auguste. ℞. L · POMPON... L · IVLI · IIVIR · Q. Pont à trois arches surmonté d'un parapet.
Claude. ℞. CCIB D D PVBL. dans une couronne. Autres types de revers : Figure virile assise. — Femme debout tenant une patère. — Palmier. — Taureau nageant. — Buste d'Esculape (fig. 89). — Pont à trois arches. Souvent, la formule EX CONSENSV DECVRIONVM. Br. (fig. 90).

Dans la province d'Oran et au Maroc on trouve souvent des monnaies de bronze de l'Espagne antique. Ce sont principalement des monnaies à légendes puniques d'Abdera, de Sexs et de Gadès, au type des poissons ou au type du temple; de Malaca au type de Vulcain et de la tête du Soleil; des îles Baléares (*Ebusim*) au type du Cabire debout de face. On y rencontre aussi des monnaies à légendes latines de Carteia, au type du dauphin; d'Acci, au type des aigles légionnaires et des enseignes; de Carthago Nova avec les insignes du souverain pontificat.

II. — Monnaies romaines.

A. Monnaies de la République romaine

Les monnaies de la République romaine se rencontrent quelquefois en Afrique; on y trouve surtout celles qui ont été frappées dans cette contrée vers la fin de la République. Ce sont les suivantes :

1. Aurei et deniers de Q. Cornuficius, propréteur de l'Ancienne Afrique (frappés de 44 à 42 av. J.-C.). Tête de Cérès, de l'Afrique, ou de Jupiter Ammon. ℞. Q·CORNVFICIVS AVGVR IMP · Junon Sospita couronnant Cornuficius.

2. Aurei et deniers de Q. Caecilius Metellus Pius Scipio, lieutenant de Pompée (frappés de 48 à 46 av. J.-C. avant la bataille de Thapsus) Q·METEL·PIVS SCIPIO IMP. ou la même légende plus abrégée. ℞. P·CRASSVS IVN·LEG·PROPR. Types : Tête de Jupiter Terminalis. ℞. Éléphant. — Chaise curule et corne d'abondance. — Trophée. ℞. Tête tourelée de ville. — Tête de l'Afrique. ℞. Hercule debout. — Le génie de l'Afrique debout de face; au-dessus, G·T·A (*Genius terrae Africae*). ℞. Victoire tenant un bouclier et un caducée.

3. Deniers et quinaires frappés par Caton d'Utique : M·CATO PROPR. ROMA. Buste de la Liberté. ℞. VICTRIX. Victoire assise tenant une palme et une patère.

La tête de l'Afrique coiffée de la peau d'éléphant paraît sur les aurei frappés à Rome par les préteurs L. Cestius et C. Norbanus. — Des deniers frappés par Faustus Sylla rappellent la soumission de Bocchus et de Jugurtha. — Enfin, les monnaies frappées en Cyrénaïque au nom de L. Lollius Palikanus peuvent se rencontrer en Tunisie.

B. Monnaies de l'Empire romain

Les monnaies de l'Empire romain de tout métal, mais surtout en argent, en billon et en bronze abondent dans l'Afrique du nord. Pour en faciliter l'identification immédiate, nous donnons ci-dessous la liste et dans nos planches (p. 202 et suiv.) l'effigie monétaire des empereurs et personnages impériaux dont on a des chances de rencontrer des monnaies en Algérie ou en Tunisie.

Pompée (*Cnaeus Pompeius Magnus*), + 48 av. J.-C. (fig. 92).
Jules César (*Caius Julius Caesar*), + 44 av. J.-C. (fig. 91).
Cnaeus Pompée (*Cnaeus Pompeius*), + 45 av. J.-C. (fig. 92).
Sextus Pompée (*Sextus Pompeius*), + 35 av. J.-C. (fig. 92).
Brutus (*Marcus Junius Brutus*), + 42 av. J.-C. (fig. 93).
C. Cassius Longinus, en 42 av. J.-C. (fig. 94).
Lépide (*Marcus Aemilius Lepidus*), + 13 après J.-C. (fig. 95).
Marc Antoine (*Marcus Antonius*), + 30 av. J.-C. (fig. 96 et 97).
Fulvie, femme de Marc Antoine (fig. 97).
Octavie, femme de Marc Antoine (fig. 98).
Lucius Antonius, frère de Marc Antoine (fig. 96).
Marcus Antonius, fils de Marc Antoine (fig. 99).
Cléopâtre, femme de Marc Antoine (fig. 100).
Auguste (*Caius Julius Caesar Octavianus Augustus*), 23 av. J.-C. à 15 ap. J.-C. (fig. 101 et 103).
Livie, femme d'Auguste (fig. 102).
Agrippa (*Marcus Vipsanius Agrippa*), + 12 av. J.-C. (fig. 103).
Caius Caesar, fils d'Agrippa et de Julie, + 4 ap. J.-C. (fig. 104).
Lucius Caesar, fils de Caius, + 2 ap. J.-C.
Tibère (*Tiberius Claudius Nero*), 14 à 37 ap. J.-C. (fig. 105 et 106).
Drusus l'Ancien (*Nero Claudius Drusus*), + 9 ap. J.-C. (fig. 107).
Drusus le Jeune, fils de Tibère (*Nero Claudius Drusus*), +23 ap. J.-C.
Antonia, femme de Drusus l'Ancien (fig. 108).
Germanicus, + 19 ap. J.-C. (fig. 109).
Agrippine mère, femme de Germanicus (fig. 110).
Néron et Drusus, fils de Germanicus, + 31 et 33 (fig. 105).
Caligula (*Caius Julius Caesar*), 37 à 41 (fig. 109).
Drusille (*Julia Drusilla*), sœur de Caligula (fig. 111).
Claude (*Tiberius Claudius Drusus*), 41 à 54 (fig. 112 et 115).
Messaline (*Valeria Messalina*), femme de Claude. Monnaie frappée à Nicée (fig. 113).
Agrippine jeune, femme de Claude (fig. 115).

Britannicus (*Tiberius Claudius Britannicus*), + 55 (fig. 114).

Néron (*Tiberius Claudius Nero Drusus Germanicus*), 54 à 68 (fig. 116 et 118).

Octavie, femme de Néron (fig. 117).

Poppée, femme de Néron.

Claudia, fille de Néron (fig. 118).

Macer (*Lucius Clodius Macer*), usurpateur en Afrique, en 68. Ses monnaies (deniers d'argent) sont exclusivement africaines ; en voici la description :

L · CLODIVS MACER S · C. Tête de Macer. ℟. PROPRAE AFRICAE. Galère (fig. 119).

L · C · MACRI · CARTHAGO S · C. Buste tourelé de Carthage. ℟. SICILIA. Tête de Gorgone au centre de la triscèle (fig. 120).

ROMA · S · C. Tête casquée de la déesse Rome. ℟. L · CLODI · MACRI. Trophée.

L · CLODI · MACRI · S · C. La Liberté debout. ℟. LIB · MACRIANA · LEG · I. Aigle entre deux enseignes (fig. 121).

L · CLODI · MACRI · LIBERATRIX · S · C. Tête de l'Afrique. ℟. LEG · III · AVG · LIB. Aigle entre deux enseignes.

L · CLODI · MACRI · S · C. Tête de lion ou buste de la Victoire ℟. Pareil au précédent. — Deniers d'argent.

Libertas restituta, à la mort de Néron (fig. 122).

Galba (*Servius Sulpicius Galba*), 68 à 69 (fig. 123).

Othon (*Marcus Salvius Otho*), 69 (fig. 124).

Vitellius (*Aulus Vitellius*), 69 à 70 (fig. 125).

Vespasien (*Titus Flavius Vespasianus*), 69 à 79 (fig. 126).

Domitilla, femme de Vespasien (fig. 126).

Domitilla, fille de Vespasien.

Titus (*Titus Flavius Vespasianus*), 71 à 81 (fig. 127).

Julie, fille de Titus (fig. 128).

Domitien (*Titus Flavius Domitianus*), 81 à 96 (fig. 129).

Domitia, femme de Domitien (fig. 130).

Nerva (*Marcus Cocceius Nerva*), 96 à 98 (fig. 131).

Trajan (*Marcus Ulpius Nerva Trajanus*), 97 à 117 (fig. 132).

Trajan, père (fig. 132).

Plotine, femme de Trajan (fig. 133).

Marciane, sœur de Trajan (fig. 134).

Matidie, fille de Marciane (fig. 135).

Hadrien (*Publius Aelius Nerva Trajanus Hadrianus*), 117 à 138 (fig. 136).

Sabine, femme d'Hadrien (fig. 137).

Aelius (*Lucius Aelius Verus*), + 138 (fig. 138).

Antonin le Pieux (*Titus Aelius Hadrianus Antoninus Pius*), 138 à 161 (fig. 139).

Faustine mère, femme d'Antonin le Pieux (fig. 140).

Marc Aurèle (*Marcus Aelius Aurelius Verus Antoninus*), 161 à 180 (fig. 141).

Faustine jeune, femme de Marc Aurèle (fig. 142).

Annius Verus, + 170 (fig. 144).

Lucius Verus (*Lucius Ceionius Aelius Aurelius Commodus Verus*), 161 à 169 (fig. 143).

Lucille (*Annia Lucilla*), femme de Lucius Verus (fig. 147).

Commode (*Lucius Aurelius Commodus Antoninus*), 176 à 192 (fig. 145 et 146).

Crispine (*Bruttia Crispina*), femme de Commode (fig. 148).

Pertinax (*Publius Helvius Pertinax*), en 193 (fig. 149).

Dide Julien (*Marcus Didius Severus Julianus*), en 193 (fig. 150).

Manlia Scantilla, femme de Dide Julien (fig. 151).

Didia Clara, fille de Dide Julien (fig. 152).

Pescennius Niger (*Caius Pescennius Niger*), 193 à 194 (fig. 153).

Plautiane (*Fulvia Plautiana*), femme de Pescennius Niger (fig. 154).

Albin (*Decimus Clodius Septimius Albinus*), 193 à 197 (fig. 155).

Septime Sévère (*Lucius Septimius Severus Pertinax*), 193 à 211 (fig. 156).

Julia Domna, femme de Septime Sévère (fig. 157).

Caracalla (*Septimius Bassianus Marcus Aurelius Antoninus*), 198 à 217 (fig. 158).

Plautille (*Fulvia Plautilla*), femme de Caracalla (fig. 159).

Géta (*Publius Septimius Geta*), 209 à 212 (fig. 160).

Macrin (*Marcus Opellius Severus Macrinus*), 217 à 218 (fig. 161).

Diaduménien (*Marcus Opellius Diadumenianus Antoninus*), + 218 (fig. 164).

Élagabale (*Varius Avitus Bassianus Marcus Aurelius Antoninus*), 218 à 222 (fig. 162).

Julia Cornelia Paula, femme d'Élagabale (fig. 163).

Aquilia Severa, femme d'Élagabale (fig. 165).

Annia Faustina, femme d'Élagabale (fig. 166).

Julia Soemias, mère d'Élagabale (fig. 167).

Julia Maesa, grand'mère d'Élagabale (fig. 168).

Sévère Alexandre (*Marcus Aurelius Severus Alexander*), 222 à 235 (fig. 170).

Orbiane (*Sallustia Barbia Orbiana*), femme de Sévère Alexandre (fig. 169).

Julia Mamaea, mère de Sévère Alexandre (fig. 171).

Uranius Antoninus (*Lucius Julius Sulpicius Uranius Antoninus*) (fig. 172).

Maximin (*Caius Julius Verus Maximinus*), 235 à 238 (fig. 173).

Pauline, femme de Maximin (fig. 174).

Maxime (*Caius Julius Verus Maximus*), + 238 (fig. 175).

Gordien d'Afrique père (*Marcus Antonius Gordianus Africanus*), en 238 (fig. 176).

Gordien d'Afrique fils (*Marcus Antonius Gordianus Africanus*), en 238 (fig. 177).

Balbin (*Decimus Caelius Balbinus*), en 238 (fig. 178).

Pupien (*Marcus Clodius Pupienus Maximus*), en 238 (fig. 179).

Gordien III le Pieux (*Marcus Antonius Gordianus*), 238 à 244 (fig. 180).

Tranquilline (*Furia Sabinia Tranquillina*), femme de Gordien le Pieux (fig. 181).

Philippe père (*Marcus Julius Philippus*), 244 à 249 (fig. 182).

Otacilie (*Marcia Otacilia Severa*), femme de Philippe père (fig. 183).

Philippe fils (*Marcus Julius Philippus*), 244 à 249 (fig. 184).

Marin (*Marinus*), père de Philippe l'Arabe (fig. 185).

Pacatien (*Tiberius Claudius Marinus Pacatianus*) (fig. 186).

Jotapien (*Marcus Fulvius Rufus Jotapianus*) (fig. 187).

Sponsien (*Sponsianus*) (fig. 188).

Trajan Dèce (*Caius Messius Quintus Trajanus Decius*), 249 à 251 (fig. 189).

Étruscille (*Herennia Etruscilla*), femme de Dèce (fig. 190).

Herennius (*Quintus Herennius Etruscus Messius Trajanus Decius*), 250 à 251 (fig. 191).

Hostilien (*Caius Valens Hostilianus Messius Quintus*), en 251 (fig. 192).

Trébonien Galle (*Caius Vibius Trebonianus Gallus*), 251 à 253 (fig. 193).

Volusien (*Caius Vibius Afinius Trebonianus Gallus Veldumnianus Volusianus*), 251 à 253 (fig. 194).

Émilien (*Marcus Aemilius Aemilianus*), en 253 (fig. 195).

Caia Cornelia Supera, femme d'Émilien (fig. 196).

Valérien père (*Caius Publius Licinius Valerianus*), 253 à 259 (fig. 197).

Mariniane, femme de Valérien (fig. 198).

Gallien (*Publius Lucinius Egnatius Gallienus*), 253 à 268 (fig. 199).

Salonine (*Cornelia Salonina*), femme de Gallien (fig. 200).

Salonin (*Publius Licinius Cornelius Valerianus Saloninus*), en 259 (fig. 201).

Valérien jeune (*Caius Publius Licinius Valerianus*), en 268 (fig. 202).

Macrien père, en 262 (fig. 203).

Macrien jeune (*Fulvius Julius Macrianus*) en 262 (fig. 204).

Quietus (*Fulvius Julius Quietus*, en 260 (fig. 205).

Régalien (*Publius C. Regalianus*), en 263 (fig. 206).

Druantille, femme de Régalien? (fig. 207).

Domitien (fig. 208).

Postume (*Marcus Cassianius Latinius Postumus*), 258 à 267 (fig. 209).

Lélien (*Ulpius Cornelius Laelianus*), en 267 (fig. 210).

Lollien ou Élien ou Émilien, en 267.

Victorin (*Marcus Piavvonius Victorinus*), 265 à 267 (fig. 211).

Marius (*Marcus Aurelius Marius*), en 268 (fig. 212).

Tetricus père (*Caius Pius Esuvius Tetricus*), 268 à 273 (fig. 213).

Tetricus fils (*Caius Pius Esuvius Tetricus*), 269 à 273 (fig. 214).

Claude le Gothique (*Marcus Aurelius Valerius Claudius*), 268 à 270 (fig. 215).

Quintille (*Marcus Aurelius Claudius Quintillus*), en 270 (fig. 216).

Aurélien (*Lucius Claudius Domitius Aurelianus*), 270 à 275 (fig. 217).

Sévérine (*Ulpia Severina*), femme d'Aurélien (fig. 218).

Tacite (*Marcus Claudius Tacitus*), 275 à 276 (fig. 219).

Florien (*Marcus Annius Florianus*), en 276 (fig. 220).

Probus (*Marcus Aurelius Probus*), 276 à 282 (fig. 221).

Bonose (fig. 222).

Carus (*Marcus Aurelius Carus*), 282 à 283 (fig. 223).

Numérien (*Marcus Aurelius Numerianus*), 283 à 284 (fig. 226).

Carin (*Marcus Aurelius Carinus*), 283 à 285 (fig. 224).

Magnia Urbica, femme de Carin (fig. 225).

Nigrinien, en 285 (fig. 227).

Julien (*Marcus Aurelius Julianus*), contemporain de Carin (fig. 230).

Carausius, 287 à 293 (fig. 231).

Allectus, 294 à 297 (fig. 232).

Dioclétien (*Caius Valerius Diocletianus*), 284 à 313 (fig. 228).

Maximien Hercule (*Caius Marcus Aurelius Valerius Maximianus*), 285 à 305 (fig. 229).

Domitius Domitianus (*Lucius Domitius Domitianus*) (fig. 233).

Constance Chlore (*Marcus Flavius Valerius Constantius*), 292 à 306 (fig. 234).

Hélène (*Flavia Julia Helena*), femme de Constance Chlore (fig. 235).

Théodora (*Flavia Maximiana Theodora*), femme de Constance Chlore (fig. 236).

Galère Maximien (*Caius Galerius Valerius Maximianus*), 292 à 311 (fig. 237).

Galéria Valéria, femme de Galère Maximien (fig. 238).

Sévère (*Flavius Valerius Severus*), 305 à 307 (fig. 239).

Maximin Daza (*Caius Galerius Valerius Maximinus*), 305 à 314 (fig. 240).

Maxence (*Marcus Aurelius Valerius Maxentius*), 306 à 312 (fig. 241).

Romulus, fils de Maxence + 309.

Alexandre (*Lucius Domitius Alexander*), 308 à 311.

Licinius père (*Publius Flavius Claudius Galerius Valerius Licinianus Licinius*), 307 à 323.

Flavia Constantia, femme de Licinius.

Licinius fils (*Flavius Valerius Constantinus Licinianus Licinius, unior*), 317 à 326 (fig. 242).

Valens (*Aurelius Valerius Valens*).

Martinien (*Marcus Martinianus*), + 323 (fig. 243).

Constantin le Grand (*Flavius Valerius Constantinus*), 306 à 337 (fig. 244).

Fausta (*Flavia Maxima Fausta*), femme de Constantin (fig. 245).

Crispus (*Flavius Julius Crispus*), 317 à 326 (fig. 246).

Delmace (*Flavius Julius Delmatius*), 335 à 337 (fig. 247).

Hannibalien (*Flavius Hannibalianus*) 335 à 337 (fig. 248).

Constantin II (*Flavius Claudius Julius Constantinus, junior*), 317 à 340 (fig. 249).

Constant Ier (*Flavius Julius Constans*), 333 à 350 (fig. 250).

Constance II (*Flavius Julius Valerius Constantius*), 323 à 361 fig. 251).

Népotien (*Flavius Julius Popilius Nepotianus Constantinus*), +350.

Vétranion, en 350 (fig. 252).

Magnence (*Flavius Magnus Magnentius*), 350 à 353 (fig. 253).

Décence (*Magnus Decentius*), + 353 (fig. 254).

Constance Galle (*Flavius Claudius Julius Constantius Gallus*), +354 (fig. 255).

Julien l'Apostat (*Flavius Claudius Julianus*), 355 à 363 (fig. 256).
Hélène (*Flavia Julia Helena*), femme de Julien (fig. 257).
Jovien (*Flavius Jovianus*), 363 à 364 (fig. 258).
Valentinien Ier (*Flavius Valentinianus*), 364 à 375 (fig. 259).
Valens (*Flavius Valens*), 364 à 378 (fig. 260).
Procope (*Procopius*), + 366 (fig. 261).
Gratien (*Flavius Gratianus*), 367 à 383 (fig. 262).
Valentinien II (*Flavius Valentinianus*), 375 à 392 (fig. 263).
Théodose Ier (*Flavius Theodosius*), 379 à 395 (fig. 264).
Flaccille (*Aelia Flaccilla*), femme de Théodose (fig. 265).
Maxime (*Magnus Maximus*), 383 à 388 (fig. 266).
Flavius Victor, 384 à 388 (fig. 267).
Eugène, 392 à 394 (fig. 268).
Honorius, premier empereur d'Occident, 395 à 423 (fig. 269).
Constance III (*Constantius*), + 421.
Placidie (*Aelia Galla Placidia*), femme de Constance III (fig. 270).
Constantin III (*Flavius Claudius Constantinus*), + 411.
Constant (*Constans*), + 411.
Maxime (*Maximus*), en 411 (fig. 271).
Jovin, + 415 (fig. 272).
Sébastien, + 415 (fig. 273).
Attale (*Priscus Attalus*), + 416.
Jean (*Johannes*), + 425 (fig. 274).
Valentinien III (*Placidius Valentinianus*), + 455 (fig. 275).
Licinia Eudoxia, femme de Valentinien (fig. 276).
Honoria (*Justa Grata Honoria*), sœur de Valentinien (fig. 277)
Pétrone (*Petronius Maximus*), + 455 (fig. 278).
Avite (*Marcus Maecilius Avitus*), + 456 (fig. 279).
Majorien (*Julius Majorianus*), + 461 (fig. 280).
Sévère III (*Libius Severus*), + 465.
Anthème (*Procopius Anthemius*), + 472.
Euphémie (*Aelia Marcia Eufemia*), femme d'Anthème.
Olybrius (*Anicius Olybrius*), + 472.
Glycerius, en 474.
Jules Népos (*Flavius Julius Nepos*), + 480.
Romulus Augustule (*Romulus Augustus*), + 476.

A partir du règne d'Aurélien (270-275), on voit des marques d'ateliers au revers des monnaies impériales. Les monnaies frappées à Carthage, le seul atelier d'Afrique, portent la marque K, KA ou KART, suivie d'une lettre variable qui est le différent de l'émission.

III. — Monnaies byzantines.

Les monnaies des empereurs byzantins, depuis le règne de Justinien Ier (527-566) jusqu'à celui de Justinien II Rhinotmète (681-695), c'est-à-dire depuis l'expulsion des Vandales jusqu'à l'arrivée des Arabes, sont, de toutes les monnaies anciennes, celles qu'on rencontre le plus souvent en Afrique. L'atelier de Carthage fonctionna activement durant cette période ; la marque de cet atelier se lit à l'exergue du revers des monnaies, sous l'une de ces formes : CAR · KAR · KART · CT · KPTG · KARTAGO.

Les types des monnaies byzantines sont, au début, à partir d'Arcadius, les mêmes que ceux des monnaies de l'empire d'Occident postérieures à Constantin au droit, le buste diadémé de l'empereur, de face ou de profil : au revers, des types variables, le plus souvent, la Victoire, ou l'une des déesses Rome et Constantinople ; une porte de ville ; un monogramme ; l'empereur foulant aux pieds un ennemi terrassé ou tenant le labarum ; le chrisme ; deux empereurs assis de face. Les figures impériales sont souvent nimbées. A partir d'Anastase, on voit apparaître ces grossières monnaies de bronze, si communes, et de différents modules, qui portent d'un côté le buste impérial, et qui ont au revers une grande lettre accostée de lettres plus petites, latines ou grecques, lesquelles sont tantôt des marques d'atelier, tantôt des dates de l'indiction constantinienne. Les grandes lettres sont les *indices* de la valeur de la pièce. On trouve :

M ou XX (= 40 *nummia*) sur le follis ou grand bronze ;
K ou XX (= 20 *nummia*) sur le 1/2 follis ou moyen bronze ;
V ou Є (= 5 *nummia*) sur le 1/8 de follis ou petit bronze.

D'autres divisions, plus petites, ont simplement pour types un monogramme ou une croix avec *alpha* et *oméga*.

A partir du règne d'Anastase, la monnaie d'or de tout l'empire byzantin fut fournie exclusivement par l'atelier de Constantinople et elle porte, au revers, la marque de cet atelier, CONOB. Les types de la monnaie d'or s'uniformisent de plus en plus : on ne voit guère que la Victoire tenant une longue croix et un globe crucigère, ou la croix haussée sur un globe ou sur quatre degrés. L'argent est frappé aux mêmes types que l'or.

Avec Héraclius Ier, reconnaissable à sa longue barbe, on voit paraître sur les pièces d'or et d'argent, deux et même trois effigies impériales côte à côte sur la même pièce. C'est aussi à cette époque que l'on frappe de petites monnaies d'or globuleuses, au type de la croix au revers, monnaies que l'on trouve surtout en Afrique et que les Arabes ont imitées au début de leur monnayage dans ce pays.

Voici la liste des empereurs byzantins dont les monnaies peuvent se rencontrer en Afrique.

Arcadius, fils aîné de Théodose le Grand, 395 à 408 (fig. 281).
Eudoxie, femme d'Arcadius.
Théodose II, 408 à 450.
Eudoxie, femme de Théodose.
Marcien, 450 à 457.
Pulchérie, femme de Marcien.
Léon Ier, 457 à 474 (fig. 282).
Vérine, femme de Léon Ier.
Léon II, 474.
Zénon, 474 à 476 (fig. 283).
Basilisque, 476 à 477.
Marcus Basilisque, 476 à 477.
Zénon, rétabli, 477 à 491.
Léonce, 482 à 488.
Anastase Ier, 491 à 518 (fig. 284).
Justin Ier, 518 à 527 (fig. 285, 286 et 287).

Justinien Ier, 527 à 566 (fig. 288 et 289).
Justin II, 566 à 578.
Tibère Constantin, 578 à 582 (fig. 290).
Maurice Tibère, 582 à 602 (fig. 291 à 292).
Phocas, 602 à 610 (fig. 293 et 294).
Léontia, femme de Phocas.
Héraclius Ier, 610 à 641 (fig. 295 et 296).
Héraclius Constantin, en 641.
Héracléonas, en 641.
Constant II, 641 à 668.
Constantin IV Pogonat, 668 à 685 (fig. 297).
Justinien II Rhinotmète, 685 à 711 (fig. 298).

IV. — Monnaies des Vandales.

Pendant le temps qu'ils occupèrent l'Afrique (429-533) les Vandales frappèrent à Carthage des monnaies d'argent et de bronze, à l'imitation des monnaies impériales. On y voit au droit, le buste du roi, comme celui de l'empereur ; au revers, une femme debout, de face, tenant des épis des deux mains levées (fig. 299, imitation d'Honorius attribuée à Hunéric) ; ou bien, les lettres D N (*dominus noster*) avec un chiffre de valeur ; ou, enfin, un monogramme dans une couronne. On a des monnaies des rois suivants :

Gunthamund (D N REX GVNTHAMVNDV), 484 à 496 (fig. 300).
Thrasamund (D N REX TRASAMVNDV), 496 à 523.
Hildéric (D N HILDIRIX REX), 523 à 530.
Gelimer (D N REX GEILAMIR), 530 à 534.

L'atelier de Carthage émit également sous la domination des Vandales, des monnaies de bronze qui ne portent aucun nom de souverain, et dont voici les types principaux :

KARTHAGO. Guerrier debout de face. ℞. Tête de cheval et le chiffre XLII ou XXI (fig. 301).

Femme debout tenant des épis. ℞. Couronne et le chiffre N XLII ou N XXI ou N XII (fig. 302, 303 et 304).

DOMINO NOSTRO. Tête laurée. ℞. CARTAGINE PP. Victoire debout. — Monogrammes (fig. 305, 306 et 307).

V. — Monnaies arabes.

On trouve en Afrique des monnaies arabes qui appartiennent aux grandes dynasties qui ont régné sur le monde musulman : khalifes de Damas et de Bagdad, de Cordoue et de Grenade, sultans de Constantinople, etc. La plupart de ces monnaies n'ont pas été frappées en Afrique. Parmi celles qui furent émises dans la contrée qui nous occupe, nous signalerons celles des émirs du Maghreb à la fin du premier siècle de l'hégire. Sur ces monnaies, les Arabes conservent la langue des peuples vaincus ; le type des pièces est à peine modifié : la croix haussée sur des degrés est simplement remplacée par un poteau surmonté d'une boule. Ces dinars ressemblent donc extérieurement aux petites monnaies globuleuses qu'émettaient les ateliers byzantins lors de l'arrivée des Arabes. Le spécimen que nous donnons (fig. 308) a déjà une légende arabe à côté de la légende latine.

Lég. arabe : *Il n'y a de Dieu que Dieu.* Lég. latine : HSLDFRTIN-AFRKANXCVII (*Hic solidus feritus in Afrika anno XCVII*). ℞. Lég. arabe : *Mahomet est l'envoyé de Dieu.* Lég. latine : INNDNINDSNISI-SNDS (*In nomine Domini, non Deus nisi solus, non Deo socius*).

Nous reproduisons aussi un spécimen (fig. 309) des monnaies des Beni-Hafss qui ont dominé depuis Tlemsen jusqu'à Tripoli, du XIIIe au XVIe siècle, et dont la capitale était Tunis. C'est un dinar du prince haffssite Abou-Abd-Allah-Mohammed, contemporain de saint Louis (647-675 de l'hégire = 1249-1276 de J.-C.).

Dans le carré inscrit : *Abou Abd Allah Mohammed, fils des émirs légitimes.* Dans les segments de cercle : *Al Moslanser billah al Moied Binasr Allah emir al moumenin.* ℞. *A Dieu l'action de grâces ! et la puissance et la force sont en Dieu. Le Mahdi est le calife de Dieu.*

E. BABELON.

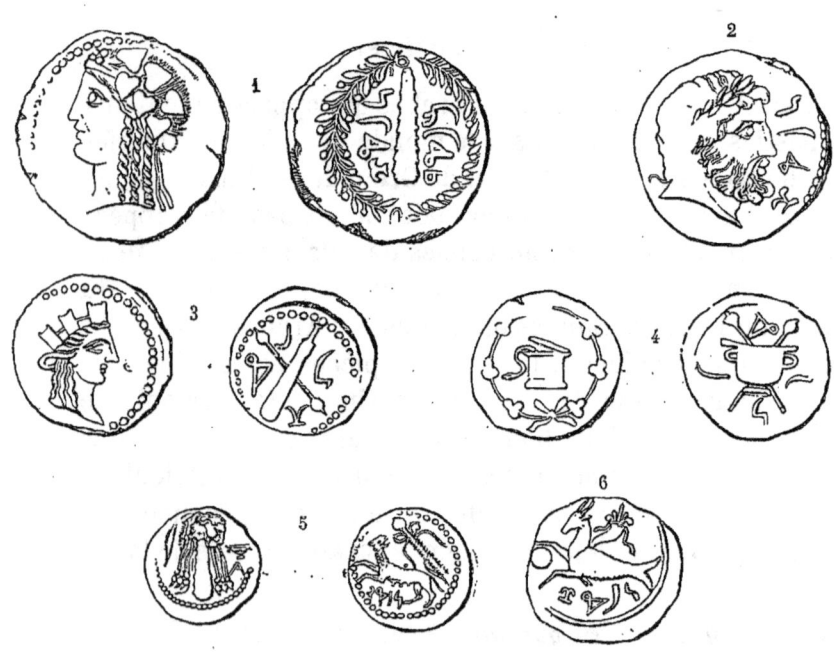

MONNAIES ANTIQUES

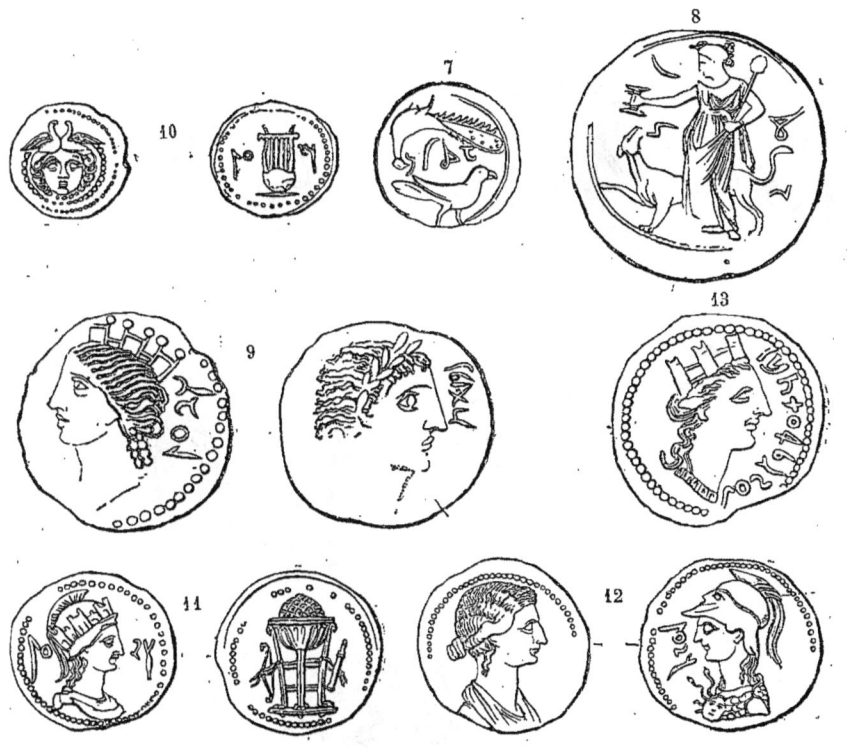

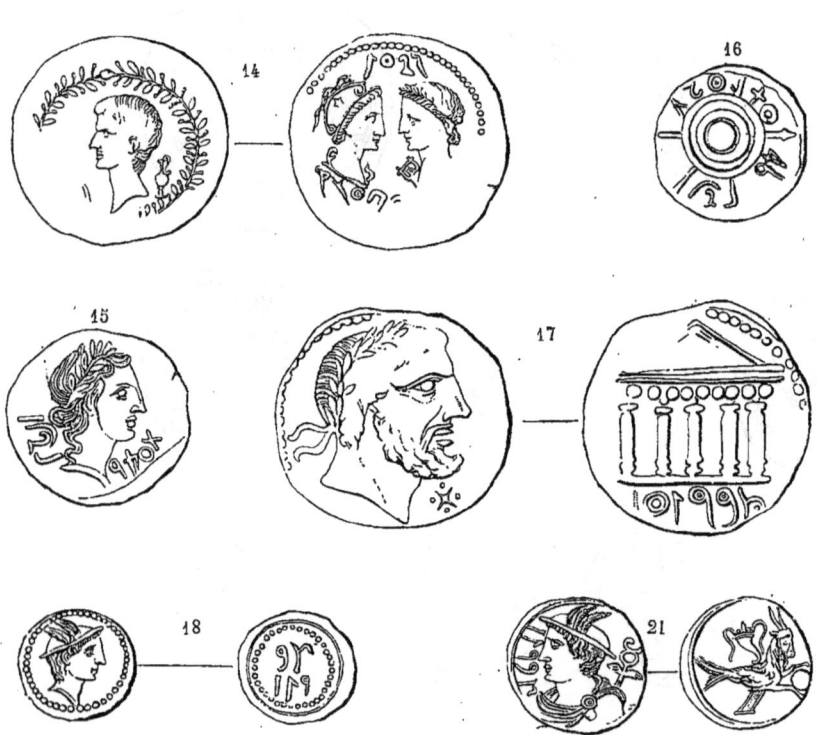

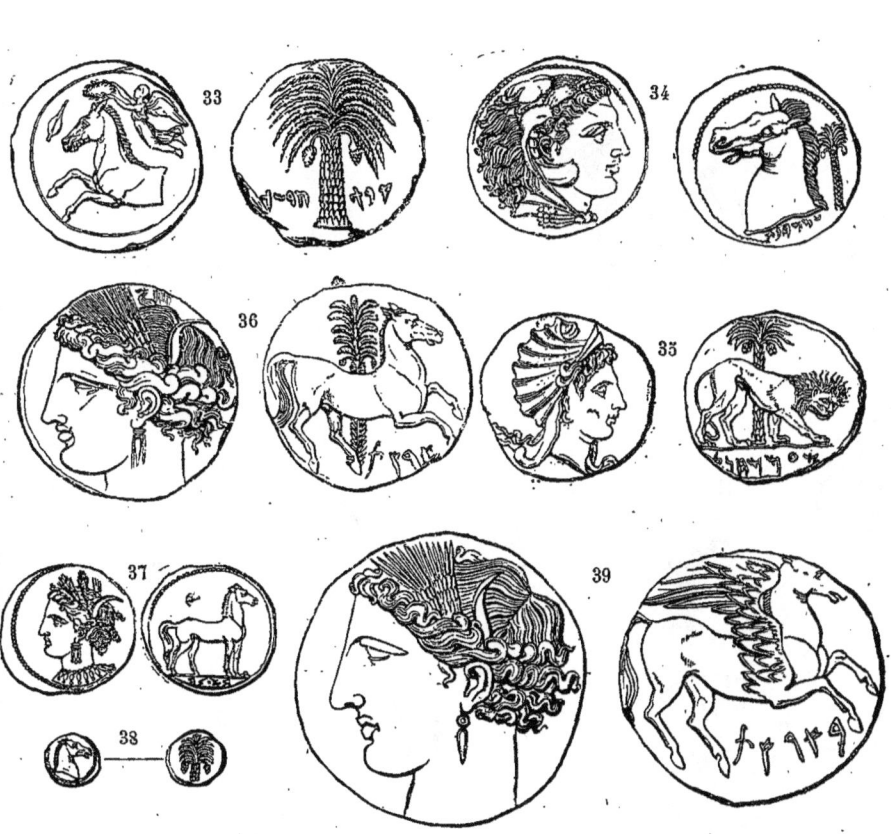

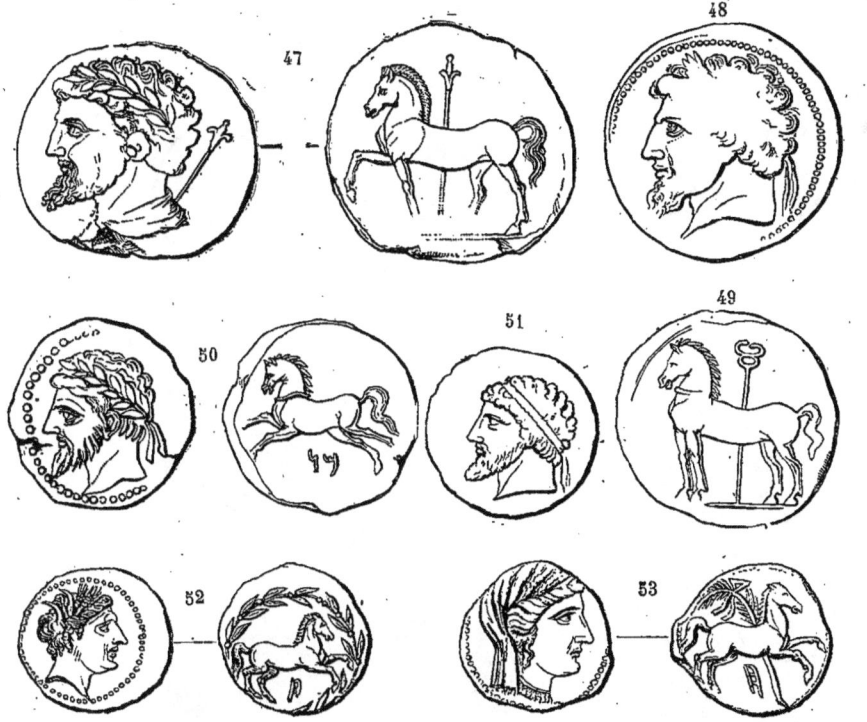

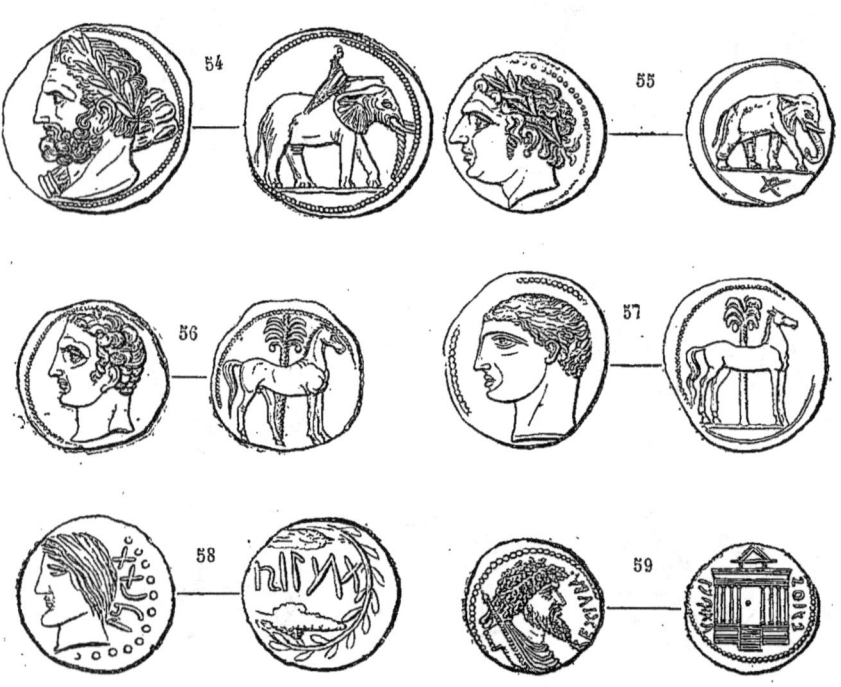

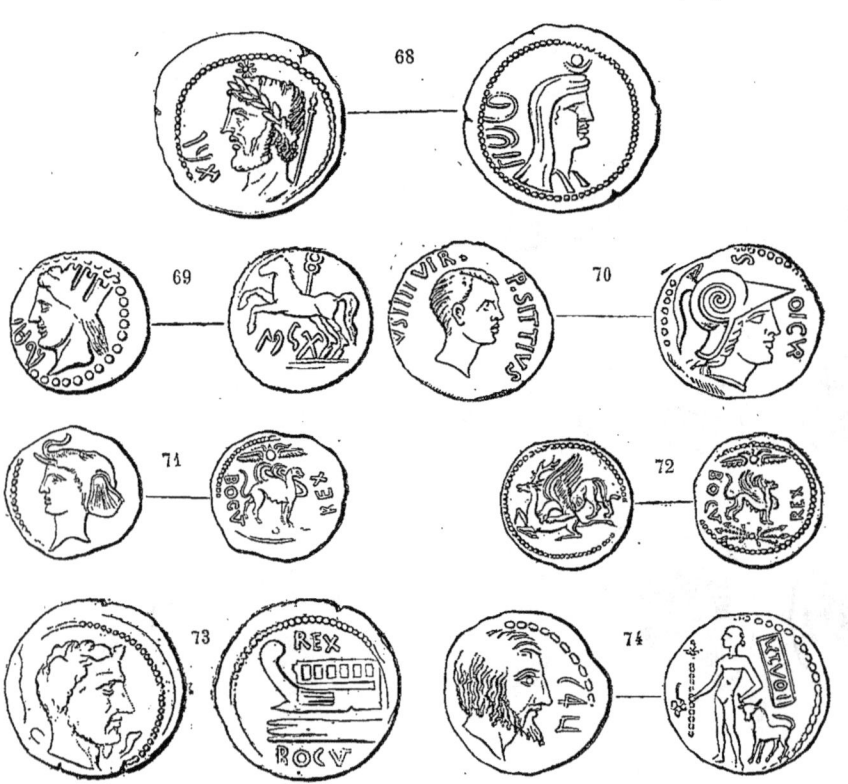

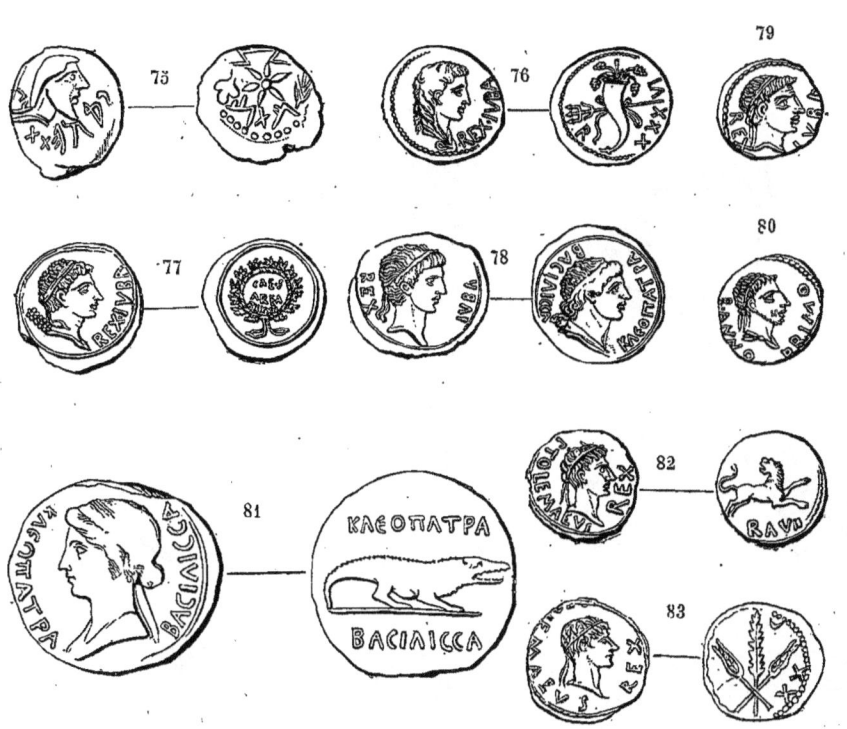

MONNAIES ROMAINES

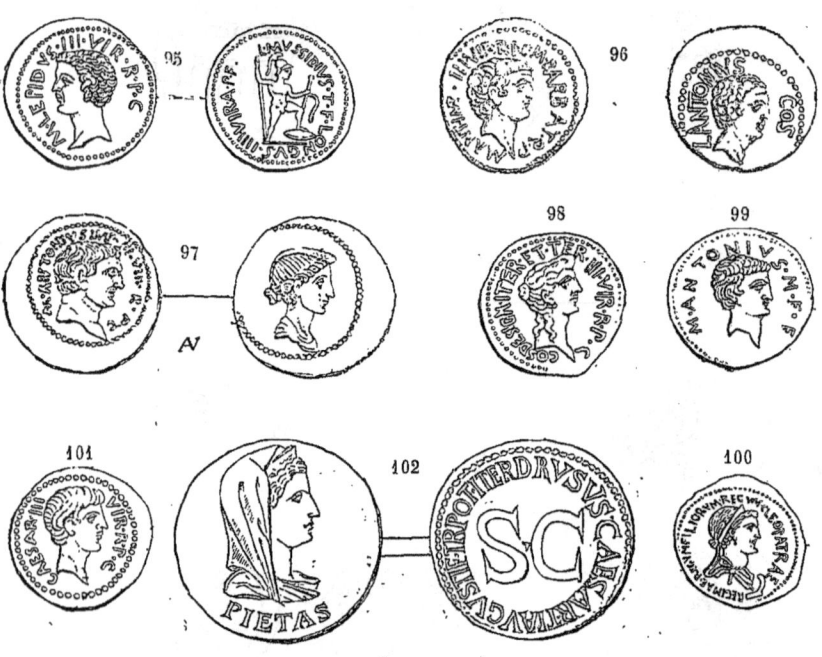

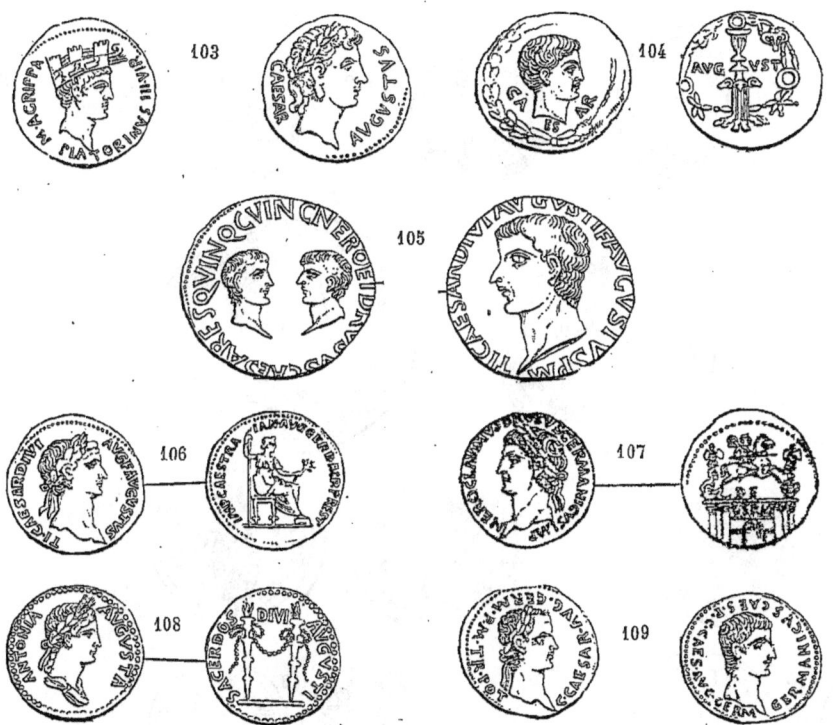

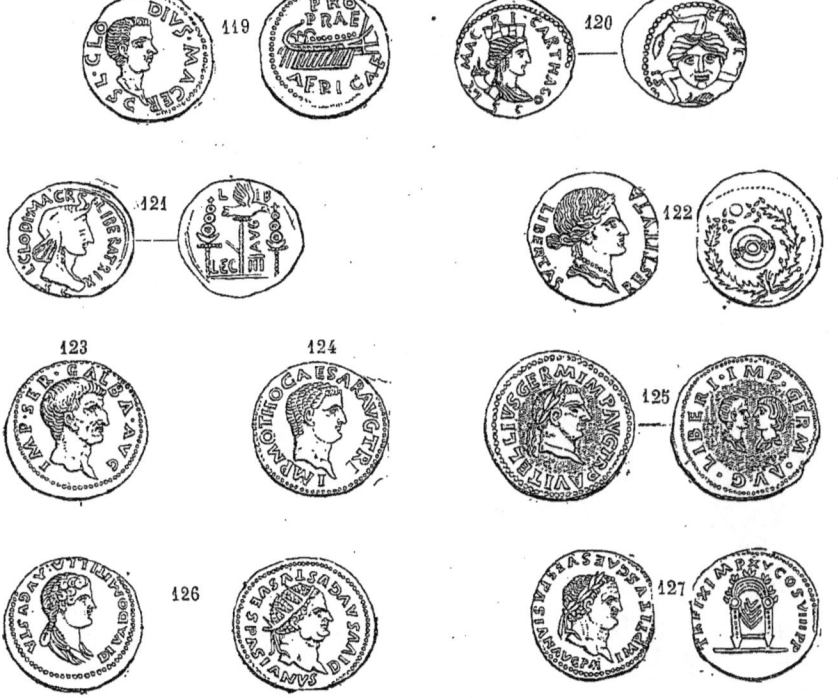

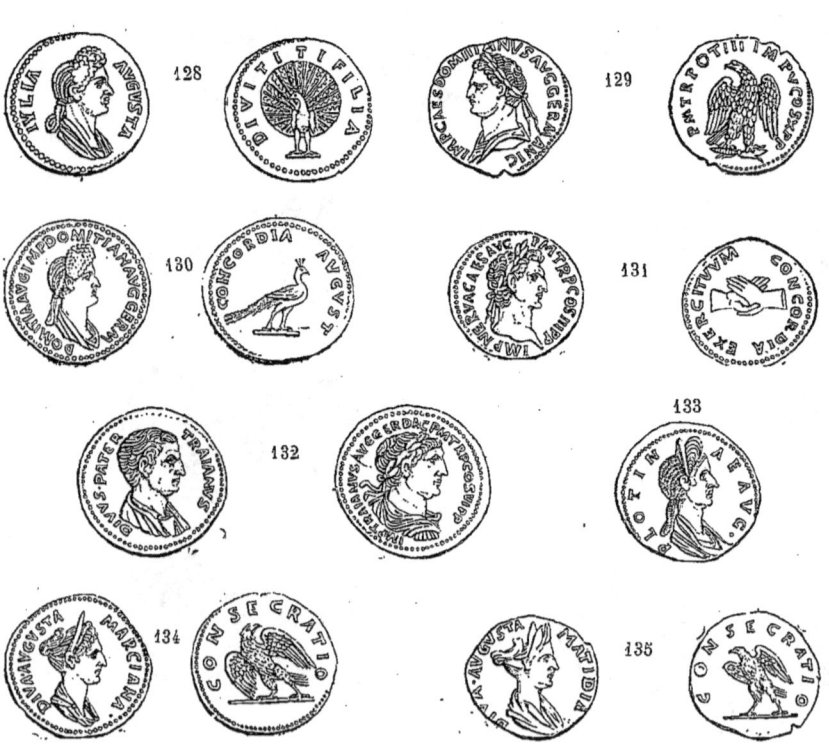

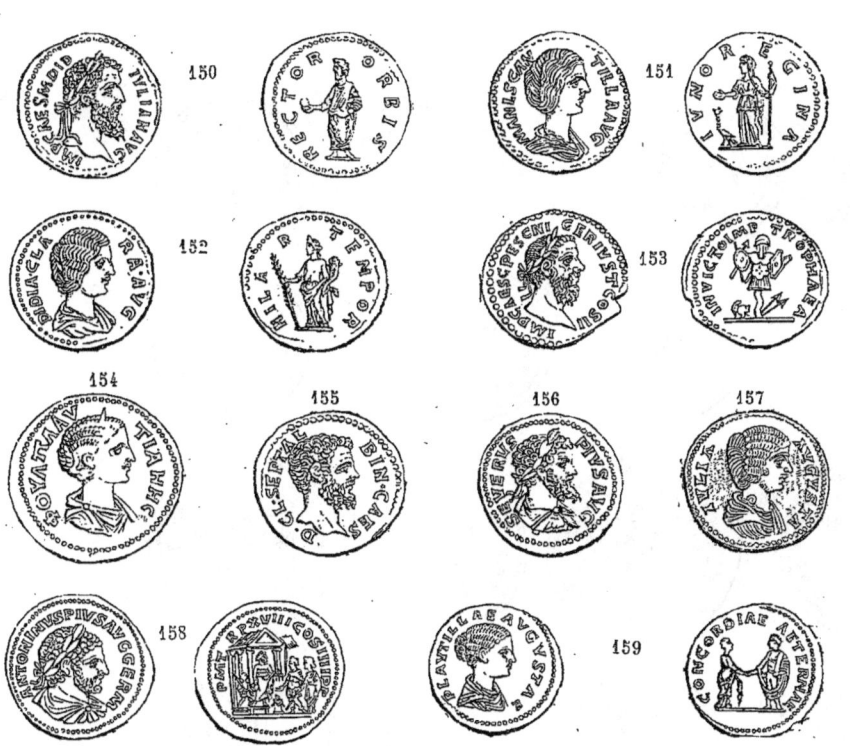

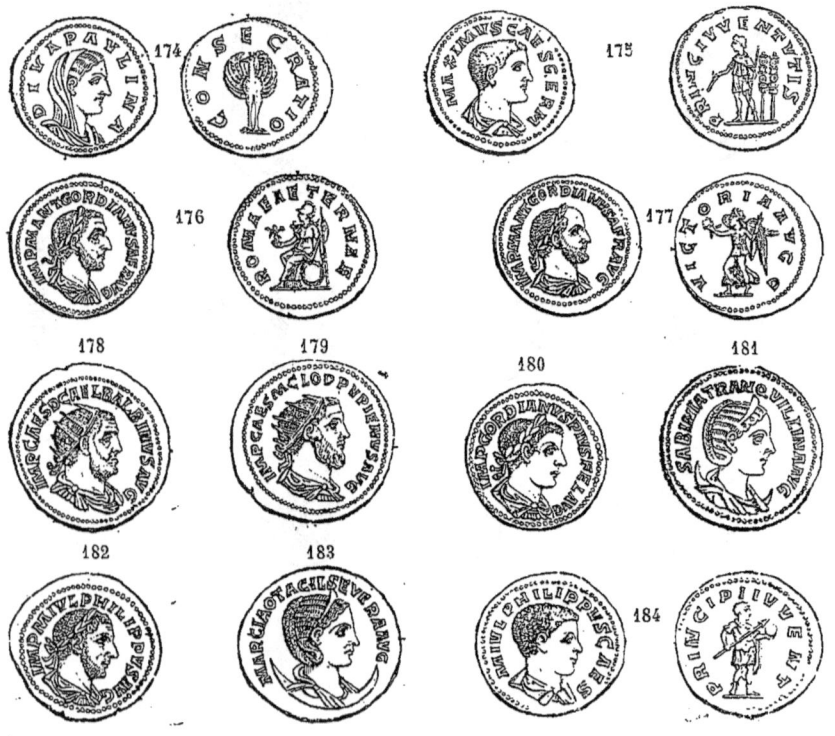

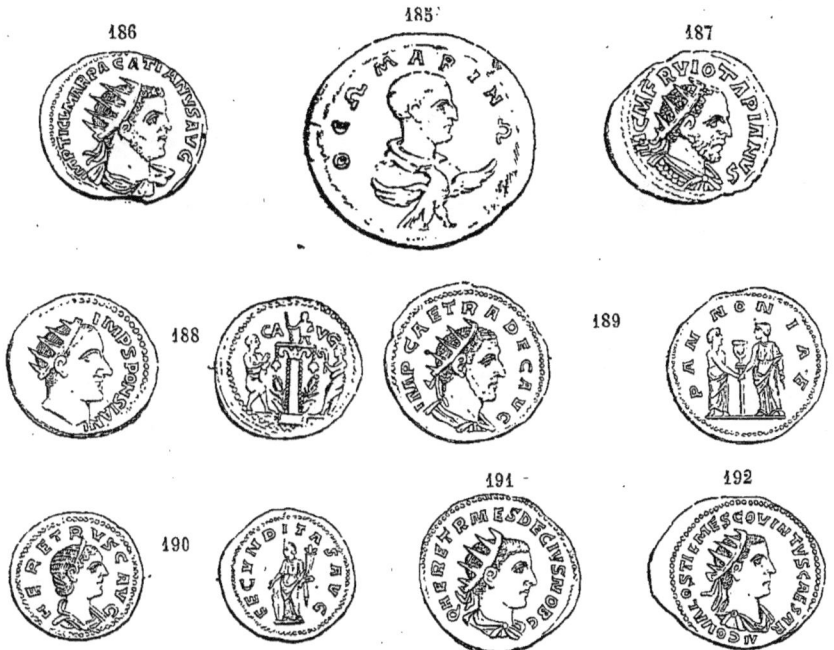

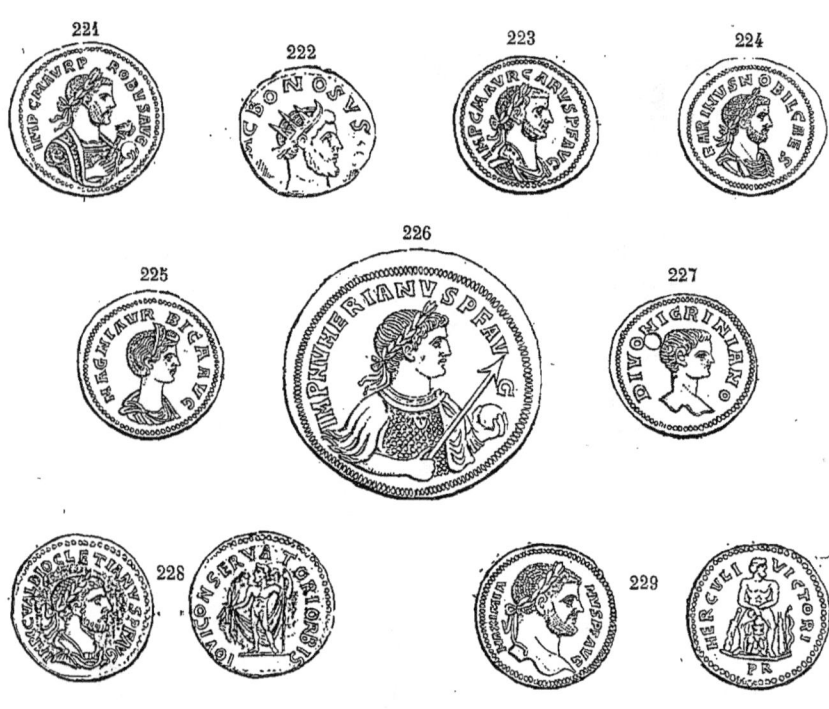

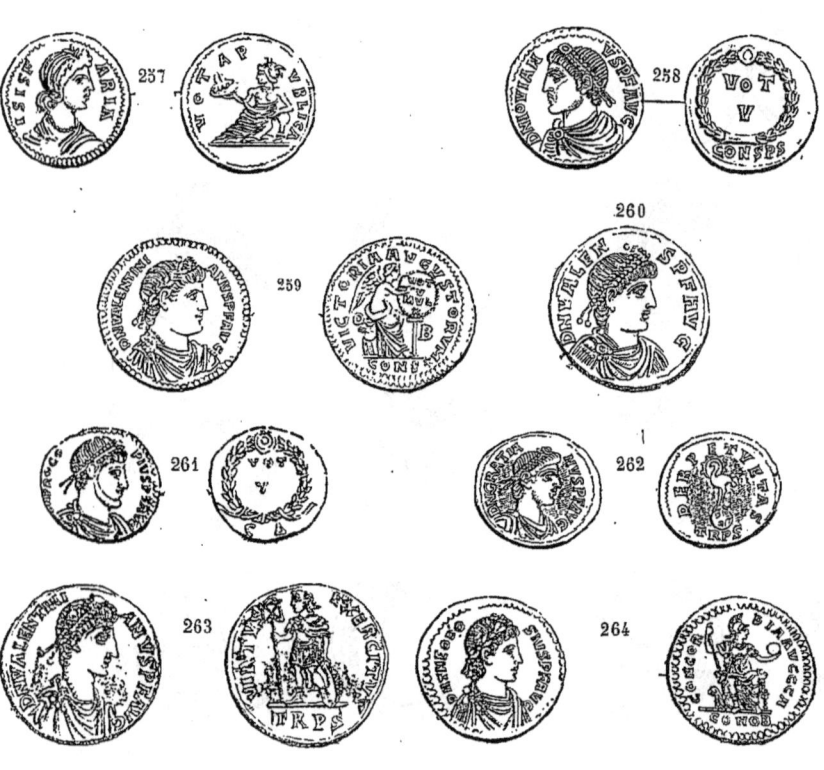

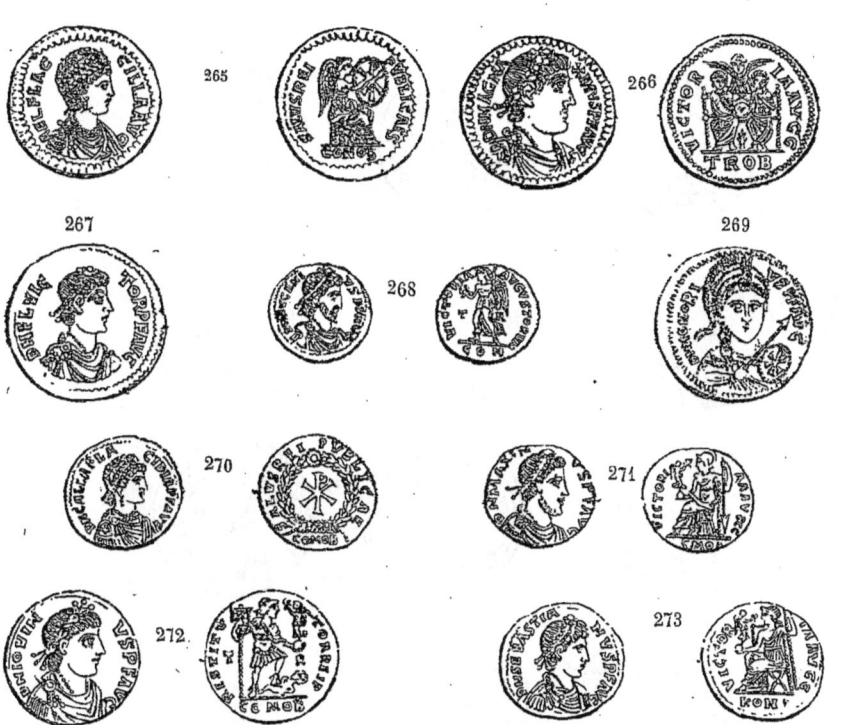

MONNAIES BYZANTINES

DEUXIÈME PARTIE

Après avoir indiqué, dans la première partie de ce travail, les documents archéologiques de toute sorte que l'on peut rencontrer en Afrique, il convient d'indiquer maintenant les endroits où on les rencontrera de préférence et la façon dont on doit les chercher.

Les conseils que nous donnons dans ce livre aux hommes de bonne volonté qui voudraient s'occuper d'une façon ou d'une autre des antiquités africaines doivent, pour que cette œuvre soit utile, s'adresser à tous indistinctement, aussi bien à ceux qui ne feraient que traverser le pays qu'à ceux qui y séjournent ou qui l'explorent méthodiquement. Nous entrerons donc ici dans des détails pratiques que les habitués du sol africain pourraient tenir pour inutiles, mais qui rendront quelque service aux débutants ou aux voyageurs par agrément. On cherchera et l'on trouvera les antiquités dont il a été question précédemment dans des endroits très différents, soit dans les ruines où elles sont encore bien souvent inconnues, plus souvent encore inédites, soit dans les maisons d'Arabes ou de colons où elles ont été employées comme pierres de construction, soit dans les musées, soit dans les collections particulières ; nous examinerons successivement chacune de ces catégories.

1° *Ruines.*

Quand on arrivera dans une ruine (*henchir*), on devra, avant de copier les inscriptions ou de relever les monuments qui y existent, la parcourir d'abord en tous sens pour se rendre compte de son étendue et de sa nature. On se fera accompagner, autant que possible, dans cette visite par un indigène du village ou du douar voisin, ou par quelque berger, dont on gagnera aisément la confiance grâce à quelque menu présent, par exemple à l'offre d'une cigarette. Celui-ci vous mettra au courant bien vite du nom de la localité, des recherches et des fouilles qui y ont déjà été faites, du plus ou moins grand nombre d'inscriptions que l'on a chance d'y rencontrer et de toutes les particularités qui pourront être utiles à connaître ; les indigènes savent toujours ces choses, et lorsqu'ils ne les disent pas, s'ils sont vraiment du pays, c'est qu'ils ne le veulent pas.

L'exploration superficielle de la ruine achevée, on devra en faire un croquis provisoire qui permettra de s'y diriger facilement ensuite et qui, si l'on est obligé de se mettre en route plus tôt qu'on ne le pensait et sans avoir terminé l'examen détaillé des monuments, sera un document précieux pour ceux qui seront amenés postérieurement sur le même point.

On ne devra pas oublier d'examiner les environs de la ville ancienne pour voir les routes qui y amenaient ; on reconnaîtra ces routes soit aux milliaires qui s'y rencontrent, soit à des restes de chaussée encore apparents, soit même à un léger soulèvement du sol d'une largeur de 5 à 6 mètres dont la prolongation et la végétation particulière indiquent nettement le tracé de la voie. On en reconnaîtra encore la direction, quand il reste dans la ruine des vestiges de portes antiques, aux tombes qui étaient élevées à droite et à gauche de la route, aboutissant à ces portes ; il n'est pas rare, en effet, de retrouver de tels cimetières en place, avec les bases au moins des mausolées de forme quadrangulaire qui s'y élevaient. Nous avons joint à ce travail la carte des voies d'Afrique d'après la Table de Peutinger, ainsi que la partie de l'Itinéraire d'Antonin relative à l'Afrique ; nous y avons ajouté une carte moderne où les points principaux sont indiqués.

Si l'on a quelque loisir pour étudier la ruine, sans avoir, néanmoins, le temps d'y séjourner plusieurs jours, on devra s'appliquer à relever avec soin les documents auxquels on s'intéressera de préférence, plutôt que de noter tant bien que mal tout ce qui y existe encore : une note prise à la hâte peut être précieuse si elle vient d'un archéologue très expérimenté ; mais dans la plupart des cas, elle ne sert à rien à la science, sinon à éveiller des illusions.

Nous supposerons ici que l'explorateur a le temps d'étudier à fond la ruine et nous lui indiquerons brièvement les moyens pratiques pour arriver le plus vite possible à bout de son travail.

1º *Préhistorique.* — Nous avons indiqué plus haut comment un monument préhistorique devait être fouillé et exploré ; nous n'avons pas à y revenir.

2º *Libyque et punique.* — On devra photographier et estamper tous les documents libyques ou puniques que l'on rencontrera, sans s'inquiéter de savoir s'ils sont connus ou non; le nombre en sera, d'ailleurs, toujours assez restreint et l'on n'a pas à craindre de perdre beaucoup de temps à relever des documents déjà publiés. On s'exposerait, par contre, à de grands regrets si l'on passait à côté d'un document inédit de cette espèce sans en prendre une copie ou une représentation.

On devra porter son attention sur les nécropoles puniques. Si on a la bonne fortune d'en rencontrer une, il ne faudra pas hésiter à y tenter des fouilles méthodiques. Pour cela, non seulement on aura soin de relever, le mètre à la main, les dimensions et la disposition des tombes, qui peuvent le plus souvent à elles seules en déterminer la date, mais il faut aussi dresser le plan de l'intérieur du tombeau. On indiquera s'il y existait des squelettes et dans quelles conditions; s'il renferme des vases contenant des ossements calcinés, il faudra ne pas en éparpiller le contenu, jusqu'à ce qu'on ait pu déterminer si ces ossements appartiennent à un corps ou à plusieurs, si ce sont des ossements d'homme, de femme ou d'enfant. On devra aussi noter la place qu'occupent les divers vases, en ayant soin de ne pas confondre ceux qui proviennent de tombes différentes. Il faut par dessus tout éviter la dispersion des objets trouvés ensemble, car c'est la réunion seule des documents qui peut donner des lumières sur les civilisations perdues. On doit, en un mot, traiter les antiquités, non comme des curiosités, mais comme des documents et comme des matériaux de la science.

3º *Inscriptions romaines.* — Les inscriptions romaines d'Afrique publiées sont très nombreuses et il serait fâcheux de consacrer plusieurs heures à relever des textes sur lesquels il n'y a plus guère à revenir. Voici comment on évitera cet inconvénient. Quand on le pourra, avant de se mettre en route, on prendra note sur un calepin des inscriptions qui ont déjà été signalées dans la région que l'on doit visiter, — si l'on a eu soin de marquer sur son calepin le nombre de lignes de chaque texte et de copier la première et la dernière, on identifiera aisément sur place les inscriptions qu'on rencontrera. Il suffira, d'ailleurs, de consulter pour ce travail préparatoire le *Corpus inscriptionum latinarum* et ses suppléments; car tous les textes qui n'y figurent pas sont inédits ou peuvent être relevés de nouveau avec avantage; encore en est-il, parmi ceux mêmes qui figurent au *Corpus* qui, n'étant connus que par d'anciennes copies, devront être recopiés et estampés, si on les trouve. La bibliographie, si complète du *Corpus*, préviendra le lecteur de ceux qui sont dans ce cas.

Mais il se peut que l'on n'ait pas le loisir de faire ces recherches préparatoires ; alors on s'enquerra auprès des indigènes des pierres avec inscriptions que contient la ruine et on leur demandera si elles ont déjà été souvent copiées ; s'ils ne peuvent ou ne veulent pas répondre avec précision, on examinera si elles sont très visibles ; en ce cas il y a des chances pour qu'elles soient déjà connues. Lorsqu'elles sont enterrées en partie, on regardera si la terre qui les recouvre a déjà été écartée par suite d'une fouille et ramenée par les pluies ou le vent ; quand elle semble n'avoir pas encore été remuée, c'est que la pierre n'a jamais attiré l'attention des voyageurs et qu'elle est inédite. En tout cas, toutes les fois qu'il ne s'agit pas d'un texte funéraire, on ne courra jamais grand risque à recopier un texte publié, surtout à l'estamper.

On fera bien attention aux bâtisses soit byzantines soit même indigènes qui subsistent encore dans la ruine ; car elles ont été la plupart du temps construites de pierres romaines et surtout de pierres à inscriptions, plus soigneusement taillées que les autres. Les fortins byzantins qui existent dans presque toutes les ruines grandes ou petites de l'Algérie et de la Tunisie sont de véritables nids à inscriptions. Il sera bon de les examiner, pierre par pierre, si l'on veut être sûr de faire une récolte épigraphique abondante, et de ne pas laisser échapper de fragments importants.

Si l'on désire être mis rapidement au courant des inscriptions qui existent dans une ruine, on n'aura, avons-nous dit, qu'à s'adresser aux indigènes désœuvrés qui suivent toujours un explorateur, quitte à leur promettre une modique rétribution (entre cinq et dix sous, suivant l'importance des documents), pour chaque texte inédit qu'ils vous montreront ; on sera assuré ainsi d'en découvrir un certain nombre en peu de temps ; on trouvera même, à ce procédé, l'avantage que les indigènes dégageront d'avance et sans supplément d'indemnité, les pierres couvertes de terre partiellement ou en entier. Mais il faudra toujours les accompagner jusqu'à l'endroit où se rencontre l'inscription et ne pas admettre qu'ils la déplacent et l'apportent ; les Arabes de la campagne sont gens à aller chercher au loin et dans d'autres ruines des fragments qu'ils connaissent pour gagner quelques sous. On s'exposerait donc à attribuer de fausses provenances aux textes qu'on aurait relevés.

4° *Monuments*. — Quand on veut étudier avec profit une ruine, il faut, dès le premier abord, s'attaquer aux monuments encore debout et repérer par eux des points que l'on reliera par des cheminements graphiques. On divisera donc la superficie de la ruine en un certain nombre de parties, que l'on examinera séparément en détail. Pour relever les rues d'une ville comme Sbeitla, par exemple, on pourra utilement déterminer les directions de ses rues en faisant joindre par une longue ficelle les pierres debout qui formaient l'ossature des murs et les montants des portes et des fenêtres. Dans le cours de cet examen, on fixera, au moyen de petites pierres, des fragments de papier blanc auprès de restes de sculpture ou d'architecture que l'on se propose de dessiner, afin de les retrouver sans difficulté. Ce premier examen exécuté, on procédera méthodiquement à l'étude des édifices, à l'aide des procédés que nous allons indiquer, en employant comme système de relevé d'ensemble le levé à la planchette et à la boussole, qui est de tous le plus simple et pratiquement le plus exact.

1° *Comment doit-on compléter un relevé par une fouille?* — Lorsque l'on a à relever un édifice, on peut se trouver en présence de deux problèmes. On relève, je suppose, la façade postérieure d'un temple. Ce temple est en partie enterré; il manque donc un point de repère pour avoir sa hauteur exacte, et savoir s'il repose ou non sur un soubassement; une fouille permettra de s'en assurer. Il en sera de même pour un édifice dont le périmètre serait inconnu. Il faudra alors entreprendre une fouille dans le sens de la longueur du mur, et la commencer à l'endroit où il cesse d'être visible, pour la poursuivre jusqu'à ce que le périmètre soit complété.

2° *Comment peut-on procéder du connu à l'inconnu à l'aide d'un premier relevé?* — Supposons que l'on ait à reconnaître les dispositions d'un édifice dont la destination à vue du sol ne paraît pas évidente. Un premier relevé sera fait; admettons que ce relevé ait l'aspect de la figure ci-contre. Il semble bien que

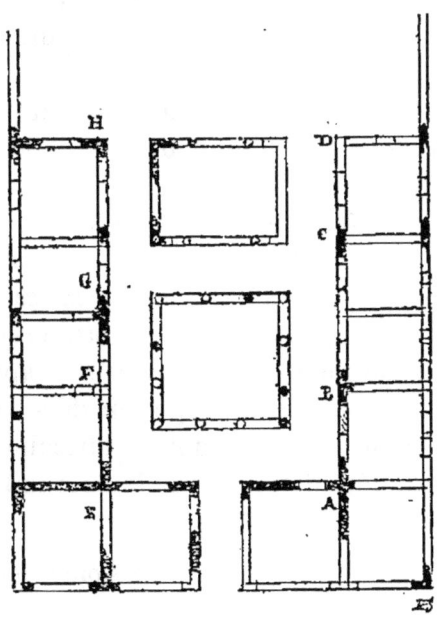

Fig. 188.

l'on soit en présence d'un plan de maison; par suite on sera conduit à supposer que les murs A B C D forment un des côtés d'un atrium dont les colonnes existantes auraient soutenu le toit; mais ce n'est là qu'une hypothèse dont on a besoin de contrôler l'exactitude ; pour cela on tracera les limites du portique sur le dessin, et, en suivant sur le terrain à l'aide de sondages ou de fouilles les indications que l'on vient d'esquisser, on vérifiera si, oui ou non, la supposition que l'on a faite est exacte.

La marche à adopter, en matière de fouilles, est de trouver d'abord le sol antique ; en second lieu de déterminer les grandes lignes du plan, ce qui se fait ou en suivant le prolongement des murs dont les affleurements sont visibles, ou en creusant des saignées en croix exécutées sur deux ou trois points ; en troisième ligne enfin de figurer sur le papier le tracé exact des résultats obtenus et de les comparer avec des types déjà déterminés. Il ne faut pas oublier non plus, ainsi qu'il a déjà été dit, de recueillir avec le plus grand soin tout ce qui a rapport à la technique de la construction et à l'ornementation figurée, quelle que soit d'ailleurs la divergence apparente des observations que l'on fait avec les points déjà acquis par la science. C'est par la comparaison de l'inconnu découvert avec ce qui était connu auparavant que l'on peut espérer éclaircir les points encore obscurs de l'archéologie africaine ; celui qui se bornerait à recueillir ce qui rentre plus ou moins dans les séries classiques ne rendrait pas à la science un service signalé.

5° *Statues*. — *Bas-reliefs*. — On devra photographier, ainsi que nous l'avons dit, toutes les statues et tous les bas-reliefs que l'on rencontrera. On peut les considérer tous ou presque tous comme inédits.

6° *Mosaïques*. — Si le hasard fait rencontrer une mosaïque, on en prendra le dessin, ou, si la chose est possible, une photographie ; puis *on aura soin de la recouvrir de trois ou quatre centimètres de terre* ; si l'on n'a pas cette précaution, on peut être assuré que la mosaïque sera dégradée très rapidement ; les hommes, les animaux et la pluie se chargeront de sa destruction. Tous ceux qui se sont occupés des antiquités africaines savent combien de mosaïques ont déjà disparu, par le seul fait qu'elles ont été exposées à l'air.

2° *Constructions arabes.*

Il n'est pas rare que les maisons arabes, les mosquées, les koubbas, les haoutas, soient faites de pierres empruntées à des monuments antiques. Il faudra donc, au lieu de négliger ces constructions à cause de leur date récente et de leur délabrement, les examiner avec grand soin.

Les pierres antiques portant des sculptures ou des inscriptions ont généralement été employées, à cause de leurs dimensions, dans les parties de la bâtisse qui réclament de grosses pierres, c'est-à-dire comme linteaux de porte, comme montants, comme seuils. Les bornes milliaires ou les cippes funéraires hexagonaux ont été souvent utilisés comme colonnes dans l'édifice ; on grattera légèrement la chaux dont ils sont couverts, surtout dans les koubbas, pour s'assurer s'ils ne portent pas d'inscriptions. Si l'on peut, on pénétrera dans les cours des maisons ; même dans les villages, elles sont parfois dallées, et il arrive que ces dalles sont des inscriptions ou des fragments ornementés. Les puits sont aussi des endroits à visiter soigneusement ; la margelle en est fréquemment faite de pierres antiques et des sarcophages y servent d'auges pour abreuver les bestiaux ou les bêtes de somme. En un mot toute construction arabe, même et surtout peut-être dans la campagne, devra attirer l'attention du voyageur. On pourra aussi y rencontrer des fragments intéressants pour l'art oriental : c'est là qu'on trouvera, par exemple, ces vieilles faïences arabes, qui ne se font plus aujourd'hui, et que l'on a remplacées par la faïence italienne à bon marché, ou des plafonds en plâtre ajourés, qui sont une merveille de grâce et de finesse.

On ne devra pas non plus négliger de visiter les cimetières arabes, aussi bien dans les villes que dans les campagnes. Dans les grandes villes on y verra des tombes à arabesques souvent riches et élégantes, avec des inscriptions en arabe, parfois en coufique ; dans les petites villes, dans les villages ou aux environs, on peut y rencontrer des fragments antiques utilisés comme pierres funéraires ; parmi les monnaies que la piété des fidèles dépose sur la sépulture des marabouts, il n'est pas rare qu'il y ait des monnaies romaines, en bronze, naturellement, ou des lampes ou de petits vases trouvés dans quelque nécropole païenne du voisinage. La recherche des antiquités dans de pareils endroits devra être faite avec la plus grande discrétion, les indigènes ayant pour leurs morts, et surtout pour les personnages religieux, un culte profond ; on s'exposerait à de graves déboires, surtout dans les tribus un peu ombrageuses, si l'on ne tenait pas compte de ces recommandations.

Ph. BERGER, R. CAGNAT, H. SALADIN.

3° *Musées*.

Le nombre des musées d'Algérie et de Tunisie n'est pas encore considérable, si l'on entend par musée un local convenablement approprié où les antiquités régionales sont déposées et soigneusement tenues en état. Mais partout, ou presque partout, l'initiative des villes ou des particuliers, surtout celle du commandant de place ou du chef du bureau arabe, a créé des dépôts où sont rassemblés quelques pierres et quelques menus objets. Nous donnons ici une liste des musées grands ou petits dont nous avons pu avoir connaissance, avec les renseignements que nous avons réunis à leur sujet :

Alger. — 1° Musée (rue de l'État-Major). Les menus objets sont enfermés dans des armoires ; on ne peut en avoir communication qu'en s'adressant au conservateur ; les inscriptions, statues, bas-reliefs, sont dans la cour et dans les chambres adjacentes. Ce musée est ouvert tous les jours au public. Il y a un catalogue de Berbrugger, vieilli ; les principaux objets en sont reproduits dans une publication récente, faite par M. Doublet, sous les auspices du Ministère de l'Instruction publique, et sous la direction de M. de La Blanchère ;

2° Dépôt d'antiquités dans la cour de l'archevêché.

Aumale. — Dépôts d'antiquités : 1° sur l'esplanade d'Isly ; 2° au Cercle militaire. Catalogue manuscrit de ce dernier (incomplet), au bureau du génie.

Bérouaghia. — Petit dépôt au pénitencier.

Biskra. — Dépôt d'antiquités chez le commandant supérieur, au fort Saint-Germain.

Bône. — Musée, avec annexe, au jardin de la Pépinière.

Bordj-bou-Arréridj. — Dépôt d'inscriptions dans un bâtiment communal.

Bougie. — Dépôt d'antiquités dans le jardin de la mairie (la clef est au secrétariat). De plus, les archives du génie contiennent, sur les découvertes faites depuis le début de l'occupation, des renseignements importants.

Carthage. — Musée très important à Saint-Louis de Carthage. Monuments de toute sorte, disposés le long des murs du jardin qui entoure la chapelle, dans le jardin et dans des salles au rez-de-chaussée. Pas de catalogue ; mais un grand nombre des documents qui y figurent ont été publiés soit par le P. Delattre, soit par d'autres.

CHEMTOU. — Petit dépôt d'antiquités dans la maison d'exploitation des carrières de marbre.

CHERCHEL. — Musée très important. (Statues, bas-reliefs, inscriptions, fragments d'architecture.) Catalogue en préparation. Tout est à photographier. La clef est confiée en ce moment (1890), à Mme veuve Saint-Martin. Des particuliers possèdent de riches collections de monnaies.

CONSTANTINE. — Musée important à la mairie; les pierres volumineuses sont déposées soit dans la cour, soit au square n° 2. Il s'ouvre sur une demande faite au conservateur. Il y a un catalogue imprimé, un peu ancien, et un catalogue manuscrit plus récent. Tous les objets ornementés sont à photographier. Collections particulières. Un travail analogue à celui de M. Doublet sur le Musée d'Alger est en préparation.

DELLYS. — Petit dépôt d'antiquités au Cercle militaire.

EL-KSEUR. — Petit dépôt sur une place de la ville.

GHARDIMAOU. — Dépôt de pierres avec inscriptions dans le jardin du bordj.

GUELMA. — Dépôt dans le square de la ville.

HAMMAM-MESKHOUTIN. — Dépôt dans une propriété privée, dans la cour de l'établissement thermal.

KHENCHELA. — Dépôt dans le jardin du Cercle militaire.

LAMBÈSE. — Musée très important établi dans le praetorium. Monuments de toute sorte provenant de Lambèse et de Timgad. La clef est confiée au gardien, nommé par le Ministère des Beaux-Arts, M. Peyrastre. — Les statues et bas-reliefs du Musée n'ont jamais été reproduits en fac-similé.

Quelques pierres dans le jardin de la Maison centrale.

MACTAR. — Musée épigraphique important dans la cour du bordj du contrôleur civil.

MÉDÉA. — Dépôt d'inscriptions au collège.

ORAN. — Musée important. Ouvert deux fois par semaine, le dimanche et le jeudi. Catalogue manuscrit. Un travail analogue à celui de M. Doublet sur le Musée d'Alger est en préparation.

PHILIPPEVILLE. — Musée. Les monuments volumineux sont déposés dans les ruines du théâtre. La clef est confiée au concierge du collège communal. Les menus objets sont à la mairie; la clef doit être demandée au conservateur ou au concierge. Catalogue imprimé vieilli; on en prépare un nouveau.

SÉTIF. — Dépôt d'antiquités à la promenade d'Orléans, dans l'église et dans les bâtiments du service du génie.

Souk-Ahras. — Dépôt d'antiquités, près des bureaux de l'administrateur.

Souk-el-Arba. — Petit musée dans la maison du contrôleur civil.

Tébessa. — Cinq dépôts d'antiquités : 1° dans la cour des bâtiments du génie; 2° dans le temple de Minerve; 3° près de l'église; 4° dans la cour de la maison de M. le commandant supérieur; 5° dans le jardin de M. le maire. Il faut s'adresser, pour les visiter, soit à l'autorité militaire, soit à la mairie. Collections chez des particuliers.

Ténès. — Petits dépôts d'antiquités au Cercle militaire et dans le jardin de la ville.

Teniet-el-Had. — Petit dépôts d'antiquités dans le jardin de M. le curé.

Timgad. — Un grand nombre d'objets trouvés dans les fouilles sont conservés à Timgad sous la surveillance d'un gardien. *Tout est inédit*, sauf les inscriptions. Le Ministère des Beaux-Arts prépare une publication sur le résultat des fouilles faites à Timgad depuis dix ans.

Tipasa. — Dépôts intéressants dans les jardins de M. Trémaux et de M. Colombel. Catalogue manuscrit dressé par M. Trémaux.

Tlemsen. — Dépôts d'antiquités à la mairie et au magasin des monuments historiques, rue Lamoricière.

Tunis. — Musée important au Bardo (Musée Alaoui). Monuments de toute sorte; catalogue en préparation. Un ouvrage en cours de publication donne la reproduction et l'explication des monuments les plus importants.

Cette liste est certainement incomplète; telle qu'elle est, si nous avons pu la dresser, c'est grâce au zèle des antiquaires ou des fonctionnaires algériens, qui ont bien voulu fournir ces renseignements au Comité des monuments historiques. Nous croyons néanmoins qu'elle renferme les dépôts d'antiquités les plus importants.

Dans tous ces musées, grands et petits, le voyageur trouvera à exercer sa curiosité, sur quelque partie de l'archéologie qu'elle veuille se porter. Il aura d'autant plus d'intérêt à les visiter et de profit à les étudier que les pièces qui y sont conservées, à l'exception des inscriptions, sont, ainsi que nous l'avons déjà dit, presque toutes inédites, ou insuffisamment reproduites.

4° *Collections et dépôts particuliers.*

Les collections et dépôts particuliers sont assez nombreux en

Afrique; mais il n'est ni possible ni bienséant d'en donner ici une liste. On apprendra aisément, dans une ville, en interrogeant les gens compétents, le nom des antiquaires qui y possèdent des monuments figurés épigraphiques ou numismatiques. Il est très rare que les objets contenus dans une collection privée soient connus. On devra donc en dresser, si le possesseur le permet, un catalogue détaillé et en prendre photographies et estampages.

Il nous reste, pour terminer, à indiquer très sommairement où l'on peut trouver, soit en France, soit en Afrique, des renseignements sur les antiquités africaines. Nous donnerons d'abord une courte bibliographie où nous signalerons, outre les travaux relatifs à l'Afrique, les livres didactiques les plus importants à consulter dans chaque branche de la science archéologique, et nous indiquerons ensuite les bibliothèques d'Algérie et de Tunisie où ces livres se rencontrent ou peuvent se rencontrer.

PRINCIPAUX LIVRES A CONSULTER

1° Ouvrages généraux sur les Antiquités et l'Histoire de l'Afrique ancienne.

L'Univers pittoresque (Afrique), 1844, in-8°.
Boissière, *L'Algérie romaine* (2ᵉ édit.), 1883, 2 vol, in-8°.
Cosneau, *De romanis viis in Numidia*, 1886, in-8°.
Mercier, *Histoire de l'Afrique septentrionale*, 1888, in-8°.
Movers, *Die Phönizier*, 1841-1856, 4 vol. in-8°.
Tissot, *Géographie comparée de la province romaine d'Afrique*, 1884-1888, 2 vol. in-4° et un atlas (par S. Reinach).
— *Recherches sur la géographie comparée de la Maurétanie Tingitane*, 1877, in-4°.
Vivien de Saint-Martin, *Le Nord de l'Afrique dans l'antiquité grecque et romaine*, 1883, in-8°.
Tour du Monde, tomes XLVII, XLIX, L, LII, LIII, LVI.

2° Préhistorique.

Bertrand, *Archéologie celtique et gauloise*, 2ᵉ éd., 1890, in-8°.
Collignon, *Les âges de la pierre en Tunisie* (extrait des *Matériaux pour l'histoire de l'homme*, 1887), in-8°.
Mortillet, *Le Préhistorique* (2ᵉ édit.), 1883, in-8°.
— *Musée préhistorique*, 1882, in-4°.

Nadaillac, *Les Premiers hommes*, 1880, 2 vol. in-8°.
Pélagaud, *La Préhistoire en Algérie*, 1879, in-8°.
S. Reinach, *Antiquités nationales*, 1890, in-8°.

3° Libyque et punique.

A. Inscriptions.

Gal Faidherbe, *Collection complète des inscriptions numidiques*, 1870, in-8°.

J. Halévy, *Études berbères*, 1875, in-8°.

Judas, *Étude démonstrative de la langue phénicienne et de la langue libyque*, 1847, in-4°.

Letourneux, *Mémoire sur les inscriptions libyco-berbères* (Congrès des Orientalistes de Florence, 1878).

V. Reboud, *Recueil d'inscriptions libyco-berbères*, 1870, in-4°. — La suite de ce travail a paru dans le *Recueil de la Société de Constantine*.

Corpus inscriptionum semiticarum (en cours de publication).
J. Euting, *Semitische Schrifttafel*, 1877, in-8°.
Gesenius, *Scripturae linguaeque Phoeniciae monumenta*, 1837, in-4°.
Schröder, *Die phönizische Sprache*, 1869, in-8°.

B. Monuments.

Beulé, *Fouilles à Carthage*, 1861, in-4°.

Daux, *Recherches sur l'origine et l'emplacement des emporia phéniciens*, 1869, in-8°.

Delattre, *Les Tombeaux puniques de Carthage*, 1890, in-8°.

Dureau de la Malle, *Recherches sur la topographie de Carthage*, 1833, in-8°.

Hittorff et Zanth, *Architecture de la Sicile*, 1826-1830, 2 vol. in-f°.

G. de Luynes et de Tracy, *Description des temples de Métaponte*, 1833, in-f°.

Perrot et Chipiez, *Histoire de l'art dans l'antiquité* (en cours de publication), surtout le volume III, in-4°.

Sainte-Marie, *Mission à Carthage*, 1884, in-8°.

Stuart et Revett, *Antiquités d'Athènes* (trad. Hittorff), 1832, in-f°.

4° Romain et byzantin.

A. Inscriptions.

L. Renier, *Inscriptions romaines de l'Algérie*, 1855 et suiv. in-f°.

Corpus inscriptionum latinarum (t. VIII), 1881, in-f° avec son supplément.

Archives des Missions scientifiques et littéraires — une Table générale en a paru en 1890.
Bulletin archéologique du Comité des Travaux historiques.
Bulletin de Correspondance africaine.
Bulletin de l'Académie d'Hippone.
Bulletin des Antiquités africaines.
Bulletin de la Société de géographie d'Oran.
Recueil de la Société archéologique de Constantine.
Revue Africaine.

S. Reinach, *Traité d'épigraphie grecque*, 1885, in-8°.

R. Cagnat, *Cours d'épigraphie latine*, 2ᵉ édit., 1889, in-8°.

Le Blant, *L'Épigraphie chrétienne en Gaule et en Afrique*, 1890, in-8°.

B. Monuments.

Époque romaine :

Outre les revues citées plus haut,

Choisy, *L'art de bâtir chez les Romains*, 1873, in-f°.
Daremberg et Saglio, *Dictionnaire des Antiquités grecques et romaines* (en cours de publication), in-4°.
Delamare, *Exploration archéologique de l'Algérie* (inachevée), 1846-1854, in-f°.
Desgodets, *Monuments antiques de la ville de Rome*, 1822, in-f°
Mazois, *Les Ruines de Pompéi*, 1812-1838, 4 vol. in-f°.
Ravoisié, *Monuments antiques et modernes de l'Algérie* (inachevé), 1846-1854, in-f°.

Époque chrétienne et byzantine :

Bayet, *L'art byzantin* (s. d.), in-8°.
Choisy, *L'art de bâtir chez les Byzantins*, 1883, in-f°.
Duthoit et de Vogüé, *Architecture civile et religieuse de la Syrie centrale du IVᵉ au VIIᵉ siècle*, 1866-1868, in-f°.
Salzenberg, *Altchristliche Baudenkmale Constantinopels*, 1855, in-f°.
Texier et Pullan, *Byzantine architecture*, 1863, in-f°.

5° Hébreu et arabe.

A. Inscriptions.

Is. Bloch, *Inscriptions tumulaires des anciens cimetières israélites d'Alger*, 1888, in-8°.

Bresnier, *Cours de langue arabe*, 1855, in-8°.

B. Monuments.

Bourgoin, *Les Arts arabes*, s. d., in-4°.
— *Précis de l'art arabe* (en cours de publication), 1889 et suiv., in-4°.
Girault de Prangey, *Essai sur l'architecture des Arabes et des Mores en Espagne, en Sicile et en Barbarie*, 1811, in-4°.

6° Numismatique.

Müller, *Numismatique de l'Afrique ancienne*, 1860-1874, in-4°.
De Barthélemy, *Manuel de numismatique ancienne* (2e édit.), 1890, in-12 avec atlas.
Babelon, *Monnaies de la République romaine*, 1885-1886, in-8°.
Cohen, *Description historique des monnaies impériales*, 2e édit. 1880 et suiv., 6 vol. in-8°.

BIBLIOTHÈQUES

Les bibliothèques où l'on peut trouver des livres ou des revues relatifs aux antiquités d'Afrique sont peu nombreuses en Algérie ou en Tunisie. Sans doute plus d'un particulier, membre des sociétés savantes dont les publications ont été énumérées plus haut, reçoit des périodiques ou possède des ouvrages d'archéologie; mais le nombre en est encore relativement assez restreint. Le voyageur qui aura besoin d'y recourir recevra assurément toujours bon accueil. Il en est de même des bibliothèques des cercles d'officiers, dont la porte s'ouvre facilement devant les étrangers.

Quant aux bibliothèques suivantes, elles sont publiques, et par suite il n'y a aucune démarche à faire pour y être admis :

ALGER. — Bibliothèque de l'École supérieure des lettres; bibliothèque de la Société historique algérienne; Bibliothèque-Musée. On y trouvera le *Corpus inscriptionum semiticarum*, le

Recueil des inscriptions de l'Algérie de L. Renier, le *Corpus inscriptionum latinarum*, les principaux périodiques de France, d'Algérie et de l'étranger et un grand nombre d'ouvrages sur l'Afrique du nord.

Bône. — Bibliothèque de l'Académie d'Hippone à la bibliothèque municipale; elle contient le *Corpus inscriptionum semiticarum*, le *Recueil* de L. Renier, et de nombreux périodiques.

Constantine. — Bibliothèque de la Société archéologique; bibliothèque de la ville. Le *Recueil* de L. Renier et le *Corpus inscriptionum latinarum* s'y trouvent avec les principaux périodiques.

Guelma. — Bibliothèque communale. Quelques publications d'archéologie africaine.

Oran. — Bibliothèque communale; bibliothèque du Cercle militaire. On y trouvera le *Recueil* de L. Renier, le *Corpus inscriptionum latinarum* et les principaux périodiques.

Tébessa. — Bibliothèque du Cercle militaire. Quelques périodiques.

Tunis. — Bibliothèque publique très riche en publications africaines, c'est l'ancienne bibliothèque de Tissot. On y pourra consulter le *Recueil* de L. Renier, le *Corpus inscriptionum latinarum*, le livre de Guérin sur la Tunisie, les *Archives des Missions scientifiques*, et un grand nombre de périodiques. C'est peut-être la plus complète en ouvrages spéciaux des bibliothèques de l'Afrique du nord.

Cette énumération, toute incomplète qu'elle est, suffit à prouver aux voyageurs qu'ils pourront trouver sur place assez de ressources scientifiques pour se guider dans leurs recherches. De plus l'hospitalité étant la vertu africaine par excellence, ils rencontreront, parmi les habitants des villes d'Afrique, civils ou militaires, un appui et une sympathie qui ne se démentiront jamais. Puissent-ils user largement de l'un et de l'autre, pour le plus grand bien de la science française et de l'Afrique française!

APPENDICE

1° TABLE DE PEUTINGER

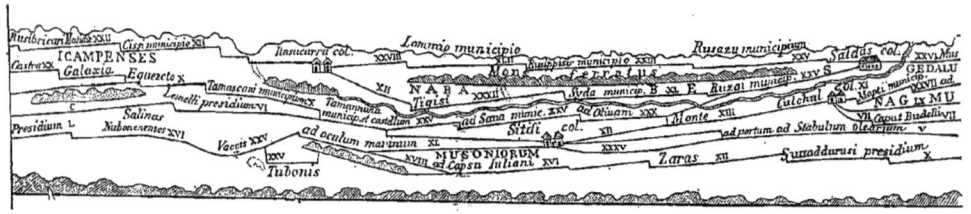

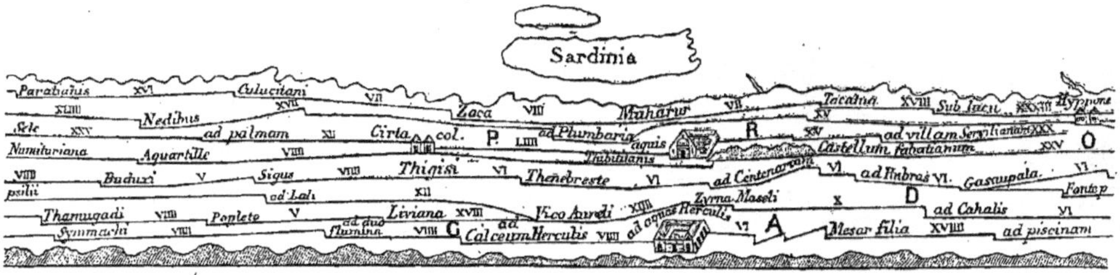
Sardinia
Parabaius
Culucitani
Zaca
Maharur
Tacatua
Sub Iucu
Hyppone
Sele
Nedibus
ad palmam
Cirta
col.
ad Plumbaria
aquis
ad villam Serviliana
Numituriana
Aquarulle
Tidditanis
Castellum Fabatianum
Buduxi
Sigus
Thigisi
Thenebreste
ad Centenarium
ad Rubras
Gasaupala
ad Lali
Zyrna Maseli
Fontop
Thamugadi
Poplete
Liviana
Vico Aureli
ad aquas Herculis
ad Cahalis
Symmachi
ad duo flumina
ad Calceum Herculis
Mesar filia
ad piscinam

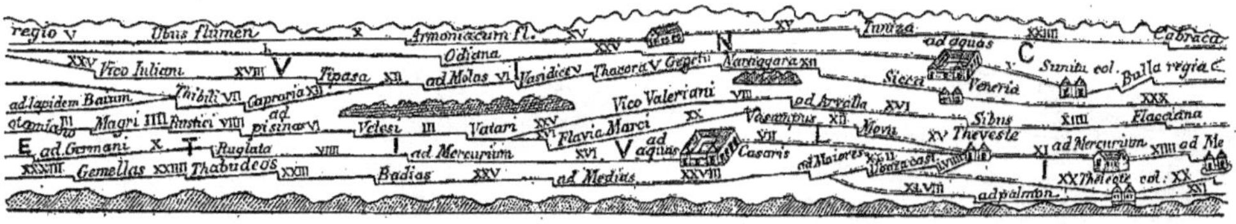
regio
Ubus flumen
Armoniacum fl.
Tunisa
Cabraca
Odiana
ad aquas
Vico Iuliani
Tipasa
ad Molas
Thasora
Nattiggara
Simitu col.
Bulla regia
ad lapidem Baium
Thibili
Capraria
Vico Valeriani
Sicca
Veneria
Magri
Rustici
ad pisinas
Velesi
Vatari
Flavia Marci
ad Arvalla
Sibus
Flacciana
ad Germani
Ruglata
ad Mercurium
ad aquas
Casaris
Theveste
ad Mercurium
Gemellas
Thabudeos
Badias
ad Medias
ad palmam

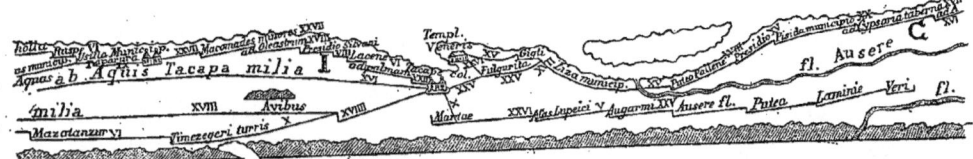

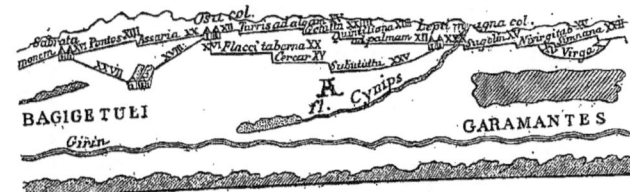

2° ITINÉRAIRE D'ANTONIN

(PARTIE RELATIVE A L'AFRIQUE)

A Tingi Mauretaniae, id est ubi Baccauates et Macenites Barbari morantur, per maritima loca Carthaginem usque.

Ab Exploratione quae ad Mercurios dicitur, Tingi usque milia plus minus. . . . . CLXXIIII.

Rusadder.		CCCXVIII.
Caesarea Mauretaniae.	Cherchel	CCCCXCIII.
Saldis.	Bougie.	CCXVIII.
Rusiccade.	Philippeville . . .	CCXVII.
Hippone regio.	Bône.	CXV.
Carthagine.	Carthage	CXCIII.

Litoralia mansionibus his :

A Mercurius Sala.	de ? à Salé.	XVI
Thamusida.	. . . .	XXXII.
Banasa.	. . . .	XXXII.
Frigidis.	Souéir	XXIIII.
Lix colonia.	Tchemmich . . .	XVI.
Tabernis.	. . . .	XVI.
Zili.	. . . .	XIIII.
Ad Mercurios.	. . . .	VI.
Tingi colonia.	. . . .	XVIII.

A Tingi litoribus navigatur usque ad Portus divinos.

Ad Septem Fratres.	. . . .	LX.
Ad Abilem.	. . . .	XIIII.
Ad Aquilam minorem.	. . . .	XIIII.
Ad Aquilam maiorem.	. . . .	XIIII.

ITINÉRAIRE D'ANTONIN   239

Ad promuntorium Barbari.	. . . .	XII.
Tenia longa.	. . . .	XXIIII.
Cobucla.	. . . .	XXIIII.
Parietina.	. . . .	XXIIII.
Promuntorium.	. . . .	XXV.
Ad Sex insulas.	. . . .	XII.
Promuntorio Cannar.	. . . .	XXX.
Promuntorio Rusaddi.	. . . .	L.
Rusadder colonia.	. . . .	XV.
Ad Tres insulas.	. . . .	LXV.
Flumen Malva.	Oued-Mlouia	XII.

(Flumen Malva dirimit Mauretanias duas : incipit Caesariensis)

Lemnis.	. . . .	XXII.
Poleto flumen.	Oued-Kouarda . . .	XXX.
Ad Fratres.	. . . .	VI.
Artisica.	Mersa-Haneje. . . .	XXV.
Portu Caecili.	Mersa-Ourdania . . .	XII.
Siga Municipium.	Takembrit.	XV.
Portu Sigensi.	Rachgoun	III.
Camarata.	Sidi-Djelloul	XII.
Ad Salsum flumen.	Rio-Salado.	XII.
Ad Crispas.	Bou-Tlélis ?	XXV.
Gilva colonia.	Misserghin ?	VI.
Castra puerum.	Les Andalouses . . .	XXVI.
Portus divinos.	Oran.	XVIII.

Portus magnos.	Saint-Leu	XXXVI.
Quiza municipium.	Pont-du-Chélif . . .	XL.
Arsenaria.	Sidi-Bou-Ras	XL.
Cartenna colonia.	Ténès	XVIII.
Lar castellum.	. . . .	XXIIII.
Cartili.	Bordj-Oued-Damous ? .	XII.
Gunucus.	Sidi-Brahim.	XII.
Caesarea colonia.	Cherchel	XXII.

Tipasa colonia.	Tipasa	XVI.
Casae Calbenti.	Aïn-Tagouraït? . . .	XV.
Icosium colonia.	Alger	XXXIII.
Rusguniae colonia.	Cap Matifou	XV.
Rusubbicari.	Mers-el-Djedjèje? . .	XXIIII.
Cisi municipium.	Dellys?	XII.
Rusuccuro colonia.	Tagzirt?	XII.
Iomnium municipium.	Taksebt?	XVIII.
Rusazis municipium.	Sidi-Daoud?	XXXVIII.
Saldis colonia.	Bougie.	XXXV.

Muslubio.	Andrièche.	XXVII.
Choba municipium.	Ziama	XXVIII.
Igilgili colonia.	Djidjelli	XXVIII.
Paccianis Matidiae.	. . . .	XXIIII.
Chulli municipium.	Collo	LX.
Rusiccade.	Philippeville	L.

Paratianis.	Djenen-Dib.	XXV.
Cullicitanis.	Sidi-Bou-Merouan. . .	XVIII.
Tacatua.	Takouch	XVIII.
Sullucco.	Mers-el-Menchar? . .	XXII.
Hippone regio colonia.	Bône	XXXII.

Ad Dianam.	. . . .	XXXII.
Tuniza.	La Calle	XV.
Tabraca.	Tabarca	XXIIII.
Hippone Zarito.	Bizerte.	LX.
Tuna.	Ras-el-Djebel	XX.
Membro.	Sidi-Ahmed-Bou-Farès .	X.
Utica.	Bou-Chater.	VI.
Ad Gallum gallinacium.	Sebbelat-es-Saheb-et-Taba.	XII.
Carthagine.	Carthage	XV.

ITINÉRAIRE D'ANTONIN

Item ab Tocolosida Tingi.	-de? à Tanger	CXLVIII (sic).
Volubilis colonia.	Ksar-Faraoun. . . .	IIII.
Aquis Dacicis.	. . . .	XVI.
Gilda.	. . . .	XII.
Viposcianis.	. . . .	XXIII.
Tremulis.	. . . .	XVIIII.
Oppido novo.	. . . .	XII.
Ad Novas.	. . . .	XXXI.
Ad Mercurios.	. . . .	XII.
Tingi colonia.	Tanger.	XVIII.

A Carthagine Cirta.	de Carthage à Constantine.	CCCXXI
Sitifi.	Sétif.	C.
Caesarea.	Cherchel	CCCI (sic).

A Carthagine Unuca.	de Carthage à Henchir er-Reukba	XXII.
Sicilibra.	Henchir el-Alouenin. .	VII.
Vallis.	Sidi-Median . . .	XV.
Coreba.	Henchir Dermouliya . .	XX.
Musti.	Henchir Mest	XXVIII.
Laribus colonia.	Lorbès.	XXX.
Altiburos.	Medeina	XVI.
Admedera colonia.	Haïdra.	XXXII.
Theveste colonia.	Tébessa.	XXV.
Altaba.	Henchir Aïn-Halloufa .	XVIII.
Iusti.	Henchir Cheragrag?. .	XVIII.
Marcimeni.	Aïn-Beïda.	XXIIII.
Macomatibus.	Mrakib-Talha	XXIIII.
Sigus.	Sigus	XXVIII.
Cirta colonia.	Constantine.	XXV.

Mileum.	Milah	XXV.
Idicra.	Henchir Laubia?. . .	XXV.
Cuiculi.	Djemila	XXV.
Sitifi.	Sétif.	XXV.

Perdices.	Henchir Fraïm?	XXV.
Cellas.	Kherbet-Zerga.	XVIII.
Macri.	Magra?	XXV.
Zabi.	Henchir Bechilga.	XXX.
Aras.	Tarmount.	XVIII.
Tatilti.		XVIII.
Auza.	Aumale.	XLIIII.
Rapidi.	Sour-Djouab.	XVI.
Tiranadi.	Berouaguia?	XXV.
Caput Cilani.		XXV.
Sufasar.	Amoura.	XVI.
Aquis.	Hammam-Righa.	XVI.
Caesarea.	Cherchel.	XXV.
Item a Sitifi Saldas.	de Sétif à Bougie.	LXXVIIII (sic).
Horrea.	Aïn-Roua.	XVIII.
Lesbi.	Hammam-Guergour.	XVIII.
Tubusuptus.	Tiklat.	XXV.
Saldas.	Bougie.	XVIII.
Item a Lambese Sitifi.	de Lambèse à Sétif.	CII (sic).
Tadutti.	Aïn-Ksar.	XVIII.
Nova Sparsa.	Kherbet-el-Atech.	XXXII.
Gemellas.	Bel-Haroug.	XXVII.
Sitifi.	Sétif.	XXV.
Item a Theveste per Lambesem Sitifi.	de Théveste à Sétif.	CCXII (sic).
Tinfadi.	Henchir Metkidès?	XXII.
Vegesela.	Ksar-Bou-Saïd?	XX.
Mascula.	Khenchela.	XVIII.
Claudi.	Henchir Sedra?	XXII.
Tamugadi.	Timgad.	XXII.
Lambese.	Lambèse.	XIII.
Diana.	Zana.	XXXIII.
Nova Petra.	Henchir Encedda?	XIII.
Gemellas.	Bel-Haroug.	XXII.
Sitifi.	Sétif.	XXV.

ITINÉRAIRE D'ANTONIN

Item a Turri Caesaris Cirta.	de ? à Constantine	XL (sic).
Sigus.	Sigus	XV.
Cirta.	Constantine.	XXV.

Item a Tamugadi Lamasba.	de Timgad à Henchir rouana	LXII (sic).
Tadutti.	Aïn-Ksar	XXVIII.
Diana veteranorum.	Zana	XVI.
Lamasba.	Henchir Merouana	XVIII.

Item a Lamasba Satifi.	de Henchir Merouana à Sétif	LXII (sic).
Zarai.	Zraïa	XXV.
Perdicibus	Kherbet-Fraïm ?	XII.
Satifi.	Sétif	XXV.

Item a Calama Rusuccuro.	de Damous ? à Tagzirt	CCCXCIIII (sic).
Ad Rubras.	Souma ?	XX.
Ad Albulas.	Aïn-Témouchent.	XXX.
Ad Dracones.	Henchir Bou-Hadjar.	XIIII.
Ad Regias.	Arbal ?.	XXIIII.
Tasaccora.	Saint-Denis du Sig ?	XXV.
Castra nova.	Perrégaux ?	XVIII.
Ballene praesidio.	L'Hillil ?	XX.
Mina.	Relizane.	XVI.
Cadaum castra.	Inkermann.	XXV.
Vagal.	.	XVIII.
Castellum Tingilanum.	Orléansville ?	XVIII.
Tigava municipio.	Saint-Cyprien des Atafs ?	XXII.
Oppido novo colonia.	El-Khadra ?	XXXII.
Tigava castra.	Pont-du-Chélif ?	II.
Malliana.	Miliana.	XVI.
Sufasar.	Amoura	XVIIII.

Velisci.	Mouzaïa?	XV.
Taranamusa castra.	Mouzaïaville	XVI.
Tamariceto praesidio.		XVI.
Rapida castra.		XVI.
Rusuccuro colonia.	Tigzirt	XII.

Item a Rusuccuro Saldis.	de Tigzirt à Bougie	XCVII (sic).
Tigisi.	Taourga?	XII.
Bidil municipium.	Djemâat-Saharidj.	XXVII.
Tubusuptus.	Tiklat	XL.
Saldis colonia.	Bougie	XVIII.

Item a Saldis Igilgili.	de Bougie à Djidjelli.	CLVIIII (sic).
Ad Olivam.	Dra-el-Arba?	XXX.
Ad Sava municipium.	Hamman-Guergour?.	XXV.
Sitifi colonia.	Sétif.	XXIIII.
Satafi.	Aïn-Kebira.	XVI.
Ad Basilicam.	Teksenna?.	XVI.
Ad Ficum.	El-Ksar?	XV.
Igilgili.	Djidjelli	XXXIII.

Item a Lambese Cirta.	de Lambèse à Constantine.	LXXXIIII (sic).
Tamugadi.	Timgad.	XIIII.
Ad Rotam.	Henchir Mzoura?	XXX.
Ad Lacum regium.	Aïn-Haddada.	XX.
Cirta colonia.	Constantine	XX.

Item a Musti Cirta.	de Henchir Mest à Constantine	CXCVIIII (sic).
Sicca.	Le Kef.	XXXII.
Naraggara.	Ksiba-Mraou?.	XXX.
Thagura.	Taoura.	XX.
Tipasa.	Tifech.	XXIIII.
Gazaufula.	Ksar-Sbéhi	XXXV.
Sigus.	Sigus.	XXXIII.
Cirta.	Constantine	XXV.

Item a Cirta Hippone regio.	de Constantine à Bône .	XCIIII (*sic*).
Aquis Tibilitanis.	Hammam-Meskhoutin .	LIIII.
Ad Villam Servilianam.	Guelaat-Bou-Sba? . .	XV.
Hippone regio.	Bône	XXV.

Item ab Hippone regio Carthagine.	de Bône à Carthage. .	CCXVIII.(*sic*).
Onellaba.	. . . .	L.
Ad Aquas.	Sidi-Ali-bel-Kassem . .	XXV.
Simittu colonia.	Chemtou	V.
Bulla regia.	Hammam-Darradji . .	VII.
Novis Aquilianis.	Henchir Sidi-Ali-Djebin.	XXIIII.
Vico Augusti.	Henchir Sidi-Bou-Kahila.	XVI.
Cluacaria.	Henchir el-Hamira . .	XXX.
Tuburbo minus.	Tebourba	XV.
Cigisa.	. . . .	XXVIII.
Carthagine.	Carthage.	XVIII.

Item alio itinere ab Hippone regio Carthagine.	de Bône à Carthage . .	CCXXVIII (*sic*).
Tagaste.	Souk-Ahras , . . .	LIII.
Naraggara.	Ksiba-Mraou	XXV.
Sicca Veneria.	Le Kef	XXXII.
Musti.	Henchir Mest	XXXIIII.
Membressa.	Medjez-el-Bab. . . .	XXXV.
Sicilibba.	. . . .	XVII.
Unuca.	Henchir er-Rekba. . .	XIII.
Pertusa.	El-Haraïria?	VII.
Carthagine.	Carthage	XIIII.

Item a Thenis Theveste.	d'Henchir Thiné à Tébessa.	CLXXV (*sic*).
Oviscae.	. . . .	XXV.
Amudarsa.	. . . .	XXV.
Autenti.	. . . .	XXV.

Sufetula.	Sbeitla.	XXX.
Vegesela.	Henchir Rekba.	XXX.
Menegesem.	Henchir Bou-Ghanem	XX.
Theveste.	Tébessa	XX.

Item ab Aquis regiis Sufibus.	de ? à Sbiba	XLIII (sic).
Marazanis.	Henchir Aïssa?	XV.
Sufibus.	Sbiba	XXVIII.

Item ab Assuras Thenis.	de Zanfour à Henchir-Thiné.	CXCII (sic).
Tucca Terebentina.	Henchir Dougga	XV.
Sufibus.	Sbiba	XXV.
Sufetula.	Sbeitla.	XXV.
Nara.	Bir-el-Bey?	XV.
Madarsuma.		XXV.
Septiminicia.		XXV.
Tabalta.		XX.
Macomadibus.	Oglet-el-Kfifia?	XV.
Thenis.	Henchir Thiné.	XVII.

Item a Tuburbo per Vallos Tacapas.	de Tebourba à Kabès par Sidi-Median.	CCCVIII (sic).
Vallis.	Sidi-Median.	XVIII.
Coreva.	Henchir Dermouliya.	XX.
Musti.	Henchir Mest	XXVI.
Assuras.	Zanfour	XXX.
Tucca Terebentina.	Dougga.	XII.
Sufibus.	Sbiba	XXV.
Sufetula.	Sbéitla.	XXV.
Nara.		XV.
Madarsuma.		XXXII.
Septiminicia.		XXV.
Tabalta.		XX.
Cellis Picentinis.	Kolib-el-Kedim	XXX.
Tacapis.	Kabès.	XXX.

ITINÉRAIRE D'ANTONIN

Item a Carthagine in Bizacio Sufetula usque.	de Carthage à Sbeitla.	CLXXII (sic).
Unuca.	Henchir Rekba	XXII.
Vallis.	Sidi-Median	XXII.
Coreva.	Henchir Dermouliya . .	XX.
Musti.	Henchir Mest	XXVI.
Assuras.	Zanfour	XX.
Tucca Terebentina.	Dougga	XII.
Sufibus.	Sbiba	XXV.
Sufetula.	Sbeitla	XXV.

Item a Carthagine per Hadrumetum Sufetula usque.	de Carthage à Sbeitla par Souse	CXC (sic).
Vina.	Henchir Mden . . .	XXXIII.
Putput.	Henchir Souk-el-Abiod .	X.
Horrea Caelia.	Hergla	XXXIII.
Hadrumetum.	Souse	X.
Vico Augusti.	Sidi-el-Hani . . .	XXV.
Aquis regiis.	? (près du djebel Trozza).	XXV.
Masclianis.	Henchir Hadjeb-el-Aïoun.	XVIII.
Sufetula.	Sbeitla	XXXVI.

Item a Tusdro Theveste.	de El-Djem à Tébessa.	CXCV (sic).
Vico Augusti.	Sidi-el-Hani	XXXI.
Aquis regiis.	. . . .	XXXV.
Masclianis.	Henchir Hadjeb-el-Aïoun.	XVIII.
Sufetula.	Sbeitla	XXXVI.
Cilio.	Kasrin	XXV.
Menegere.	Henchir bou-Taba . .	XXV.
Theveste.	Tébessa	XXV.

Item alio itinere a Theveste.	de Tébessa à El-Djem .	CLXXXV (*sic*).
Menegere.	Henchir Bou-Taba . .	XXV.
Cilio.	Kasrin	XXV.
Sufetula.	Sbeitla	XXV.
Masclianis.	Henchir Hadjeb-el-Aïoun.	XXXVI.
Aquis regiis.	. . . .	XVIII.
Germaniciana.	. . . .	XXII.
Eliae.	. . . .	XVI.
Tusdro.	El-Djem	XVIII.

A Sufibus Hadrumetum.	de Sbiba à Souse. . .	CVIII (*sic*).
Marazanis.	. . . .	XXVIII.
Aquis regiis.	. . . .	XX.
Vico Augusti.	Sidi-el-Hani . . .	XXXV.
Hadrumetum.	Souse	XXV.

A Sufetula Clipea.	de Sbeitla à Kelibia . .	CCXVI (*sic*).
Masclianis.	Henchir Hadjeb-el-Aïoun.	XXXVI.
Aquis regiis.	. . . .	XVII.
Vico Augusti.	Sidi-el-Hani	XXXII.
Hadrumetum.	Souse	XXV.
Horrea.	Hergla	XVIII.
Putput.	Henchir Souk-el-Abiod.	XXX.
Curubi.	Kourbès	XXVI.
Neapoli.	Nabel	XII.
Clipeis.	Kelibia	XX

A Carthagine Clipeis.	de Carthage à Kelibia. .	LXXXV (*sic*).
Maxula Prates.	Radès	X.
Casula.	Menzel-Bou-Zalfa. . .	XX.
Curubi.	Kourbès	XXV.
Clipeis.	Kelibia	XXX.

A Carthagine Thenis.	de Carthage à Thiné.	CCXVII.
Maxula civitate.	Radès	XVIII.
Vina civitate.	Henchir el-Mden. . .	XXVIII.
Putput vicus.	Henchir Souk-el-Abiod .	XII.
Horrea Caelia vicus.	Hergla.	XXX.
Hadrumetum colonia.	Souse..	XVIII.
Lepti minus civitate.	Lemta.	XVIII.
Tusdro colonia.	El-Djem.	XXXIII.
Usula civitas.	Inchilla	XXXII.
Thenis colonia.	Thiné	XXVIII.

Macomadibus municipium.	Oglet-el-Kfifia . . .	XXVIII.
Cellas vicus.	Kolib-el-Kedim . . .	XXVI.
Tacapas colonia.	Kabès	XXX.
Agma sive Fulgurita villa.	Zarat	XXV.
Giti municipium.	Sidi-Salem-Bou-Ghara .	XXV.
Ponte Zita municipium.	Zian.	XXXV.
Villa magna, Villa privata.	Henchir Sidi-Abdein. .	XXX.
Fisida vicus.	Bourka	XXXI.
Casas villa Aniciorum.	Zouâra?	XXVI.
Sabrata colonia.	Sabra..	XXVIII.
Vax villa Repentina.	Karkousa?	XXVII.
Oea colonia.	Tripoli.	XXVIII.
Megradi villa Aniciorum.	. . . .	XXV.
Minna villa Marsi.	, ...	XXVIIII.
Lepti magna colonia.	Lebda	XXVIIII.

Iter quod limitem Tripolitanum per Turrem Tamelleni a Tacapis Lepti magna ducit.	de Telmin à Lebda. . .	DCV (sic).
A Tacapis ad Aquas.	de Kabès à El-Hamma .	XVIII.
Agariabas.	Bordj-Tamra	XXX.

Turre Tamalleni.	Telmin.	XXX.
Ad Templum.	Kebilli.	XII.
Bezereos.	Henchir el-Asnam . .	XXX.
Ausilimdi.	. . . .	XXXII.
Agma.	Zarat	XXX.
Auzemmi.	Ksar-Koutin	XXX.
Tabalati.	Tlalet ?	XXX.
Thebelami.	. . . .	XXV.
Tillibari.	. . . .	XX.
Ad Amadum.	. . . .	XXX.
Tabuinati.	. . . .	XXV.
Thramusdusim.	. . . .	XXV.
Thamascaltin.	. . . .	XXX.
Thenteos.	. . . .	XXX.
Auru.	. . . .	XXX.
Vinaza.	. . . .	XXXV.
Talalati.	. . . .	XVI.
Thenadassa.	. . . .	XXVI.
Mesphe.	. . . .	XXX.
Lepti magna.	. . . .	XL.

Item a Telepte Tacapas.	de Tébessa à Kabès. .	CXLII.
Gemellas.	Sidi-Aïch	XXII.
Gremellas (répétition erronée).		XXV.
Capse.	Kafsa	XXIIII.
Thasarte.	Henchir es-Segui ? . .	XXXV.
Aquas Tacapitanas.	El-Hamma.	XVIII.
Tacapas.	Kabès	XVIII.

TABLE DES MATIÈRES

	Pages.
Avis aux lecteurs	1
Introduction	5-34
Principaux peuples qui ont habité ou occupé l'Afrique . .	5-8
Documents que l'archéologue peut rencontrer dans l'Afrique du nord.	8-9
Procédés à suivre pour photographier les documents archéologiques.	10-15
Procédés à suivre pour les estamper	15-18
— en prendre copie.	18-20
Notions sommaires de topographie	20-25
Notions sommaires d'architecture	25-34

PREMIÈRE PARTIE

SECTION PREMIÈRE

Préhistorique.	34-44

SECTION DEUXIÈME

Libyque et punique

§ 1ᵉʳ. — *Inscriptions*. — A. Libyque et Tefinagh.	45-62
— B. Punique (Inscriptions votives et funéraires, 65; inscriptions officielles, 67; inscriptions peintes, 68; marques d'amphores, empreintes, graffiti, 69)	63-71
— C. Néo-punique	71-76
— D. Inscriptions bilingues	76
— Tableau des écritures punique et néo-punique	77
§ 2ᵉ. — *Monuments*. — A. Monuments figurés	78-88
— B. Monuments d'architecture. . . .	89-95

SECTION TROISIÈME

Romain

§ 1ᵉʳ. — *Inscriptions*. — Formes des lettres employées aux différentes époques en Afrique.	99-102
— Différentes sortes d'inscriptions. . .	102-103

§ 2º — *Monuments*. — *A*. Monuments figurés 109-113
 — *B*. Monuments d'architecture (monuments publics, 115; constructions d'utilité publique, 123; monuments religieux, 135; édifices funéraires, 136; constructions domestiques, 145 . . 113-151

Byzantin

§ 1ᵉʳ — *Inscriptions* 152-153
§ 2ᵉ. — *Monuments* 154-163

SECTION QUATRIÈME
Hébreu et arabe

Hébreu 152-153
Arabe. § 1ᵉʳ. — *Inscriptions* 154-163
 § 2ᵉ. — *Monuments* 171-173

SECTION CINQUIÈME
Numismatique

1º Monnaies antiques frappées en Afrique (Syrtique, Byzacène, Zeugitane, Massylie, Massésylie, villes de Numidie, rois et villes de Maurétanie) 175-185
2º Monnaies romaines 185-192
3º Monnaies byzantines 193-194
4º Monnaies vandales 194-195
5º Monnaies arabes 195
Fac-similé des principales monnaies qu'on peut rencontrer en Afrique. 196-215

DEUXIÈME PARTIE

Conseils pratiques pour le relevé et l'étude des antiquités dans les ruines 217-222
— dans les constructions arabes 222-223
— dans les musées 223-226
— dans les collections particulières 226-227
Livres à consulter pour l'étude des antiquités africaines . . 227-230
Bibliothèques d'Afrique 230-231

APPENDICE

1º Table de Peutinger (partie relative à l'Afrique) 233-237
2º Itinéraire d'Antonin — 238-250
Table des matières 251

CARTE ANNEXÉE
Carte de l'Afrique romaine.

Angers, imp. A. Burdin et Cⁱᵉ, rue Garnier, 4.

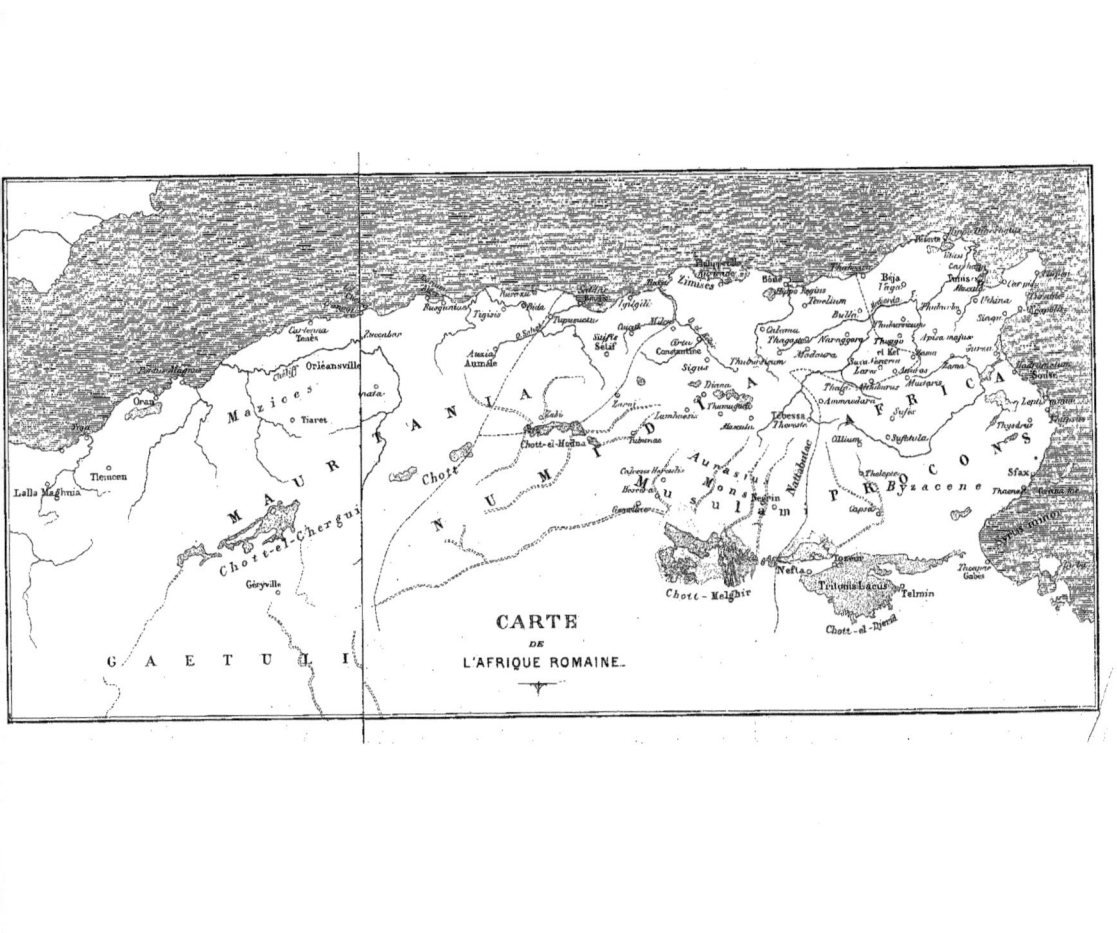

www.ingramcontent.com/pod-product-compliance
Lightning Source LLC
Chambersburg PA
CBHW050657170426
43200CB00008B/1326